ADAC
Reiseführer

Paris

von Gabriele Christine
Schenk-Sedelmeier

Intro

Unterwegs

Pariser Westen – Paläste, Prunk und Prestige 68

La Rive Gauche – das linke Seineufer 89

Cartier
Cartier

Paris Kaleidoskop

Karten und Pläne

Service

Leserforum

Die Meinung unserer Leserinnen und Leser ist wichtig, daher freuen wir uns von Ihnen zu hören. Wenn Ihnen dieser Reiseführer gefällt, wenn Sie Hinweise zu den Inhalten haben – Ergänzungs- und Verbesserungsvorschläge, Tipps und Korrekturen – dann kontaktieren Sie uns bitte:

Redaktion ADAC Reiseführer
ADAC Verlag GmbH
Am Westpark 8, 81365 München
Tel. 089/76 76 41 59
reisefuehrer@adac.de
www.adac.de/reisefuehrer

Paris Impressionen

Stadt der Verführungen

Paris gehört zu den Städten, die jeder schon ein wenig zu kennen glaubt, noch bevor er sie zum ersten Mal besucht hat. Verlockende Bilder, Düfte und Klänge verbinden sich mit dem Namen: Paris, die Dame von Welt, Stadt der Eleganz und der Lebenskunst. Paris, der pompöse Triumphzug weltberühmter Monumente. Paris, die Melancholische und Zärtliche, deren nostalgischen Zauber Jacques Prévert, Robert Doisneau und Marcel Carné eingefangen haben, die Stadt der Verliebten. Kosmopolitisch und bunt, käuflich und verrucht, so zeigt sich die Metropole abends an einer Straßenecke der Place Pigalle. All diese Facetten sind Paris, und es liegt an jedem selbst, die Erfüllung seiner Träume zu finden.

Die Stadt bietet sich dem Besucher an. Alles scheint greifbar. Ihre **Avenuen** rollt sie aus wie einen Empfangsteppich: die Champs-Elysées, die Rue de la Paix, den Boulevard Saint-Germain. In unzähligen **Museen** zeigt sie ihre Schätze. Die großen **Kaufhäuser** sind Paläste, eleganter als anderswo. Kunstwerke der Inszenierung sind die Auslagen der großen Juweliere, Parfümerien und Modemacher. Über die **Bühnen** wippen Straußenfedern- und paillettenbestückte Nacktheiten. Den Feinschmeckern ist die Stadt eine einzige Verführung. »Alles in Paris ist käuflich«, schrieb Balzac, und er musste es wissen, so schuldenüberhäuft wie er war.

Offen und empfangsbereit präsentiert sich die Stadt auf den ersten Blick. Tatsächlich ist sie gar nicht so zugänglich, was jeder bestätigen kann, der hier leben will. Die zu Ferienzeiten ohnehin unauffindbare, seltene Spezies der Pariser zeigt sich meist reserviert. ›Le parisianisme‹, jene selbstverständliche Art, sich für den Nabel der Welt zu halten, muss man verstehen lernen. War die Stadt nicht jahrhundertelang die tonangebende Metropole Europas? Trotz aller Anstrengungen zur Dezentralisierung ist sie der unumstrittene, alles auf sich konzentrierende **Magnetpol** des Landes. In Frankreich zieht man nicht einfach in die Hauptstadt, ›man steigt auf‹ – ›*on monte à Paris*‹. Jeder sechste Franzose lebt heute in Paris oder in der Région Parisienne, dieser form- und wesenlosen, ausufernden Verstädterungszone, die die Kapitale umgibt. Wen wundert da das angestrengte, gehetzte Alltagsgesicht dieser Stadt, das auch der Reisende wahrnimmt. Wer sich morgens in die stickige, überfüllte Métro drängen muss, wer das tägliche Verkehrschaos oder einen der monströsen Streiktage, die mehrmals im Jahr die Stadt lahm legen, erlebt hat, der fragt sich, ob es das sprichwörtliche Savoir-vivre über-

Links: *Pigalle – eine Touristenfalle? Die aufwendigen Shows können auch beste Profiunterhaltung sein*
Rechts oben: *Fast so schön wie bei Rodin: Manches Kunstwerk animiert heftig*
Rechts unten: *Abends nochmal so faszinierend: die gläserne Pyramide vor dem Louvre*

haupt gibt. Doch trotz allem hat Paris – mehr als andere Großstädte – menschliche, **überschaubare Dimensionen** behalten.

Der Stadtkern ist das faszinierende Neben- und Übereinander von Architekturstilen geblieben, das die Jahrhunderte angehäuft haben. Das *Second Empire* hat der Stadt in einer Verjüngungskur großzügige Allüre gegeben; opulente Bürgerhäuser der verschwenderischen **Belle Epoque**, sinnliche Skulpturenpracht, verspielte Schnörkel sind ihr altmodischer Charme. Früher lag maßvolle Strenge ihrem Wesen nahe. Mit dem Barock hat die Stadt der **Klassik** und des **Klassizismus**

nur hin und wieder geliebäugelt. Alle französischen Monarchen haben hier urbanistische Weitsicht und Sinn für *Grandeur* bewiesen. Nicht minder herrschaftlich sind die großen Bauten der 80er-Jahre des 20. Jh., sei es die Pyramide des Louvre oder die Grande Arche in La Défense.

Aus der Vogelperspektive

Warum nicht die Stadtbesichtigung mit einem Blick von oben beginnen? Der hoch aufragende *Eiffelturm* gehört ohnehin zu den unumgänglichen Highlights. Weit reicht der Panoramablick über den Champ-de Mars und die Dächer von Paris. Und die schönste und breiteste der Prachtstraßen liegt dem Schauenden zu Füßen: die majestätische **Seine**, jahrhundertelang die Lebensader der Stadt. Die *Île de la Cité*, mit der ehrwürdigen Notre-Dame und der königlichen Sainte-Chapelle das Herz von Paris, zeigt bis zum heutigen Tag, wo im Mittelalter die geistliche und weltliche Macht angesiedelt war. Um diese Insel herum hat die Stadt ihre Jahresringe angesetzt, die Bürgerstadt am rechten, das Universitätsviertel, die ›Civitas philosophorum‹, am linken Ufer.

Oben: *Farbtupfer für La Défense: zwei Monumentalskulpturen von Miró*
Unten: *Lohnt den Aufstieg: Blick vom Eiffelturm auf den Champ-de-Mars*
Rechts oben: *Rive-Gauche-Charme am Boulevard Saint-Germain*
Rechts unten: *Marais-Bummel: am schönsten wochentags, bei geöffneten Geschäften*

Auf Erkundungstour

Wie es sich gehört, beginnen wir den thematischen Spaziergang mit dem ersten Kapitel **›Im Herzen der Stadt‹**, mit Notre-Dame und dem historischen und geografischen Zentrum.

Es folgt **›Paläste, Prunk und Prestige‹**, hierzu gehören Champs-Élysées, Arc de Triomphe, das Palais de Chaillot, der Eiffelturm und viele Museen. Dies ist das repräsentative Paris westlich vom Zentrum, eine in großen Perspektiven angelegte Kapitale. **›La Rive Gauche‹**, das ist – mehr als ein geografischer Begriff – eine Geisteshaltung. Doch wie verschieden sind diese Stadtviertel: Der aristokratische Faubourg Saint-Germain, der kontrastreiche, umtriebige Montparnasse, Saint-Germain-des-Prés und seine Cafés mit literarischer Vergangenheit und das Quartier Latin, intellektuell und studentisch. **›Das Paris der Händler und der kleinen Leute‹**, so sind die rührigen Viertel der Rive Droite überschrieben: von der Madeleine zur Place de la République, Montmartre, der Pariser Osten. Welten liegen zwischen dem reichen Westen und den volkstümlichen östlichen Stadtvierteln, die zu Emigrantenquartieren geworden sind.

›Parks, Villen und Residenzen‹ fasst den exzentrisch gelegenen Parc Monceau und die beiden großen Pariser Waldgebiete, den vornehmen Bois de Boulogne im Westen und Schloss und Park von Vincennes im Osten zusammen.

Unter den vielen Ausflügen, die man in die **Pariser Umgebung** machen kann, haben wir eine kleine, vielseitige Auswahl getroffen. Das Prunkschloss **Versailles**, die futuristische Architektur im Hochhausviertel **La Défense**, die königliche Grablege **Saint-Denis**, die postmodernen Architekturfantasien Ricardo Bofills und Manolo Nuñez' in **Noisy-le-Grand** und **Disneyland Paris**.

Oben: *Buttes-Chaumont – eine Parkidylle des 19. Jh. im Osten der Stadt*
Unten: *Im Herzen von Montmartre: die Place du Tertre mit Blick auf Sacré-Cœur*
Rechts oben: *Bahnhofsrestaurant der Sonderklasse: ›Le Train Bleu‹ im Gare de Lyon*
Rechts unten: *Skandal anno 1896: In der ›Roten Mühle‹ stand erstmals eine gänzlich unbekleidete Dame auf der Bühne*

Die Superlative und die kleinen Entdeckungen

Jeder Parisbesucher hat schon bei Reiseantritt einige Ideen, welche der berühmten Monumente er sehen möchte. Der zum weltgrößten Museum angewachsene **Louvre**, das spektakuläre **Musée d'Orsay** mit seiner Impressionistensammlung, der größte aller Triumphbögen, **Arc de Triomphe**, der von seinem Dach einen faszinierenden Ausblick auf das städtebauliche Bravourstück der Königsachse gibt, die **Tour Eiffel**, über 100 Jahre alt und kokett, das **Centre Pompidou** mit seiner Mischung aus Kultur und Kirmes, **Notre-Dame**, **Panthéon**, **Sacré-Cœur** – das sind die großen Publikumserfolge. Oft liegen die kleinen Entdeckungen gleich nebenan. Was der Île de la Cité fehlt, wird man auf der Nachbarinsel, der **Île Saint-Louis**, finden: die Stille der Seine-Quais und die außerordentliche architektonische Einheit eleganter Adelspalais.

Wer die bunte Atmosphäre am Centre Pompidou genug genossen und das Forum des Halles durchwandert hat, der kann gleich dahinter, bei **Saint-Eustache**, die schöne alte Rue Montorgueil ausfindig machen, eine Fußgängerstraße mit vielen Restaurants und Delikatessengeschäften.

Vom Louvre-Besuch erschöpft, kann man sich im Garten des **Palais Royal** erholen, einem dieser zauberhaften Orte, die wunderbarerweise nichts von ihrem Charme verloren haben. Unter den Arkaden und in den versteckten Passagen des Viertels sind kuriose Lädchen und Edelboutiquen zu finden. Mehr als einen Spaziergang wert ist das **Marais** mit seinen noblen Stadtpalais, vor einigen Jahren fast verfallen, heute renoviert und chic.

Etwas Besonderes sind die original erhaltenen Künstlerateliers, von denen Paris eine ganze Reihe besitzt: das verwunschene **Musée National Gustave-Moreau**, das **Musée National Eugène Delacroix** an der Place de Fursten-berg, das versteckte **Musée Zadkine** und – nicht zu vergessen – die bezaubernde kleine **Cabane de Passy**, in der Balzac wohnte. Origineller als die üblichen Bootsfahrten mit den Bateaux-Mouches ist ein Schiffsausflug auf dem **Canal Saint-Martin**, an dem man aber auch zu Fuß die typischen Viertel des Pariser Ostens entdecken kann.

Dem Architekturinteressierten wird nicht entgangen sein, dass Paris viel Neues und Gelungenes aufzuweisen hat: das elegante **Institut du Monde Arabe**, das *Finanzministerium* am Quai de Bercy – dieses Ungeheuer, das mit seinen Vorderfüßen in der Seine steht –, die **Opéra Nationale de Paris – Bastille**, die **Grande Arche** in La Défense und die gläsernen Türme der **Bibliothèque Nationale de France** im 13. Arrondissement. Was die Stadt den *Nachtschwärmern* zu bieten hat an Theatern, ausgezeichneten Kinos, Music-Halls, Discos, Klubs, gewagten Nuditäten (›Nus Intégrals‹), zur Pariser Folklore gewordenen French Cancan und Bals Musette, ist an Vielfältigkeit kaum zu

übertreffen. Und schließlich: die *kulinarischen Freuden*. Allein deshalb ist Paris eine Reise wert. – Allerdings sollten Sie darauf gefasst sein, dass dieses Vergnügen in der Regel ziemlich kostspielig ist, was ebenso für die Pariser Hotels gilt.

Der Reiseführer

Dieser Band stellt Paris und Umgebung in *sechs Kapiteln* vor. Folgendes als **Orientierungshilfe**: Die *Arrondissements*, die die Stadt in 20 Verwaltungssektoren teilen, sind im Text sowie bei Plänen und Adressen angegeben, damit man die beschriebenen Sehenswürdigkeiten und Lokalitäten leichter finden kann. Zwei **Übersichtskarten** und ein **Métro-Plan** helfen ebenfalls bei der Orientierung. Die **Top Tipps** bieten Empfehlungen zu Hotels, Restaurants, Museen, Aussichtspunkten etc. Die abschließende Rubrik **1 Tag/1 Wochenende** wendet sich mit Vorschlägen für Rundgänge speziell an Kurzbesucher. **Paris aktuell A bis Z** bietet nützliche Rubriken wie Informationen vor Reiseantritt, Essen und Trinken, Einkaufen, Festivals und Events, Galerien, Nachtleben, Stadtbesichtigung, Unterkunft und Verkehrsmittel. Ein umfassender praktischer **Sprachführer** hilft bei der Verständigung. Mehrere **Kurzessays** zu interessanten Themen runden den Reiseführer ab.

Geschichte, Kunst, Kultur im Überblick

Von Kathedralen, Palästen, Barrikaden, Boulevards, Ateliers, Cafés und Utopien

Gallorömer

3. Jh. v. Chr. Der keltische Stamm der Parisii siedelt auf der Île de la Cité.

52–51 v. Chr. Eroberung durch die Römer: Das gallorömische Lutetia entsteht.

um 250 Martyrium des hl. Dionysius (Saint Denis), dem ›Apostel der Gallier‹ und ersten Bischof der Stadt.

um 280 Zerstörung während der Zeit der Völkerwanderung.

355 Julianus Apostata, Präfekt der Gallier, wird von seinen Legionen zum Kaiser ausgerufen. Die Stadt ist für kurze Zeit Hauptstadt des zerfallenden Römischen Reiches und nimmt den Namen Parisia an.

Frühes Mittelalter

451 Geneviève, ein Mädchen aus Nanterre, ermutigt die Pariser, den Horden Attilas Widerstand zu leisten. Die Stadt bleibt verschont. Die hl. Genoveva wird zur Schutzpatronin von Paris.

508 Chlodwig (Clovis), der erste christliche Frankenkönig, macht Paris zur Hauptstadt seines Reichs.

7. Jh. König Dagobert lässt eine neue Kirche über dem Grab von Saint Denis errichten und wird dort bestattet. Acht Jahrhunderte lang behalten die französischen Könige diese traditionelle Grablege bei.

9. Jh. Die Normannen verwüsten Paris mehrmals. 885/886 verteidigt Graf Eudes die Stadt und wird 888 zum französischen König gewählt (Odo von Paris).

Kapetinger

987 Hugo, Graf von Paris, wird französischer König (Hugues Capet) und gründet die Dynastie der Kapetinger. Die wichtigsten Städte im Reich bleiben jedoch weiterhin Orléans, Laon und Sens.

12. Jh. Paris, vor allem das rechte Seineufer, ist zu einem bedeutenden Handelsplatz der Kaufleute zu Wasser geworden.

1140–43 Der Bau des Chors von Saint-Denis markiert den Beginn der Gotik.

1163 Grundsteinlegung der Kathedrale Notre-Dame.

Das ›wahrhafte und naturgemäße Porträt der Universitätsstadt Paris‹ aus dem Jahr 1576

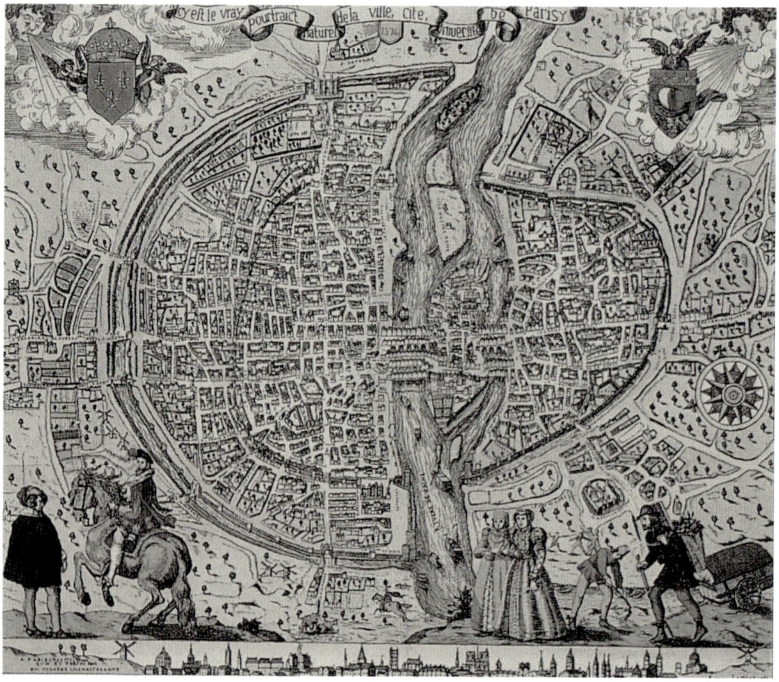

◁ *Die mittelalterliche Sorbonne*

1180–1223 Unter Philipp II. August setzt sich Paris allmählich als Hauptstadt Frankreichs durch. Der erste Louvre, ein mächtiger Donjon, ist Teil einer neuen Befestigungsanlage. Vier Fünftel der 70 000 Einwohner leben am rechten Ufer der Seine. Am linken Ufer entsteht um 1210 die Universität.
1253 Robert de Sorbon gründet ein Kolleg, aus dem die theologische Fakultät hervorgeht, das zukünftige Zentrum der Pariser Universität. Ende des 13. Jh. zählt die Sorbonne 10 000 Studenten.
1260 Ludwig IX., der Heilige, vertraut dem Vorstand der bedeutenden Schifferkorporation einen Teil der Stadtverwaltung an.
1357 Sitz der Stadtverwaltung ist nun die Maison aux Piliers auf der Place de Grève, wo heute das Rathaus steht. Die wirtschaftliche Bedeutung der Stadt wächst und zählt bald rund 200 000 Einwohner.

Valois

1358 Erste Pariser Revolution. Etienne Marcel, der Vorstand der Kaufleute, lässt vor den Augen des zukünftigen Karl V. zwei der Minister ermorden und zwingt den Thronfolger, Paris zu verlassen. Karl V. kehrt wenig später mit seinen Truppen zurück.
1364–83 Karl V. lässt eine neue Stadtmauer und die Bastille bauen.
1420–36 Paris ist in den Händen der Engländer und erlebt bis zum Ende des Hundertjährigen Krieges einen wirtschaftlichen Niedergang. Vergeblich versucht Jeanne d'Arc 1429, Paris für Karl VII. zurückzuerobern. Erst 1436 kann dieser in seine Stadt einziehen.
1530 Franz I. gründet das Collège de France, eine Institution des Humanismus.
1534 Ignatius von Loyola ruft am Montmartre den Jesuitenorden ins Leben.
1546 Pierre Lescot beginnt mit dem Bau des heutigen Louvre.
24. August 1572 Bartholomäusnacht: Tausende von Protestanten werden ermordet.
Mai 1588 Die katholische Liga, die in Paris viel Unterstützung findet, verjagt Heinrich III., der eine gemäßigtere Politik gegenüber den Protestanten anstrebt.
1589 Der protestantische Henri de Navarre (Heinrich IV.) belagert Paris. Die Liga lässt Heinrich III. ermorden.

Bourbonen

1593 Heinrich IV. tritt zum Katholizismus über; am 22. März 1594 öffnet ihm die Stadt ihre Tore.
14. Mai 1610 Heinrich IV. wird von François Ravaillac, einem fanatischen Mönch, erstochen.
1635 Kardinal Richelieu gründet die Académie Française.
1648–53 Die Fronde, eine Revolte des Hochadels und der Gerichtshöfe gegen den Absolutismus von Mazarin, bricht nach dem Tod von Ludwig XIII. aus und bringt eine lange wirtschaftliche Krise mit sich. Mazarin, Anna von Österreich und der junge, noch unmündige Ludwig XIV. fliehen aus Paris. 1652 kehrt der König zurück, in seiner Macht bestärkt, doch bleibt er seiner Hauptstadt gegenüber immer vorsichtig.
1667 Minister Colbert gründet das Observatorium und die Gobelin-Manufaktur.
1682 Ludwig XIV. richtet endgültig seinen Regierungssitz und den gesamten Hofstaat in Versailles ein.
1728 Die Pariser Straßen erhalten erste Namensschilder.

1594: Einzug König Heinrichs IV. ▷

14. Juli 1789: Sturm auf die Bastille

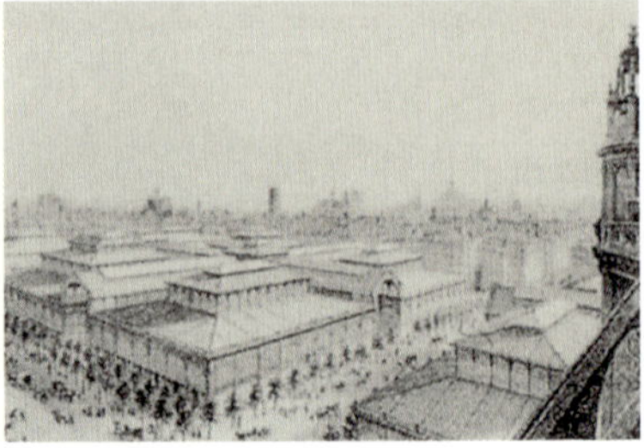

Die Baltardschen Markthallen

1784–91 Bau einer Zollmauer. Die Zollhäuser entwirft Claude-Nicolas Ledoux.

Französische Revolution und Erstes Kaiserreich (1789–1814)

14. Juli 1789 Sturm auf die Bastille – ein symbolhaftes Ereignis, mit dem die Französische Revolution beginnt. Der 14. Juli wird 1879 zum Nationalfeiertag erklärt.

6. Oktober 1789 Die Königsfamilie wird gezwungen, Versailles zu verlassen und sich im Tuilerienschloss einzurichten.

21. September 1792 Das Volk stürmt die Tuilerien. Ludwig XVI. und seine Familie werden verhaftet, die Republik wird ausgerufen (Erste Republik 1792–1804).

21. Januar 1793 Hinrichtung Ludwigs XVI. auf der Place de la Concorde.

1793/94 ›La Terreur‹, die Schreckensherrschaft, regiert in den Straßen von Paris. Mehr als 2700 ›Konterrevolutionäre‹ werden vom Revolutionstribunal auf die Guillotine geschickt, bevor Robespierre am 27. Juli 1794 gestürzt wird.

9. November 1799 Napoleon Bonaparte marschiert in Paris ein und ernennt sich zum ersten Konsul der französischen Republik.

2. Dezember 1804 Napoleon I. setzt sich in Notre-Dame die Kaiserkrone aufs Haupt.

31. März 1814 Napoleon ist geschlagen. Die Alliierten besetzen die Stadt. Paris kapituliert.

Restauration

27., 28., 29. Juli 1830 ›Les Trois Glorieuses‹ (Juli-Revolution): Sturz Karls X.; Louis-Philippe wird König.

1832 Die Cholera fordert 19 000 Opfer.

1841–45 Thiers lässt eine neue Stadtbefestigung bauen.

Februar 1848 Louis-Philippe wird abgesetzt. Zweite Republik (1848–52).

Zweites Kaiserreich (1852–70)

ab 1852 In einer gigantischen urbanistischen Operation macht der Präfekt Haussmann während des Second Empire aus Paris eine moderne Metropole und gibt ihr im Wesentlichen ihr heutiges Aussehen. Breite Avenuen und große Plätze entstehen. Ganze Stadtviertel werden dabei abgerissen. 1859/60 werden elf Orte eingemeindet, darunter Montmartre, Belleville, Bercy, Auteuil und Passy. Paris hat nun 20 Arrondissements und zählt im Jahr 1870 rund 1,8 Mio. Einwohner.

1855 und 1867 Die ersten beiden Pariser Weltausstellungen finden statt.

Dritte Republik (1871–1940)

1870/71 Deutsch-Französischer Krieg. Nach der französischen Niederlage bei Sedan wird am 4. September 1870 die Republik ausgerufen.

28. Januar 1871 Kapitulation. Das Volk, das die viermonatige Belagerung der Deutschen und einen schweren Winter ertragen musste, fühlt sich durch die Unterwerfung von der Regierung verraten.

März–Mai 1871 Der Aufstand der Kommune beginnt mit einer sozialistischen Utopie und endet in einem Blutbad. Tuilerienschloss und Rathaus brennen. Die Versailler Repression lässt die Arbeiterviertel schweren Blutzoll zahlen,

Vélo-Taxis im Zweiten Weltkrieg ▷

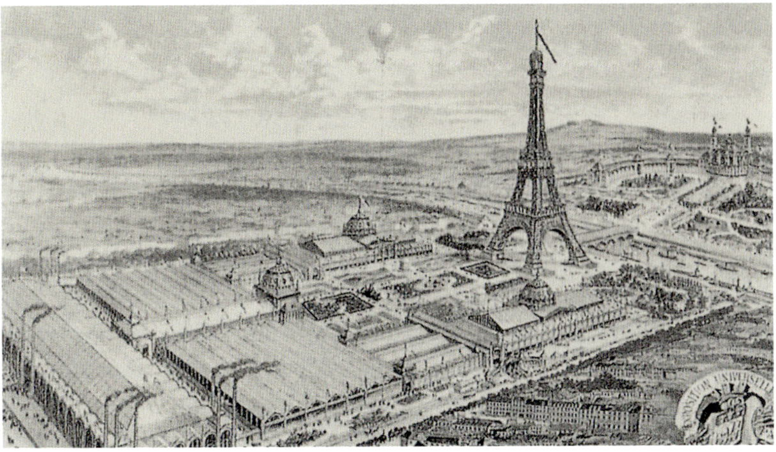

Weltausstellung 1889: Der Eiffelturm bildete das spektakuläre Eingangstor zum Gelände

Zehntausende von Aufständischen werden hingerichtet.

1876 Dank starker Zuwanderung aus der Provinz, vor allem aus der Bretagne und der Auvergne, hat Paris jetzt über 2 Mio. Einwohner.

1889 Die Weltausstellung zur 100-Jahr-Feier der Französischen Revolution hinterlässt in der Stadtsilhouette eine markante Spur: den Eiffelturm. Die Dritte Republik ist für Paris eine Zeit der wirtschaftlichen Prosperität, das reiche Bürgertum lebt im Rausch der Belle Epoque.

1900 Die erste Métro-Linie wird in Betrieb genommen: Porte Maillot – Porte de Vincennes.

1918 Zeppeline und die ›Dicke Bertha‹ bombardieren Paris.

1919 Abriss der Befestigungsmauern.

1940–44 Die deutsche Wehrmacht besetzt die Stadt. Entgegen der Anordnung Hitlers geht Paris nicht in Flammen auf. Am 25. August 1944 erfolgt die Übergabe an die Alliierten.

Nach dem Zweiten Weltkrieg

1964/65 Administrative Umformung: Nanterre, Créteil und Bobigny werden zu Präfekturen. Ein Plan für Paris und die Région Parisienne sieht die Modernisierung des Zentrums, die Errichtung von Hochhäusern in den Vororten und den Bau von Trabantenstädten vor.

Mai 1968 Die Studentenrevolte wächst sich in Paris zu einer tief greifenden sozialen und politischen Krise aus.

1969 Verlagerung der Pariser Markthallen nach Rungis. Die alten Hallen von Baltard werden 1972 abgerissen.

1973 Die Pariser Ringautobahn, der Boulevard Périphérique, ist fertig, ebenso der erste Wolkenkratzer der Pariser Innenstadt, die Tour Montparnasse.

1977 Statt des von der Regierung ernannten Präfekten verwaltet nun ein gewählter Bürgermeister die Stadt. – Eröffnung des Centre Pompidou.

1982 Eine Gesetzesänderung verringert den Einfluss des Staats auf die Verwaltung der Stadt. Die Arrondissements besitzen jetzt gewählte Bürgermeister mit eigener Verfügungsgewalt.

1989 200-Jahr-Feier der Französischen Revolution mit Einweihung der Grande Arche in La Défense, der Bastille-Oper und der Louvre-Pyramide. Umfassende Restaurierungsarbeiten und Erweiterung der Ausstellungsfläche im Louvre.

1997 Eröffnung der Bibliothèque Nationale de France in Tolbiac (Site François Mitterrand), dem Monumentalbau von Dominique Perrault (13. Arrondissement).

2001 Beim Absturz einer Concorde am 25. Juli kurz nach dem Start in Paris sterben 113 Menschen.

2002 Jacques Chirac wird zum zweiten Mal zum Präsidenten der Republik gewählt.

2005 Krawalle in den von Armut geprägten Pariser Vorstädten, den Banlieues, weiten sich auf ganz Frankreich aus.

2007 Nicolas Sarkozy gewinnt die Präsidentschaftswahlen.

2008 Der Modeschöpfer Yves Saint Laurent stirbt am 1. Juni in Paris. – Am 13. Juli erfolgt in Paris die Gründung der Mittelmeerunion mit 43 Mitgliedstaaten. – Wegen der weltweiten Finanzkrise gewährt die französische Regierung im Oktober den Großbanken Kredite in Höhe von 10,5 Milliarden Euro.

2009 Nach 43 Jahren kehrt Frankreich unter Nicolas Sarkozy wieder in die Kommandostruktur der NATO zurück.

Blick auf den illuminierten Eiffelturm von der Pont Alexandre-III aus

Unterwegs

1. bis 4. Arrondissement – im Herzen der Stadt

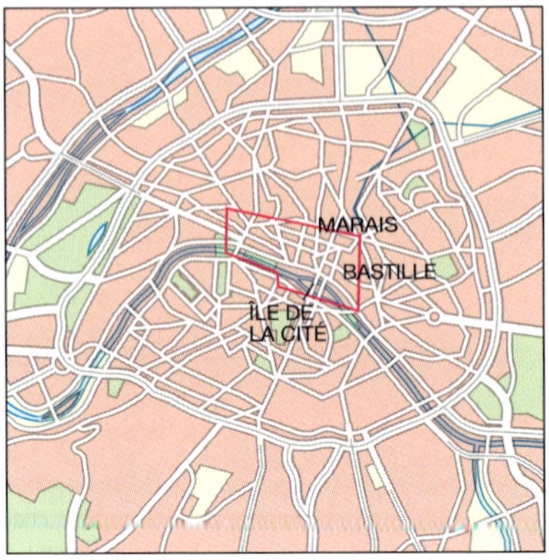

Île de la Cité und Île Saint-Louis: Dank ihrer außergewöhnlichen Lage gilt die Île de la Cité als der ursprüngliche, mythische Kern der Stadt. Um 250 v. Chr. siedelte sich hier der keltische Stamm der Parisii an, auch die römischen Besatzer richteten auf der schützenden Insel ihre Verwaltung ein. Im Mittelalter bildete die Cité das Zentrum der Stadt, das Königspalast und Bischofssitz in seinen Mauern vereinte. Einzige, doch beeindruckende Zeugen dieser Zeit sind neben den Juwelen gotischer Architektur, **Notre-Dame** und **Sainte Chapelle**, die schönen mittelalterlichen Säle der königlichen **Conciergerie**. Das Second Empire (1852–70) hat mit dem mittelalterlichen Gewirr von Häusern und Gassen aufgeräumt und der Insel ein recht geordnetes Aussehen gegeben. Der herrlich gelegene **Square du Vert-Galant** an der anderen Inselspitze sowie der Blumen-und Vogelmarkt auf der Place Louis-Lépine bringen eine poetische Note in dieses Bild. Die kleinere, stille **Île Saint-Louis** stellt dagegen ein Stück ewiges Paris dar. Ihre engen Straßen und Quais scheinen seit dem 17. Jh. in ihrer steinernen Eleganz unverändert.

Am Louvre: Noch bis Mitte der 1980er-Jahre gingen die Pariser gleichgültig an den endlosen Fassaden des **Louvre** vorbei. Dies änderte sich, als die gläserne Pyramide des chinesisch-amerikanischen Architekten Ieoh Ming Pei zum viel diskutierten, öffentlichen Ereignis wurde. Damals wurden sie wieder auf ihr weltberühmtes Museum aufmerksam, das Touristen aller Kontinente als unbedingte Etappe eines Parisbesuchs betrachten. Tage, ja Wochen könnte man in dieser musealen Idealwelt verbringen, wollte man alle Schätze gebührend bewundern, die der Louvre – inklusive **Kunstgewerbemuseum** und Modemuseum im Nordflügel an der Rue de Rivoli – birgt.

Am Palais Royal: Unter den Arkaden des **Palais Royal** scheint die Zeit stehen geblieben zu sein. Der Charme des Viertels ist diskret, selbst an der klassisch schönen **Place des Victoires**, die zu einem Schaufenster neuester Moderichtungen geworden ist. An der Rue de la Paix, an der **Place Vendôme** und weiter noch am Faubourg Saint-Honoré liegt das Paradies für betuchte Parisbesucher, auf die hier Luxushotels, Haute-Couture und weltberühmte Juweliere warten.

Forum des Halles und Centre Pompidou: Chaotisch und verführerisch vielfältig gibt sich das kommerzielle **Forum des Halles**, avantgardistisch und provozierend wirkt dagegen das Kulturzentrum **Centre Pompidou**: Die beiden Attraktionen der Rive Droite haben in den 1970er-Jahren zwei der ältesten Stadtviertel von Paris, das Hallenviertel und den östlich angrenzenden Beaubourg, radikal verändert. ›Le beau bourg‹, der ›schöne Weiler‹, war im Mittelalter ein Dorf vor der Stadt, das durch die Nähe zu den Markthallen allmählich zu einem der schmutzigsten Winkel von Paris verkam. Ab 1969 verschwand die Welt der Hallen unwiederbringlich. Eine neonblinkende Fußgängerzone verbindet heute das Forum des Halles mit dem Centre Pompidou. Jugendlich und international ist das Publikum. Die spätgotische Kirche Saint-Merri, die einsame **Tour**

Tour Saint-Jacques und das wuchtige Schiff von **Saint-Eustache** erinnern an ein Paris vergangener Tage.

Marais und Bastille: Vor einigen Jahrzehnten hätte man nicht glauben wollen, dass das Marais, das Viertel zwischen der Rue Beaubourg und dem Boulevard Beaumarchais, einst das Aristokratenviertel von Paris war. Graue Fassaden, verfallene Höfe mit Werkstätten und Warenlagern ließen kaum mehr etwas von der früheren Pracht erahnen. Im 16. und 17. Jh. war dies das Viertel des Amtsadels und des reichen Bürgertums. Doch schon im folgenden Jahrhundert kam das Marais aus der Mode, und seit der Revolution war es endgültig verwaist. Händler und Handwerker nahmen es in Besitz. André Malraux tauchte in den 1960er-Jahren als Retter auf. Der gesamte Bereich steht seither unter Denkmalschutz; nach und nach wurden die Palais restauriert. Nun kommen die edlen Sandsteinfassaden, die schmiedeeisernen Balkone, die schönen Treppenhäuser und Innenhöfe wieder zur Geltung. Das nahe Centre Pompidou, das **Musée National Picasso**, Antiquitätenhändler, Kunstgalerien und Modeboutiquen machen das Viertel längst wieder attraktiv. Doch auch die traditionellen Handwerksbetriebe gibt es noch: Schneidereien, Leder verarbeitende Betriebe und Modeschmuckfabrikanten. In der Rue des Rosiers fühlt man sich in eine andere Welt versetzt: Sie liegt im Zentrum des traditionellen **Judenviertels**. Man hört Leute Jiddisch sprechen, sieht orthodoxe Juden wie eh und je mit ihren schwarzen Hüten und Schläfenlocken und kann köstliche Strudel und Falafel in der Bäckerei Finkelsztajn kaufen.

Ähnlich wie das Marais ist seit den 1980er-Jahren auch das **Bastille-Viertel** im Wandel. Der Platz, an dem die Republik ihren Ausgang genommen hat, traditioneller Versammlungsort der Gewerkschaftskundgebungen und Demonstrationen, liegt am Rande der östlichen Faubourgs, die mit ihren Handwerkerläden und Arbeiterwohnungen, den Bistros und Tanzlokalen der Rue de Lappe bis vor einigen Jahren noch ein Stück echtes, volkstümliches Paris darstellten. Heute ist die Gegend gefragt, Kunstgalerien und schicke Bars ziehen die Jeunesse Dorée an – ein neuer ›Sturm auf die Bastille‹, zu dem auch die so genannte Volksoper, die **Opéra-Bastille**, beiträgt.

Perlhühner und andere Piepmätze kann man sonntags auf dem Vogelmarkt an der Place Louis-Lépine kaufen. Unter der Woche bieten die Händler hier die schönsten Blumen feil

1 Notre-Dame

TOP TIPP

Eindrucksvolles Zeugnis der französischen Kathedralbaukunst und Musterbeispiel gotischer Stilentwicklung. Das 800-jährige Monument nimmt einen einzigartigen Platz im Pariser Stadtbild ein.

Place de Notre-Dame, 4E ARR.
Tel. 01 42 34 56 10
www.notredamedeparis.fr
Mo–Fr 8–18.45, Sa/So 8–19.15 Uhr
Métro 4: Saint-Michel oder Cité

Seit Urzeiten wurde an dieser Stelle gebetet; schon die gallo-römische Siedlung besaß hier ein Heiligtum. Im 6. Jh. errichtete man eine erste christliche Kirche, deren Nachfolgebau noch während der Entstehungszeit von Notre-Dame bestand. *Bischof Maurice de Sully* rief Mitte des 12. Jh. Stadt und Umland, König und Volk auf, alle Kräfte zu vereinen, um ein neues, großes Gotteshaus zu bauen, das dem mächtigen Pariser Bistum, Mittelpunkt des französischen Kronlandes, angemessen war. 1163 wurde der Grundstein gelegt. Fast eineinhalb Jahrhunderte lang war der Bau von Notre-Dame ein großes Experimentierfeld zur Ausarbeitung des **gotischen Formenvokabulars**.

Von Anfang an entschied man sich für diesen neuen Stil, der zwanzig Jahre zuvor in Saint-Denis erstmals systematisch angewandt worden war. 1182 war der Chor vollendet, um 1200 das Langhaus. Das ursprüngliche Projekt wurde im Verlauf des 13. Jh. unter der Leitung von Jean de Chelles und Pierre de Montreuil wesentlich verändert; die Fenster wurden dabei nach dem Vorbild der gleichzeitig entstehenden Kathedrale von Chartres vergrößert, um mehr Licht in das Kirchenschiff dringen zu lassen. Ab 1225 fügte man die Kapellen zwischen den Strebepfeilern hinzu. Schließlich wurde auch der Chor dem emporstrebenden Charakter der Hochgotik angeglichen, dabei entstanden die statisch kühnen, eleganten Strebebogen. Um 1340 war Notre-Dame vollendet. Ihr heutiges Aussehen verdankt die Kirche im Wesentlichen den Restaurierungsarbeiten, die *Eugène Viollet-le-Duc* 1845–64 vornahm.

Mit dem Bau der meisterhaft ausgewogenen **Westfassade** begann man um 1200. Am *Annenportal* (rechts) wurden Skulpturen aus der Zeit um 1170 wiederverwendet. Die strenge Darstellung der thronenden Muttergottes folgt byzantinischen Vorbildern. Die Figuren des *Marienportals* (links) haben dagegen einen milden, poetischen Charakter (1210–20). Am Tympanon die *Marienkrönung* mit der bewundernswert sanften *Grablegung Mariens*. An den Türpfosten Darstellungen des Kalenders und des Tierkreises.

Das **Mittelportal** mit dem *Jüngsten Gericht* wurde leider stark restauriert, die schöne Figur des Weltenrichters im Tympanon ist jedoch noch original. Im oberen Türsturz werden die Auserwählten von den Verdammten getrennt, die Seitenpfosten zeigen die Parabel von den klugen und törichten Jungfrauen.

Über den Portalen setzt die **Königsgalerie** einen ersten horizontalen Akzent.

Notre-Dame: ›Grablegung Mariens‹. Detail aus dem Tympanon des Marienportals

Die während der Revolution zerstörten Königsfiguren wurden von Viollet-le-Duc ersetzt. 1977 fand man wie durch ein Wunder 21 der originalen Königshäupter wieder. Sie befinden sich heute im Musée National du Moyen Âge [Nr. 74].

Über der **Fensterrose** (Anfang des 13. Jh.; Durchmesser: 9,60 m) stellt eine feingliedrige Arkade die Verbindung zwischen den beiden Türmen her. Die berühmten Wasserspeier, Dämonen und sonderbaren Vögel sind allerdings der neugotischen Fantasie *Viollet-le-Ducs* entsprungen.

Auf die Ausführung der Spitztürme verzichtete man schließlich, was dem harmonischen Gesamteindruck aber keinen Abbruch tut. Der Aufstieg zur Plattform des **Südturms** (Juni–Aug. Mo–Fr 10–18.30, Sa/So 10–23, April und Sept. tgl. 10–18.30, Okt.–März tgl. 10–17.30 Uhr) lohnt sich sehr: Man kann das mächtige Strebewerk der Kirche von oben bewundern und hat zudem einen herrlichen Blick auf die Stadt.

Die verfeinerte Struktur, die die hochgotische Baukunst in dieser Zeit annimmt, zeigt die **nördliche Querhausfassade** (1250–60) von Jean de Chelles. Steile Giebel, schmale Fialen, Maßwerk und eine große Fensterrose scheinen die Geschlossenheit der Wand aufzulösen. Den Türpfeiler des Portals ziert eine edle Madonnenfigur, ein Meisterwerk der hochgotischen Plastik.

Der **Innenraum**, in dem an hohen Festtagen bis zu 9000 Personen Platz finden, vermittelt einen großartigen, feierlichen Eindruck – vor allem dann, wenn man ihn außerhalb der üblichen touristischen Besuchszeiten besichtigt. Sein Aufbau macht deutlich, dass Notre-Dame ein Werk des Übergangs ist, das stilgeschichtlich zwischen den ›primitiven‹ Kathedralen (Laon, Noyon) und den ersten ›klassischen‹ Kathedralen (Chartres, Reims, Amiens) steht: Das sechsteilige **Gewölbe** und die klar strukturierte **Hochwand** ruhen auf noch nicht in diese Struktur einbezogenen, massiven Säulen. Die typisch frühgotische, von Saint-Denis übernommene **Empore** setzt dem Bestreben der Hochgotik Grenzen, den Raum durch große Fenster möglichst hell zu gestalten. Das Joch vor dem Querhaus, von Viollet-le-Duc wieder hergestellt, zeigt den ursprünglichen Aufbau der Hochwand, wie er von 1225 bis 1235 bestanden hat. Leider hat Notre-Dame den größten Teil seines gotischen Fensterschmucks verloren. Nur die schönen **Fensterrosen** des Querhauses (Durchmesser: 13 m) stammen aus der Erbauungszeit. Die ältere nördliche ist fast im Originalzustand erhalten (um 1255). Die modernen Fenster wurden nach mittelalterlicher Technik gefertigt.

Einen malerischen Anblick bietet Notre-Dame vom Ufer der Seine aus, dem die hier ankernden Hausboote noch eine eigene romantische Note verleihen

In den **Kapellen** befinden sich noch einige der großen *Gemälde*, die die Goldschmiedezunft an jedem 1. Mai im 17. Jh. der Kathedrale stiftete, darunter Werke von Charles Le Brun und Laurent de la Hyre.

Von den **Chorschranken** (1300–51) sind nur noch Teile erhalten. Ihre Reliefs stellen in einer erzählerischen, höfischen Art das Leben Jesu an der Nordseite und die Erscheinungen des Auferstandenen an der Südseite dar. Am Vierungspfeiler des rechten Choreingangs die graziöse Madonnenstatue, *Notre Dame de Paris* genannt (um 1330). Im **Chor** selbst bilden die an sich sehr schönen *Altarfiguren* aus dem 18. Jh. einen starken Kontrast zu ihrer mittelalterlichen Umgebung. Nach 23 Jahren kinderloser Ehe stellte Ludwig XIII. sein Land unter die Schutzherrschaft der Jungfrau Maria und versprach, Notre-

Der Komplex des Justizpalastes vom Quai de la Mégisserie aus. Im Bild die Conciergerie mit den drei Rundtürmen

Dame einen neuen Hochaltar zu stiften, wenn ihm ein Sohn geboren werde. Der lang ersehnte Thronfolger Ludwig XIV. löste das Gelübde später ein. Das fein geschnitzte **Chorgestühl**, eine *Pietà* von Nicolas Coustou und die bewegenden *Statuen* der beiden Könige sind erhalten geblieben.

In der **Schatzkammer** (Eingang im Chor rechts, Mo–Fr 9.30–18, Sa 9.30–18.30, So 13.30–18.30 Uhr) werden neben wertvollen Handschriften Goldschmiedearbeiten aufbewahrt. Hier sieht man kostbare Reliquien, darunter das Croix Palatine, dessen Schrein aus dem 19. Jh. ein großes Stück des Kreuzes Christi und einen der Nägel einschließen soll. Der Reliquienschrein für die Dornenkrone (1862) wurde nach Zeichnungen von Viollet-le-Duc ausgeführt. Die Dornenkrone, für die Ludwig IX. die Sainte-Chapelle [Nr. 5] errichten ließ, wird nur in der Karwoche gezeigt.

Als **Schauplatz** großer offizieller Ereignisse nahm die Kathedrale einen ebenso hohen Rang ein wie die Kathedralen von Reims als Krönungsort und Saint-Denis als Grablege der Könige. 1302 traten im Dom erstmals die von Philipp dem Schönen einberufenen Generalstände zusammen. 1444 wurde hier der Rehabilitationsprozess der Jungfrau von Orléans eröffnet. 1594 feierte Heinrich IV. seine Konversion. Während der Revolution war Notre-Dame dem ›Höchsten Wesen‹ geweiht (1793), doch gingen in dieser Zeit auch viele ihrer Kunstschätze verloren. 1804 setzte sich Napoleon hier die Kaiserkrone aufs Haupt; Wandteppiche verdeckten dabei das inzwischen arg heruntergekommene Gemäuer. Victor Hugos Roman *Notre-Dame de Paris* (1831) ist es zu verdanken, dass man sich erneut für das Monument interessierte und endlich die Restaurierung der Kathedrale beschloss. In den Einzelheiten oft als zu romantisch kritisiert, zeugen Viollet-le-Ducs Eingriffe jedoch von großer denkmalpflegerischer Kenntnis.

Durch den viel zu großen **Vorplatz** – ein Resultat der Haussmannschen Stadtsanierung Mitte des 19. Jh. – ist der mächtige Eindruck verloren gegangen, den die Kathedrale einst im engen mittelalterlichen Straßenbild hervorrief. An diesem Platz beginnen übrigens alle französischen Nationalstraßen. Die Entfernungen von der Hauptstadt werden von hier aus berechnet, was Notre-Dame zum symbolischen Zentrum des Landes macht.

2 Crypte Archéologique du Parvis Notre-Dame

Alte Fundamente zeugen von der architektonischen Entwicklung der Stadt.

7, parvis Notre-Dame, Place Jean-Paul II, 4E ARR.
Tel. 01 55 42 50 10
www.carnavalet.paris.fr
Di–So 10–18 Uhr
Métro 4: Saint-Michel oder Cité

Auf dem Vorplatz der Kathedrale Notre-Dame befindet sich der Eingang zur **Archäologischen Krypta**, einem 100 m langen Saal. Die hier ausgestellten Fundamente aus dem 3.-19. Jh. blieben lange Zeit unentdeckt: Erst 1965 unter der Leitung der *Commission du Vieux Paris* begannen die Ausgrabungen, nachdem man bei Bauarbeiten zufällig auf die architektonischen Schätze stieß. Seit 1980 ist die Krypta für die Öffentlichkeit zugänglich. Von den Anfängen der gallo-römischen Siedlung Lutetia auf der Île de la Cité zeugen u.a. die Überreste eines Anlegeplatzes und einer öffentlichen Badeanstalt. Zudem präsentiert die Ausstel-

lung Relikte der alten Stadtmauer (4. Jh.), der merowingischen Kathedrale Saint Etienne und der mittelalterlichen Rue Neuve Notre-Dame. Wechselausstellungen geben mit Schautafeln, Modellen sowie 3D-Animationen einen spannenden Einblick in die städtebauliche Entwicklung von Paris.

3 Palais de Justice

Der Gebäudekomplex des Justizpalasts, der Conciergerie und Sainte-Chapelle einschließt, ist seit Jahrhunderten Sitz der Gerichtsbarkeit. Von der Römerzeit bis zum Hundertjährigen Krieg war hier das politische Zentrum Frankreichs.

4, boulevard du Palais, 1ER ARR.
Métro 4: Saint-Michel oder Cité

Chlodwig (465–511) soll der erste König gewesen sein, der seinen Regierungssitz im früheren Palast der römischen Statthalter einrichtete. Aber erst die Kapetinger machten daraus die prunkvolle **Residenz**, von der die berühmte Miniatur aus dem Stundenbuch, den *Très Riches Heures* des Herzogs von Berry, eine Vorstellung gibt. Brände und Zerstörungen haben im 17. und 18. Jh. und während der Kommune (1871) einen Großteil des damaligen *Palais du Roi* vernichtet. Auch zogen die Könige ab dem 14. Jh. den Louvre, das Hôtel Saint-Pol im Marais oder Vincennes als Residenz vor. Aber immer wurde hier Recht gesprochen. Im 13. Jh. war es Ludwig IX. selbst, der im Hof seines Palastes Gericht abhielt. Hier war der Sitz des *Parlement*, wie der Oberste Gerichtshof des Königreichs hieß. Heute bringen das **Zivil-** und das **Strafgericht** Geschäftigkeit in die endlosen Korridore. Georges Simenons Kommissar Maigret hat die Zentrale der Kriminalpolizei vom Quai des Orfèvres (Südflügel) über die Grenzen Frankreichs hinaus berühmt gemacht .

Das schöne schmiedeeiserne **Tor** am Boulevard du Palais stammt von 1787. Es hebt den Haupteingang mit seiner dorischen **Säulenhalle** aus der Zeit Ludwigs XVI. hervor. Am Turm der nördlichen Ecke des Palastes ist die erste öffentliche *Uhr* von Paris (1371) angebracht; ihr heutiges Dekor erhielt sie im 16. Jh.

4 Conciergerie

Die Erinnerung an die schreckliche Zeit des Revolutionstribunals ist hier, im ehemaligen Palast der Kapetinger, allgegenwärtig.

2, boulevard du Palais, 1ER ARR.
Tel. 01 53 40 60 80
www.monuments-nationaux.fr
März–Okt. tgl. 9.30–18 Uhr,
Nov.–Febr. tgl. 9–17 Uhr
Métro 4: Saint-Michel, Chatêlet oder Cité

Dieser älteste Teil der **Kapetingerresidenz** ist nach dem königlichen Verwalter, dem *Concierge* benannt. Er war in Abwesenheit des Königs für das Palais verantwortlich und zog aus den zahlreichen Geschäften, die früher das Erdgeschoss belebten und aus den ›Mieten‹, die die Häftlinge für ihre Zellen bezahlen mussten, ein ansehnliches Einkommen. Früher ragte die Fassade zum Quai de l'Horloge direkt aus der Seine auf. Ihr heutiges Aussehen geht größtenteils auf die Restaurierungsarbeiten des 19. Jh. zurück, doch trägt sie mit ihren drei Rundtürmen viel zum malerischen Erscheinungsbild der Île de la Cité bei.

Schon die Monarchie richtete in der Conciergerie ihre **Kerker** ein. Berühmte Gefangene des Ancien Régime waren hier in Gewahrsam, u. a. Graf Montgomery, der Heinrich II. bei einem Turnier tödlich verletzte, und François Ravaillac, der Mörder von Heinrich IV. Im westlichen Rundturm, Tour Bonbec, befand sich im 15. und 16. Jh. die Folterkammer.

Während der Revolution waren die feuchten Säle der Conciergerie überfüllt. In den Jahren der jakobinischen Schreckensherrschaft (1793/94) wurden hier die Gefangenen vor das berüchtigte **Revolutionsgericht** gestellt, das mehr als 2700 Todesurteile fällte. Sie alle warteten an diesem Ort auf die Guillotine: Marie-Antoinette, Madame Elisabeth (die Schwester Ludwigs XVI.), Charlotte Corday, die Marat erstochen hatte, und Philippe Egalité (der Vetter von Ludwig XVI.). Die Anführer der Revolution erwartete das gleiche Schicksal, zuerst die Mitglieder der Gironde, die von Danton gestürzt wurden, dann Danton selbst und seine Gleichgesinnten, schließlich Robespierre, der der Reaktion des 9. Thermidor 1794 zum Opfer fiel, und Fouquier-Tinville, der fürchterliche Staatsanwalt mitsamt dem Revolutionsgericht.

Vieles, was man bei der Führung zu sehen bekommt, wurde später verändert, so z. B. die Zelle, in der Marie-Antoinette vom 2. August bis zum 16. Oktober 1793 auf ihre letzte Stunde wartete, Tag und Nacht von zwei Wärtern bewacht. 1815 richtete man hier die **Chapelle Commémorative de Marie-Antoinette** ein. Die **Rue de Paris**, eine Parzelle am Ende der Salle des Gens d'Armes, erinnert an den Henker, traditionsgemäß *Monsieur de Paris* genannt. Hier war das Strohlager jener Gefangenen, die sich keine Einzelzelle leisten konnten.

Über all dem Gräuel sollte man aber nicht vergessen, die großartige Halle, **La Salle des Gens-d'Armes**, zu bewundern. Allein wegen ihrer Ausmaße (69 x 27 m) ist sie außergewöhnlich und nur mit den Prunksälen des Mont Saint-Michel und des Papstpalastes in Avignon zu vergleichen. Von einem schönen Kreuzrippengewölbe überspannt, stellt sie ein eindrucksvolles Beispiel gotischer Profanarchitektur dar.

5 Sainte-Chapelle

TOP TIPP *Die Kapelle des einstigen Königspalastes – ein gläserner Schrein für die wertvollsten Reliquien der Christenheit und selbst ein Juwel aus leuchtend bunten Fenstern.*

6, boulevard du Palais, 1ER ARR.
Tel. 01 53 40 60 80
www.monuments-nationaux.fr
März–Okt. tgl. 9.30–18 Uhr,
Nov.–Febr. tgl. 9–17 Uhr
(Gruppen sollten mind. 3 Wochen vorher reservieren, Tel. 01 53 40 60 93)
Métro 4: Saint-Michel, Chatêlet oder Cité

Das strenge Gebäude des Justizpalastes birgt im größten seiner Höfe dieses **Meisterwerk** gotischer Architektur. Die Entstehungsgeschichte der Kapelle hat den Hauch des Romanesken, der auch Ludwig IX. (1226–1270), den 1297 heilig gesprochenen König, umgibt. Er war ein großer Verehrer kostbarer Reliquien und konnte 1238 vom byzantinischen Kaiser die *Dornenkrone Christi* erstehen. Er nahm sie eigenhändig in Empfang, barfüßig und wie ein einfacher Pilger gekleidet. Später kam noch ein Nagel vom Kreuz Christi dazu, und Ludwig beschloss, für diese Schätze einen angemessenen Rahmen zu schaffen, der zugleich die Verbindung von Monarchie und Kirche besiegeln und die Stellung des französischen Königtums in der christlichen Welt heben sollte.

In nur fünf Jahren (1243–48) entstand die feingliedrige, schlanke Kapelle; als ihr Baumeister gilt Pierre de Montreuil. Der obere Teil des zweistöckigen Gebäudes war, wie bei Palastkapellen üblich, durch eine Galerie mit den königlichen Gemächern verbunden. Hoch aufsteigende Strebepfeiler rhythmisieren die *Fassade*. Die Proportionen der **unteren Kapelle** sind ungewöhnlich. Für diesen breiten, sehr niedrigen Raum, der ein hohes Obergeschoss zu tragen hat und schwierig mit einem einzigen Gewölbe zu überspannen war, fand der Architekt eine originelle Lösung. Er schuf ein breites Mittelschiff

Sainte-Chapelle: Die Wände in der oberen Kapelle scheinen ganz aus leuchtend buntem Glas zu bestehen

und sehr schmale Seitenschiffe. Die **Strebebögen**, die man gewöhnlich an der Außenfassade sieht, sind ins Innere verlegt. Sie leiten den Druck des mittleren Gewölbes nach außen zu den Strebepfeilern und entlasten so die zierlichen Säulen. Etwas aufdringlich ist der **Dekor** aus dem 19. Jh., der die königliche Lilie und die Türme aus dem Wappen von Blanche de Castille, der Mutter Ludwigs IX., zeigt. Die ältesten der Grabplatten stammen aus dem 13. und 14. Jh.

Eine schmale Wendeltreppe führt in die **obere Kapelle**. »Wenn man sie betritt, glaubt man sich in den Himmel versetzt und stellt sich mit Recht vor, in eines der schönsten Zimmer des Paradieses eingelassen zu werden«, schrieb ein Zeitgenosse von Ludwig IX. Der Eindruck ist tatsächlich atemberaubend. Da die stützende architektonische Struktur nach außen verlagert ist, scheint die Kapelle ganz aus hohen *Glaswänden* zu bestehen und das Gewölbe nur auf schlanken Säulenbündeln zu ruhen. Die **Fenster** sind, mit Ausnahme der Fensterrose (15. Jh.), aus der Zeit von Ludwig IX. und bilden eine außergewöhnlich harmonische Einheit. Ein Teil wurde im 19. Jh. restauriert. Auf einer Fläche von 615 m^2 sind über 1000 Szenen aus dem Alten und Neuen Testament dargestellt, die sich inhaltlich oft auf den Reliquienschatz beziehen. Das Fenster in der Mitte des **Chors** berichtet von der Leidensgeschichte Christi; das erste Fenster rechts erzählt die Geschichte der Reliquien und die Gründung der Sainte-Chapelle. Ludwig der Heilige ist dort dargestellt in symbolischer Nachbarschaft zu König David, dem das nächste Fenster gewidmet ist. Bewundernswert sind auch die Apostelfiguren (13. Jh., z. T. stark restauriert). Die **Reliquien** waren einst in der Apsis aufgestellt. Was davon die Jahrhunderte überdauert hat, befindet sich heute in der Schatzkammer von Notre-Dame [Nr. 1].

6 Place Dauphine und Pont-Neuf

Abgeschlossen und still hat die Place Dauphine heute einen fast provinziellen Charme. Kaum spürt man noch etwas von den Intentionen dieser königlichen Anlage, die mit dem Reiterstandbild Heinrichs IV. und dem Pont-Neuf einen städtebaulichen Akzent an der Inselspitze bildete.

1ER ARR., Métro 7: Pont-Neuf

Die beiden einzigen erhaltenen Eckhäuser am Pont-Neuf lassen ahnen, wie der dreieckige Platz mit seinen einheitlichen, schiefergedeckten Häusern aus rotem Ziegel und weiß abgesetzter Hausteinimitierung – ähnlich der Place des Vosges [Nr. 33] – ausgesehen haben muss. Er wurde ab 1607 auf Veranlassung von Heinrich IV. errichtet, der damit zeigte, dass ihm Paris mehr als nur »eine Messe wert« war. Zu Ehren des Thronfolgers, dem zukünftigen Ludwig XIII., wurde er Place Dauphine genannt. Doch im Gegensatz zur Place des Vosges ging die Einheit des Platzes schnell verloren. Die Ostseite wurde 1874 gänzlich abgerissen, so dass die protzige Fassade des Justizpalastes (1857–68) jetzt den Abschluss bildet. Das **Reiterstandbild** des *Bon Roi Henri,* des guten Königs Heinrich, steht in der Mittelachse des Platzes (Entwurf von Giovanni Bologna). Es ist das erste königliche Standbild dieser Art in Paris.

Der Pont-Neuf verbindet die westliche Spitze der Île de la Cité mit den beiden Seineufern

Seinem Namen zum Trotz ist der **Pont-Neuf** (Neue Brücke) die älteste erhaltene Brücke von Paris (1607 von Heinrich IV. eingeweiht). Sie galt damals als sehr modern: Man verzichtete auf die übliche Bebauung mit Häusern und versah sie mit Gehsteigen, auf denen sich bald Straßenhändler, Komödianten und Scharlatane einrichteten.

Die besondere Lage der Place Dauphine und des Pont-Neuf reizte die Architekten des 18. Jh., über die baukünstlerische Gestaltung der Inselspitze nachzudenken; keines der monumentalen Projekte kam aber zustande. Der unermüdliche Baron Haussmann ließ Mitte des 19. Jh. den schattigen Park unterhalb des Reiterstandbilds anlegen, von dem man einen schönen Blick auf den Louvre und das Palais de la Monnaie gegenüber hat. Der Name dieses **Square du Vert-Galant** (Schürzenjäger) erinnert wieder an den populären Heinrich IV.

7 Île Saint-Louis

Die Insel mit ihren klassischen Häusern aus dem 17. Jh. bildet eine Welt für sich, diskret und aristokratisch. Ihre von Pappeln gesäumten Quais sind ein Paradies für Spaziergänger.

4E ARR., Métro 7: Pont-Marie

Ursprünglich befanden sich hier zwei kleine Inseln, die dem Domkapitel von Notre-Dame gehörten. Auf Initiative Kardinal Richelieus wurde der sie trennende Kanal zugeschüttet und dem Unternehmer Christophe Marie eine Bauerlaubnis erteilt. Die bevorzugte Lage des Terrains erweckte das Interesse des Pariser Amtsadels; es entstanden großzügige Palais an den Ufern. Vor allem der Hofarchitekt **Louis Le Vau** (1612–1670) gewann hier viele Privatkunden und gab der Insel sein Gepräge. Leider sind die meisten dieser eleganten Stadthäuser, an deren Fassaden Tafeln auf berühmte frühere Bewohner hinweisen (Zola, Claudel, Daumier, Apollinaire) und in denen auch heute u. a. wohlhabende Künstler und Literaten leben, nicht zu besichtigen. Doch die schmiedeeisernen Balkone und die Reliefs an den Fassaden sprechen für sich, und hin und wieder bietet sich die Gelegenheit, in einen der noblen Innenhöfe zu spähen.

Das **Hôtel de Lauzun** (17, quai d'Anjou; 1650–56), an dem nicht nur der schöne *Balkon* der Bel Etage, sondern auch die *Dachrinne* goldverziert ist, gehört zu den prächtigsten Privathäusern von Paris. Seine mit Wandvertäfelungen, Stukkaturen und Grotesken geschmückten Räume werden von der Stadt Paris für offizielle Empfänge genutzt. In einem Mansardenappartement dieses Hauses verlebte Baudelaire seine elterliche Erbschaft und nahm am berüchtigten ›Club der Haschischins‹ teil, auf der Suche nach den ›künstlichen Paradiesen‹, die er später beschrieb. Das **Hôtel Lambert** (2, rue Saint-Louis-en-l'Île; 1693–1744) besitzt ebenfalls ein außergewöhnlich schönes *Dekor*; es wurde von den Malern Eustache Le Sueur und Charles Le Brun ausgeführt. Vom Quai d'Anjou aus kann man einen Blick in den Innenhof des Palais werfen, eine originelle Schöpfung von Le Vaus Sohn.

Die schmale **Rue Saint-Louis-en-l'Île** ist die Hauptstraße der Insel. Aus der geschlossenen Fassadenreihe hebt sich die Kirche **Saint-Louis-en-l'Île** (Di–So 9–12 und 15–19 Uhr) mit ihrem durchbrochenen Spitzhelm und ihrer sonderbaren Uhr empor. Das außen bescheiden wirkende, von François Le Vau entworfene Gebäude besitzt einen aufwendig ausgestatteten *Innenraum*, eines der wenigen Pariser Beispiele für französischen Kirchenbarock. Im Sommer finden hier fast täglich Abendkonzerte statt. In der Straße gibt es viele kleine sympathische Restaurants und den berühmten **›Berthillon‹** (www.berthillon.fr) mit seinem köstlichen Eis zu entdecken.

8 Saint-Germain-l'Auxerrois

Einstige Pfarrkirche der französischen Könige und der Künstler des Louvre. Mehrfach umgebaut und verwüstet, hat der große gotische Bau heute ein recht uneinheitliches Aussehen.

2, place du Louvre, 1ER ARR.,
Métro 1, 7: Louvre Rivoli oder
Pont Neuf

Schon im 7. Jh. stand hier eine Kirche zu Ehren des hl. Germain, dem Bischof von Auxerre. Der heutige Bau präsentiert fünf Jahrhunderte *Baugeschichte*: einen romanischen Turm aus dem 12. Jh., Portal, Chor und Marienkapelle aus dem 13. Jh., eine Vorhalle im Flamboyantstil (15. Jh.). Mitte des 18. Jh. wurde der Chor umgestaltet. Die **Westfassade** bietet mit den links angrenzenden neugotischen Bauten, Turm und Rathaus, ein malerisches Ensemble. Eine Besonderheit ist die spätgotische **Vorhalle** (1435–39) mit ihrem

Für Berthillons legendäres Eis lohnt es sich auch, geduldig zu warten

Saint-Germain-l'Auxerrois: ›Maria-Magdalena Ägyptica‹. Langes Haar bedeckt die Blöße der im Mittelalter häufig dargestellten schönen Sünderin, die sich als Büßende mit drei Broten für 47 Jahre in die Wüste zurückzog

schönen Gewölbe; die Pfeilerfiguren sind allerdings moderne Kopien. Die Kirche birgt einige bemerkenswerte Kunstwerke, die leider in dem düsteren **Innenraum** wenig zur Geltung kommen: das von Le Brun entworfene *Kirchengestühl* der königlichen Familie (1684), einen geschnitzten flämischen *Flügelaltar* aus dem 16. Jh. und im Querschiff qualitätvolle *Fenster*, ebenfalls aus dem 16. Jh. In der **Marienkapelle** (rechtes Seitenschiff) ist die auf eigene Weise bezaubernde Statue der *Maria-Magdalena Ägyptica* aufgestellt (Ende 15. Jh.). Sie stammt aus der Vorhalle, wo sie durch einen Abguss ersetzt wurde.

Viele der Künstler, die das Privileg besaßen, im Louvre zu wohnen und zu arbeiten, sind in der Kirche begraben: u. a. die Maler Coypel, Boucher, Chardin, van Loo, die Bildhauer Coysevox und Coustou, die Architekten Le Vau und Gabriel.

Saint-Germain-l'Auxerrois erinnert aber auch an eine der dunkelsten Episoden der französischen Geschichte: In der Nacht zum 24. August 1572 gaben die Glocken der Kirche das Signal für das Massaker der **Bartholomäusnacht**, in der allein in Paris 2000 Protestanten, darunter ihr Anführer Gaspard de Coligny, ermordet wurden.

9 Musée du Louvre

TOP TIPP

Ein Museum der Superlative. Der weitläufige Palast der französischen Könige, Spiegel vieler Jahrhunderte Herrschafts- und Baugeschichte, wurde zur Jahrtausendwende zum größten Museum der Welt ausgebaut.

34–36, quai du Louvre, 1ER ARR.
Tel. 01 40 20 53 17
www.louvre.fr
Mi–Mo 9–18 Uhr, Mi/Fr 9–22 Uhr
Haupteingang: Glaspyramide; weitere Eingänge: Galerie du Carrousel, Porte des Lions, Passage Richelieu (nur mit Eintrittskarte oder Museumspass), Parkgarage: Av. du Général Lemonnier.
Métro 1, 7: Palais Royal–Musée du Louvre

›Le Grand Louvre‹, dieser Name steht für das ehrgeizige und kostspielige Projekt des früheren französischen Staatspräsidenten François Mitterrand, den gesamten Königspalast dem immer schon immensen, aber räumlich beengten Museum zur Verfügung zu stellen. Neue Empfangsstrukturen für Besucher wurden

Die 22 m hohe, puristische Glaskonstruktion der Pyramide ist ein signalkräftiges Symbol, das über 8 Millionen Besuchern im Jahr den Haupteingang des Louvre weist

geschaffen, die Anordnung der Werke neu konzipiert, Säle und Fassaden restauriert. Zum 200-jährigen Jubiläum des Museums wurde 1993 der Nordflügel (Richelieu-Flügel) eröffnet, in dem zuvor das staatliche Finanzministerium residierte. Alle Sammlungen wurden umgestaltet.

Das hier zitierte **Orientierungssystem** des Louvre nennt Namen und Stockwerk des Flügels, in dem die beschriebenen Abteilungen zu finden sind (z. B. italienische und spanische Malerei = Denon, 1. Stock, Saal 1–32). So weit möglich, sind im Folgenden die Saalnummern angegeben, um das Auffinden einzelner Werke oder Werkgruppen zu erleichtern. Auch während der allgemeinen Öffnungszeiten sind nicht immer alle Säle geöffnet – Informationen darüber auf der Internetseite des Museums oder am Telefon. Wer langes Schlangestehen vermeiden will, verlegt seinen Besuch am besten in die Abendstunden oder besorgt sich vorher ein Ticket.

Geschichte des Louvre und mittelalterlicher Louvre

Zwei Säle am Eingang des Sully-Flügels zeigen in Modellen, Gemälden, Stichen und anderen Dokumenten die architektonische Geschichte des Palastes. Danach betritt der Besucher den Bereich des ersten Louvre, dessen Grundmauern 1977 unter der Cour Carrée freigelegt wurden: Überreste der **Stadtmauer** Philipp Augusts, Grundmauern der Türme und der Sockel des mächtigen **Donjon,** der

Von der mittelalterlichen Festung zur Pyramide Ieoh Ming Peis

um 1200 Philipp August lässt einen wehrhaften Wohnturm (Donjon) bauen, der Teil der Stadtbefestigung von Paris ist.

Ende 14. Jh. Durch den Bau eines weiteren äußeren Mauerrings verliert der Louvre seine militärische Bedeutung. Unter Karl V. entsteht ein **Schloss**, dessen türme- und zinnenreiche Silhouette malerisch geschönt im Stundenbuch des Herzogs von Berry, den Très Riches Heures, überliefert ist.

16. Jh. Mit Franz I. (1515–47) beginnt die Geschichte des heutigen Louvre. Die jeweils größten Architekten ihrer Zeit sind am Bau beteiligt.

1546 Franz I. lässt den Donjon schleifen und beauftragt Pierre Lescot mit der Errichtung eines modernen Schlosses: Die berühmte **Lescot-Fassade [1]** entsteht, heute Südwestteil der Cour Carrée. Stilistisch prägt sie alle weiteren Bauten des Louvre. Ihr Dekor stammt von Jean Goujon, dem großen Meister der französischen Renaissanceplastik. Franz I. begründet die Sammlungen mit Kopien antiker Skulpturen und zwölf italienischen Gemälden, darunter die **Mona Lisa** und Werke von Tizian und Raffael.

ab 1547 Heinrich II. erweitert die Pläne seines Vaters und projektiert einen großen quadratischen Hof, die **Cour Carée [2]**. An dem Herzstück des Louvre wird bis in die Zeit Ludwigs XIV. gebaut.

ab 1564 Katharina von Medici, die Witwe Heinrichs II., lässt das Tuilerienschloss errichten. Ferner entsteht im Südwesten der Cour Carrée die **Petite Galerie [3]** (im Untergeschoss noch original erhalten).

1589–1610 Unter Heinrich IV. wird die **Grande Galerie [4]** gebaut, der lange Flügel am Seineufer – eine bequeme Verbindung zwischen Louvre und Tuilerienschloss.

1652 Ludwig XIV. beauftragte Louis Le Vau mit der Vollendung der Cour Carrée. Als Hauptfassade entsteht die breite, majestätische **Kolonnade [5]**, Ausdruck absolutistischen Herrscherwillens, demonstrativ nach Osten, zur Stadt gekehrt. Für diese Fassade lässt der König Bernini, den Meister des italienischen Barock, aus Rom anreisen. Dessen Entwurf gefällt nicht. Man entscheidet sich für die Kolonnade, die oft Claude Perrault, dem Bruder des Märchensammlers, zugeschrieben wird, an der aber auch Le Vau und der Maler Le Brun beteiligt gewesen zu sein scheinen. Mit dieser Fassade triumphiert zum ersten Mal **Le Grand Style**, wie der klassisch-barocke Monumentalstil unter Ludwig XIV. gerne bezeichnet wird. Die Sammlung zählt in dieser Zeit bereits rund 1500 Gemälde.

ab 1682 Mit dem Abzug des Hofes nach Versailles verwahrlost der Louvre. Das Volk nimmt ihn in Besitz, es entstehen Behausungen und Spelunken. Der König vermietet die Appartements der Prinzen.

1789 Das Tuilerienschloss wird wieder zur – diesmal unfreiwilligen – Residenz der Königsfamilie. Napoleon projektiert die nördliche Verbindung zu den Tuilerien entlang der neu geplanten Rue de Rivoli.

1793 Eröffnung des Museums.

1852–70 Unter Napoleon III. verschmelzen Louvre und Tuilerien zum Ganzen, vollendet im historisierenden Stil der Zeit.

1871 Das Tuilerienschloss wird während des Kommune-Aufstands zerstört und 1882 abgerissen.

1989 Die **Glas-Pyramide [6]** des chinesisch-amerikanischen Architekten Ieoh Ming Pei gibt der Cour Napoléon neue Gestalt und markiert den Haupteingang.

1993 Eröffnung des Richelieu-Flügels.

1997-2005 Umfassende Restaurierungen u.a. der Galerie d'Apollon.

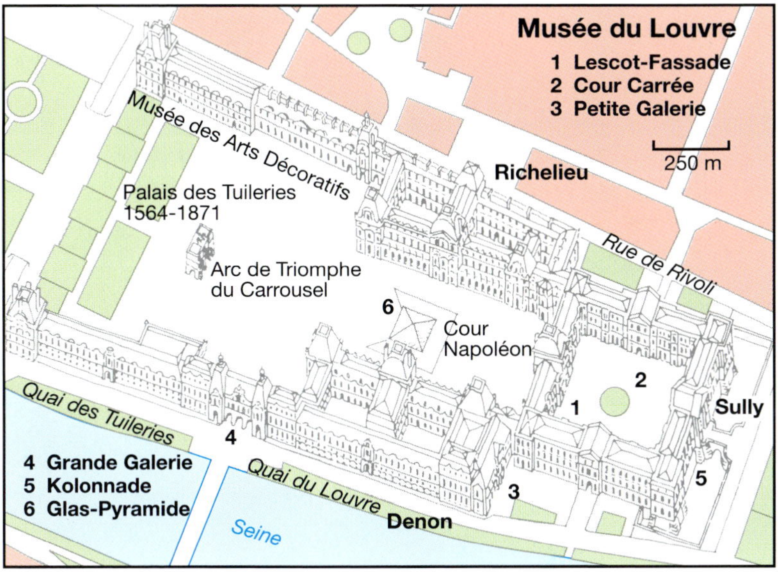

einen Durchmesser von fast 18 m hat. Einer der Säle stammt aus der Zeit von Ludwig IX.

Orientalische Altertümer

Sie sind in den Sälen des Richelieu-Flügels (Erdgeschoss) und in einigen Sälen des Sully-Flügels (Erdgeschoss) eingerichtet. Besonders reich ist die Sammlung, die **Mesopotamien** gewidmet ist, einer der frühesten Hochkulturen. Sie illustriert ein Jahrtausend sumerischer Geschichte (28.–18. Jh. v. Chr.). Ein wichtiges Monument der archaischen Zeit ist die *Geierstele*, um 2450 v. Chr. aufgestellt (Saal 1 A). Sonderbaren Zauber besitzt die Alabasterstatue des *Oberaufsehers Ebihil*, der Göttin Ishtar gewidmet (um 2500 v. Chr., Saal 1). Die Dynastie von Akkad errichtete um 2250 v. Chr. die *Stele des Naram-Sin* in Erinnerung an einen Sieg über die Barbaren (Saal 2). Idealisiert wirken die zahlreichen Dioritstatuen und -köpfe, die Gudea, den König von Lagasch zeigen (um 2120 v. Chr.). Die Größe des ersten **babylonischen** Reiches demonstriert der einzigartige *Codex Hammurabi* – Stele, Kunstwerk und geschichtliches Dokument (1792–1750 v. Chr., Saal 3). Auf dem 2,25 m hohen Basaltblock ist Hammurabi dargestellt, wie er von Gott die in Keilschrift eingemeißelten Gesetze empfängt. Spektakulär sind die Zeugnisse der **assyrischen** Allgewalt des 9.–7. Jh. v. Chr. (Paläste von Nimrud, Ninive und Khorsabad, Saal 4–6). Besonders der Monumentaldekor von Khorsabad mit seinen geflügelten Stieren als Torwächter ist in einem der umgestalteten Innenhöfe des Louvre, dem *Khorsabadhof*, eindrucksvoll präsentiert.

Von der Blütezeit **Susas,** im heutigen Iran, zeugen u. a. schöne Gefäße (Saal 7–10). Zum Dekor der Achäminiden-Paläste gehören das gigantische *Kapitell des Dareios-Palastes* und der berühmte *Fries der Bogenschützen* aus emaillierten Ziegeln (um 510 v. Chr.; Sully, Saal 12 a). Das achäminidische Herrschaftsgebiet jener Zeit reichte von Indien bis nach Ägypten. Die **Levante**, der östliche Mittelmeerraum, Wiege und Schmelztiegel bedeutender Zivilisationen, wird in den Sälen 17–21 vorgestellt. In der Krypta (Saal 17): phönizische Werke (8.–2. Jh. v. Chr.), darunter eindrucksvolle antropoide Sarkophage, die ägyptische und griechische Einflüsse zeigen. Einen Blick zurück in die Frühzeit stellen die Säle A–D mit Kulturgütern aus der Levante von ihren Ursprüngen bis zum 2. Jahrtausend dar.

Die Kunstwerke des **Islam** des 7.–19. Jh. (Richelieu, Zwischengeschoss) stammen aus allen Gegenden der moslemischen Welt und zeugen von der Meisterschaft in den verschiedensten Techniken: Keramik, Elfenbeinschnitzerei, Goldschmiede und Webkunst. Prachtstücke der Sammlung sind die *Pyxis von al-Mughirà*, aus einem einzigen Elfenbeinstück geschnitzt

Der ägyptische ›Sitzende Schreiber‹ besticht durch seinen intelligenten, aufmerksamen Gesichtsausdruck

Die ›Venus von Milo‹, 1820 auf der Insel Melos im Ägäischen Meer gefunden

(10. Jh., Saal 3) und das so genannte *Taufbecken von Ludwig dem Heiligen*, ein Kupfergefäß mit Gold- und Silberinkrustationen (Anfang des 14. Jh., Saal 8).

Ägyptische Altertümer

(Sully, Erdgeschoss und 1. Stock)

Gründer der Abteilung und ihr erster Konservator war Jean-François Champollion, dem es gelang, die Hieroglyphen zu entziffern.

In der *thematischen Ausstellung* im **Erdgeschoss** wird der Besucher von der großen Sphinx von Tanis (um 1898–1866 v. Chr.) empfangen. Die Säle 3–5 vergegenwärtigen das ländliche Leben am Nil in pharaonischer Zeit: Feldarbeit, Jagd, Fischfang. Dazu besonders aufschlussreich die Reliefs des *Mastaba von Achethotep*, eines Grabes von 2400 v. Chr. (Saal 4). Welche Rolle die **Schrift** in dieser Kultur spielte, belegen die Objekte von Saal 6. In Saal 7 ist ein Meisterwerk der Bronzeskulptur zu sehen: die *Horus-Statue*. Ob Schminkgefäß, Musikinstrument oder Brettspiel (Saal 8–10), die Gegenstände, die man den Toten ins Grab legte, sind Zeugnisse des täglichen Lebens.

Mit dem Saal 11 betritt der Besucher die sakrale Sphäre. Sarkophage, Mumien und Totenbuch dokumentieren die **Grabriten** (Saal 14–17). Die letzten Säle sind eine Art illustriertes Lexikon der ägyptischen Götterwelt.

Im **1. Stock** beginnt die chronologische Präsentation. Das *Messer vom Gebel-el-Arak* (um 3300–3200 v. Chr.) ist eines der ältesten Objekte der **vordynastischen Periode** (Saal 20). Die *Stele des Schlangenkönigs* zeugt von der Einigung Ägyptens und vom Aufkommen der Schrift in thinitischer Zeit (um 3000 v. Chr., Saal 21). Die Strenge dieser frühen Werke verbindet sich in der Zeit des **Alten Reiches** (2700–2200 v. Chr.) mit einem kraftvollen Realismus: der berühmte *Sitzende Schreiber* (Saal 22) ist ein Beispiel dafür. Im **Mittleren Reich** (um 2033–1710 v. Chr.) wird eine idealisierende Tendenz deutlich. Mit dem **Neuen Reich** (1550–1069 v .Chr.) bricht eine Phase des Wohlstands und der pharaonischen Allgewalt an. Erstaunlich übersteigert im Ausdruck ist die Sandsteinbüste von *Amenophis IV. Echnaton* (1370–1352 v. Chr., Saal 25), typisch für die mystische Kunst des kurzzeitigen religiösen Umsturzes, den Echnaton bewirkte. Die oft archaisierende Bildhauerei der letzten ägyptischen Dynastien (bis 30 v. Chr.) wird in den Sälen 29 und 30 gezeigt.

Die Säle der Sammlungen des **römischen** und **koptischen Ägypten** befinden sich im Zwischengeschoss des Denon-Flügels.

Griechische, etruskische und römische Altertümer

(Denon, Erdgeschoss;
Sully, Erdgeschoss und 1. Stock)

Der Rundgang durch die Sammlung **griechischer Altertümer** beginnt mit der frühen Kunst der Kykladen, des minoischen Kreta und der von Mykene (Denon, Zwischengeschoss, Saal 1–3, wegen Renovierungsarbeiten bis 2011 geschl.). Die **geometrische** Periode (900–720 v. Chr.) illustrieren hier die großen Dipylon-Vasen. Zu den ergreifendsten Werken der **archaischen** Kunst gehören die steife kleine *Dame von Auxerre*, eines der ältesten Beispiele der griechischen Skulptur (640–630 v. Chr.), die ein halbes Jahrhundert später entstandene, ionische *Hera von Samos* und der *Rampin-Reiter* (6. Jh. v. Chr.). Sein Gesicht erhellt das archaische Lächeln, seine Haltung bricht mit den bis dahin gültigen Gesetzen der Frontalität.

In Saal 4 (Denon, Erdgeschoss) kündigt der *Torso von Milet* (um 480 v. Chr.) den Strengen Stil an. Die **klassische** Kunst hat ihren Höhepunkt im Parthenontempel auf der Athener Akropolis (447–432 v. Chr.). Der Louvre besitzt mehrere Fragmente von dessen Skulpturendekor, einem Werk des großen Phidias: u. a. ein Friesfragment, auf dem die *Prozession der jungen Athenerinnen* dargestellt ist, und den weiblichen Kopf vom Westgiebel des Tempels, *Kopf Laborde* genannt, ein Meisterwerk der Hochklassik.

Die atemberaubende *Nike von Samothrake* (Ende 3./Anfang 2. Jh. v. Chr.) nimmt auf dem Treppenabsatz der Escalier Daru einen hervorragenden Platz ein (Denon Erdgeschoss/1. Stock).

Vom Wiederaufleben des klassischen Ideals in der **hellenistischen** Zeit (Sully, Erdgeschoss) zeugt die *Venus von Milo* (Ende 2. Jh. v. Chr., Saal 12), eine der berühmtesten Plastiken des Louvre. Der **Karyatidensaal** von Pierre Lescot mit seinen monumentalen Renaissance-Skulpturen von Jean Goujon zeigt antike Repliken verlorener Originale, darunter die *Diana als Jägerin* und der *Schlafende Hermaphrodit*, den Bernini auf ein marmornes Lager bettete.

Über die nach Heinrich II. benannte Renaissance-Treppe erreicht man die Säle im 1. Stock, die den griechischen und römischen **Bronzen** (*Apollon von Piombino*), den Preziosen (*Schatz von Boscoreale*) und den Kunstgegenständen aus Glas gewidmet sind.

Die Sammlung griechischer Vasen der **Galerie Campana** (Sully, Saal 44–47) ist eine der schönsten der Welt. Sie bietet ein vollständiges Panorama der Schulen und Stile, von der strengen geometrischen Keramik (9.–8. Jh. v. Chr.) bis zur vielfältigen hellenistischen Produktion (2. Jh. v. Chr.).

Die **etruskischen Altertümer** (Denon, Erdgeschoss) sind das Bindeglied zwischen griechischer und römischer Antike. Die Kunst dieses geheimnisvollen Volkes, das sich etwa ab dem 11./10. Jh. v. Chr. in Mittel- und Süditalien niederließ, ist vor allem an die Bestattungsbräuche gebunden (*Terrakotta-Sarkophag von Cerveteri*, 6. Jh. v. Chr.).

Römische Altertümer (Denon, Erdgeschoss): Die römische **Plastik** hat in den von Romanelli und Anguier barock gestalteten Gemächern der Anna von Österreich einen prunkvollen Rahmen. Überragende Leistungen zeigen sich vor allem in der Porträtplastik und in historischen Reliefdarstellungen. Ältestes und typisches Beispiel für jenes Genre ist der Fries des Neptuntempels von Rom, *Domitius-Ahenobarbus-Altar* genannt (um 100 v. Chr., Saal 22). Die drei anderen dazugehörigen Altarreliefs befinden sich in der Münchner Glyptothek. **Fresken** aus Pompeji und **Mosaiken** zeugen von der Qualität der griechisch-römischen Malerei. Besonders schön sind das *Mosaik mit dem Paris-Urteil* (2. Jh. n. Chr., Saal 30) und das *Mosaik der Vier Jahreszeiten* (4. Jh. n. Chr., Sphinx-Hof, Saal 31), beide aus Antiochia.

Über die **Galerie Daru** (hellenistische Sarkophage) und vorbei am dynamischen *Borghesischen Fechter* (Saal B) erreicht man die **Salle du Manège**, eine eindrucksvolle, große Säulenhalle mit Ziegelgewölben, in der restaurierte antike Statuen zu sehen sind.

Gemäldesammlung

(Richelieu, 2. Stock; Sully, 2. Stock;
Denon, 1. Stock)

Von allen Museen der Welt besitzt der Louvre die umfassendste Gemäldekollektion. Zwei Drittel der mehr als 10 000 Bilder gehören der französischen Schule an. Die chronologische Präsentation beginnt in Richelieu, 2. Stock, und wird in Sully, 2. Stock und Denon, 1. Stock fortgesetzt.

Das älteste bekannte Tafelbild in der **französischen Kunst** ist das Porträt König Johanns des Guten, *Jean le Bon*, von einem anonymen Meister um 1360 geschaffen (Saal 1). Die *Pietá de Villeneuve-lès-Avignon*, ein Meisterwerk des ausgehenden Mittelalters, wird heute Enguerrand Quarton zugeschrieben (um 1460, Saal 4). Als hervorragender Vertreter der **Porträtkunst** erwies sich Jean Fouquet mit seinem *Charles VII (Karl VII. von Frankreich*, um 1445, Saal 6). Durch italienische Dekorateure, die Franz I. nach Fontainebleau holte, wurde in Frankreich der **Manierismus** eingeführt; er fand bald seinen Niederschlag, z. B. in der *Diane Chasseresse* (um 1550, Saal 9), in der man Diane de Poitiers, die Favoritin Heinrichs II., als Göttin der Jagd zu erkennen glaubt.

Auch im **17. Jh.** suchten die französischen Maler die Erneuerung ihrer Kunst in Italien. Nicolas Poussin verbrachte fast sein ganzes Leben in Rom. Seinem Streben nach Perfektion entsprangen Meisterwerke der französischen Klassik, wie *L'Inspiration du Poète* (*Die Inspiration des Dichters*, um 1630, Saal 12). Ebenfalls ein Wahlrömer, Claude Gellée, Le Lorrain genannt, nahm historische und mythologische Szenen zum Vorwand für seine lyrischen Landschaften (*Le Débarquement de Cléopâtre à Tarse, Die Ankunft von Kleopatra in Tarsus*, 1642/43, Saal 15).

Die großen theatralischen **Kirchengemälde** sind typische Produkte der von Ludwig XIV. 1648 gegründeten Akademie der Malerei und Skulptur (Saal 19, 24). Georges de La Tour schöpft aus dem caravaggesken Hell-Dunkel und der vereinfachten Form Harmonie und Geheimnis *(Saint Joseph Charpentier, Der hl. Joseph als Zimmerer*, um 1640, Saal 28). Wie dieser gehören die Brüder Le Nain (Saal 29) und Philippe de Champaigne (Saal 31) einer **realistischen** Tendenz an. Die vier riesigen Gemälde, in denen Charles Le Brun den Triumph Alexanders des Großen feiert, sind zugleich eine Verherrlichung des Sonnenkönigs (1665–73, Saal 32).

Es folgt die poetische Malerei des **18. Jh.** Watteau eröffnet den Reigen mit seinen *Fêtes Galantes* (Saal 36, 37). Sie zeigt sich sinnenfreudig und freizügig bei François Boucher (Saal 38, 46), intim und ausgewogen in den Interieurs und Stillleben von Jean Siméon Chardin (Saal 39, 40), voller Sensibilität in den Porträts von Jean Honoré Fragonard (Saal 48). Der **Klassizismus**, der sich in der 2. Hälfte des 18. Jh. durchsetzte, und die **Romantik**, die die französische Malerei in den 20er-Jahren des 19. Jh. bestimmte, werden in den Sälen 53–63 vorgestellt. Die Säle 64–69 mit Werken von Théodore Rousseau, Jean-Baptiste Camille Corot u. v. a. verweisen auf weitere Tendenzen des 19. Jh. Die Werke des Musée d'Orsay [Nr. 57] schließen hier chronologisch an.

Die Gemälde des **19. Jh.** im **großen Format**, Hauptwerke des Klassizismus und der Romantik, befinden sich im Denon-Flügel (1. Stock, Saal 75–77): darunter *Le Serment des Horaces (Der Schwur der Horatier*, 1784) von Jacques-Louis David und *Le Radeau de la Méduse* (*Das Floß der Medusa*, 1819) von Theodore Géricault, das als das erste Gemälde der französischen Romantik betrachtet wird. Der Triumph von Farbe, Bewegung und Leidenschaft bestimmt auch Eugène Delacroix' Werke. Bekannt ist z. B. *La Liberté Guidant le Peuple* (*Die Freiheit auf den Barrikaden*, 1830). Jean Dominique Ingres, der Poet der Linie und der reinen Form, wird ihm oft gegenübergestellt (*La Grande Odalisque, Große Odaliske*, 1814).

Die **italienische Malerei** hat ihren Platz im Denon-Flügel (1. Stock, Saal 1–32). Von den Anfängen der **florentinischen** Malerei zeugt die majestätische *Madonna mit den Engeln* (um 1270) von Cimabue. Die ersten individualisierten Landschaften und Personen malte Giotto (*Der hl. Franz von Assisi*, um 1300). Die *Marienkrönung* (1434/35) Fra Angelicos ist im Thema noch mittelalterlich, doch die perspektivische Darstellung und die freie Komposition machen sie zu einem Werk der beginnenden Renaissance. Kraftvoll und präzise bis ins archäologische Detail ist der *Hl. Sebastian* von Mantegna (1481), manieriert und delikat sind die fast gleichzeitig entstandenen Fresken von Botticelli, die aus einer Villa in der Nähe von Florenz stammen (1483).

Das Goldene Zeitalter, die italienische **Hochrenaissance**, glänzt im Louvre mit den Werken von Leonardo da Vinci und zuallererst mit dem meistbewunderten, meistkommentierten Gemälde der Welt: dem Porträt, das wahrscheinlich *Mona Lisa* Gherardini, die Frau des Florentiner Patriziers Francesco del Giocondo, darstellt (1503–05, Denon, Saal 6). Leonardo brachte das Bild 1516 mit nach Frankreich. Das eigenartige Lächeln der Dame, die

Ganz oben: *Eugène Delacroix, ›Die Freiheit auf den Barrikaden‹ (1830)*
Oben: *Leonardo da Vinci, ›Mona Lisa‹ (1503–05)*
Mitte rechts: *Rogier van der Weyden, ›Verkündigung‹ (1430–35)*
Unten rechts: *François Boucher, ›Das Frühstück‹ (1739)*

Besucher aus aller Welt bewundern im Musée du Louvre u. a. monumentale Meisterwerke in Öl, etwa die Kaiserkrönung Napoléon Bonapartes und seiner Frau Josephine 1804

Maltechnik des *Sfumato*, der die Konturen fluktuieren lässt, die unwirkliche Atmosphäre – alles wurde eingehend studiert. Trotzdem hat das Gemälde sein Geheimnis nie ganz preisgegeben. – Ein Ideal der Harmonie stellt die *Maria mit Jesus und Johannes* von Raffael dar (1507).

Die sinnliche Kunst der **Venezianer,** ganz Farbe und Licht, illustriert z. B. Veroneses *Hochzeit zu Kana* (1563), die, vor einigen Jahren restauriert, in sehr weltlicher Pracht leuchtet. Ende des 16. Jh. beginnt ein neues Kapitel der italienischen Malerei: Caravaggios unverblümter, dramatischer Realismus beeinflusst die Malerei ganz Europas. Sein *Tod der Jungfrau Maria*, deren schmutzige Fußsohlen man sieht, löste einst einen Skandal aus (um 1605).

In den Sälen am Ende der Grande Galerie sind die italienischen Meister des **17.** und **18. Jh.** zu sehen: u. a. Giordano, Tiepolo, Guardie (Denon, 1. Stock, Saal 13–25).

Es schließen sich Säle mit den Größen der **spanischen Malerei** von El Greco, Ribera, Zurbaran, Murillo und Goya an (Saal 26–32). Sie sind zunächst **religiösen Themen** verschrieben (*Martyrium des hl. Georg* von Martorell, um 1430–35). El Grecos *Christus am Kreuz* (1580), bleich und verzerrt, ist typisch für die verklärende Manier dieses Mystikers. Das Goldene Zeitalter, das **17. Jh.**, illustrieren u. a. der tragische *Klumpfüßige* (1642) von Ribera, *Der junge Bettler* von Murillo (1650) und *Die Infantin Margarita* (1655) von Velazquez. Unter den Porträts von Goya besticht vor allem die schöne *Marquise von Solona* (um 1791–94).

Im Saal 31 werden russische und griechische **Ikonen** präsentiert.

Die **englische Malerei** (Denon, 1. Stock) zeichnet sich durch ihre **Porträtisten** aus: Reynolds, Raeburn, Gainsborough und Sir Thomas Lawrence. Ferner durch die romantischen Landschaftsmaler Turner, Constable und Bonington.

Die **flämische, holländische** und **deutsche** Malerei ist im Richelieu-Flügel (2. Stock) zu finden.

Die *Madonna des Kanzlers Rolin* (1435, Saal 4) von Jan van Eyck und das *Triptychon des Jean Braque* von Rogier van der Weyden (um 1452, Saal 4) sind Meisterwerke der **frühen flämischen** Malerei, deren Qualitäten vor allem in Detailgenauigkeit und Expressivität liegen. Der *Geldwechsler und seine Frau* von Quentin

Massys (auch: Metsys; 1514, Saal 9) wurde zum Vorbild der niederländischen Genremalerei. Rubens, die dominierende Persönlichkeit des 17. Jh., ist großartig in mehreren Sälen vertreten, vor allem mit den 24 riesigen Gemälden auf Bestellung und zu Ehren von Maria von Medici, die 1622–25 für das Palais du Luxembourg ausgeführt wurden (Saal 18).

Die **holländische** Sammlung weist alle großen Namen auf: Hans Memling (Saal 5), Frans Hals (Saal 28), Rembrandt (*Die Jünger von Emmaus*, 1648, Saal 31), Vermeer (*Der Astronom*, 1668, Saal 38).

Die Sammlung **deutscher** Gemälde (Richelieu, Saal 8) umfasst einige Meisterwerke: Dürers *Selbstporträt*, das er mit 22 Jahren für seine Verlobte malte (1493), eine verführerische *Venus* von Lukas Cranach (1529) und Hans Holbeins *Erasmus* (1523), eines der Hauptwerke dieses Porträtisten der europäischen Oberschicht.

Grafische Abteilung

Die besten der rund 189 000 Zeichnungen, Stiche und Pastelle werden in Wechselausstellungen gezeigt, im Sully- und Richelieu-Flügel, 2. Stock, die Arbeiten der französischen Schule des 17. und 18. Jh. sowie der deutschen und holländischen Schule. Im Denon-Flügel, 1. Stock, werden die Entwürfe der italienischen Meister des 16. Jh. präsentiert. (Grafikkabinett nur nach Voranmeldung, Tel. 01 40 20 52 51).

Skulpturensammlung

Französische Plastik (Richelieu, Erdgeschoss): Die Exponate sind um zwei schöne Lichthöfe angeordnet: die Cour Puget und Cour Marly. Letztere ist nach dem kleinen Lustschloss Ludwigs XIV. benannt. Zu den hier gezeigten Skulpturen aus dem Park von Marly gehören die berühmten *Pferdegruppen* von Coustou und Coysevox, anmutige Nymphen und Flussgötter. Die Cour selbst umgeben die Säle mit den Skulpturen des Mittelalters und der Renaissance.

Die **romanische** Skulptur ist zunächst an die Architektur gebunden, so wie das schöne Kapitell der früheren Kirche Sainte-Geneviève, das *Daniel in der Löwengrube* (Ende 11. Jh., Saal 1) zeigt. Es sind meist Werke von grober Handschrift, doch ergreifend in Einfachheit und Ausdruckskraft. Die weichere, gefälligere **gotische** Skulptur ist durch eine Reihe von Meisterwerken vertreten: der *Evangelist Matthäus*, ein Fragment des Lettners der Kathedrale von Chartres (Saal 4), die *Muttergottes von La Celle* (1. Viertel 14. Jh., Saal 6) und der gutmütige *Karl V.* mit seiner Frau (um 1390, Saal 9). Im **15. Jh.** wird die Darstellung zunehmend realistischer. Eines der eindrucksvollsten Werke ist das *Grabmal von Philippe Pot* mit dem Trauerzug verhüllter Gestalten (1477–83, Saal 10). Die **Renaissance** triumphiert ab Mitte des 16. Jh. und findet in Goujon und Pilon ihre größten Meister (Saal 14, 15).

In der **Cour Puget**, nach Ludwigs XIV. bedeutendstem Bildhauer benannt, hat die Gruppe des *Milon de Crotone* (1682) einen zentralen Platz. Sie war für Versailles vorgesehen. Vom oberen Teil des Hofes betritt man die Säle, die den Bildhauern des **18.** und **19. Jh.** gewidmet sind: Falconet, Bouchardon, Pigalle, Houdon, Clodion, Barye, Rude, Pradier.

Die **italienischen** und **spanischen Skulpturen** (Denon, Zwischen- und Erdgeschoss) sind gemeinsam ausgestellt. Ein erstes hervorragendes Werk der **italienischen** Plastik ist das maskenhafte Porträt, in dem man die *Kaiserin Ariane* zu sehen glaubte (Anfang 6. Jh., Saal 1). Die *Sitzende Madonna* von Della Quercia und das goldgrundige *Madonnenrelief* von Donatello sind Meisterwerke des 15. Jh. Die emaillierten Terrakotten aus dem Atelier Della Robbia (Saal 2) charakterisieren den Manierismus. Es folgen **spanische** Plastiken des 12.–18. Jh. (Saal 3). In der Galerie Michel-Ange im Erdgeschoss (Saal 4) sind vor allem die beiden weltberühmten *Sklaven* (1513–15) Michelangelos zu bewundern.

Die benachbarten Säle mit den **deutschen** und **nordeuropäischen Skulpturen** (ebenfalls auf beiden Stockwerken) beherbergen so bezaubernde Werke wie die *Maria-Magdalena* von Gregor Erhart (um 1515, Saal C) und die makellose, klassizistische *Venus mit dem Apfel* von Thorvaldsen (1805, Saal E).

Kunsthandwerk

Die viel bewunderten **Kronjuwelen** sind in der Galerie d'Apollon (Denon, 1. Stock) ausgestellt. Dieser prächtige Saal wurde 1661 auf Wunsch von Ludwig XIV. unter der Leitung von Le Brun ausgestattet. In seinem Zentrum *Apollon Vainqueur du Serpent Python*, eine große Komposition von Delacroix. Die Kunstgegenstände der Galerie sind alle aus dem Besitz der französischen Monarchen und von unschätzbarem Wert, z. B. der berühmte *Régent* – ein 140-karätiger Diamant –, ein Rubin von 107 Karat oder die Krone Ludwigs XV. Die weiteren Säle der reichen Sammlung befinden sich in Richelieu und Sully, jeweils im 1. Stock.

Zum **Schatz von Saint-Denis** gehören die so genannte *Adlervase von Suger*, ein antikes Porphyrgefäß mit einer Fassung aus dem 12. Jh. (Saal 2) und die wunderschöne *Madonna von Jeanne d'Evreux* (1339) aus vergoldetem Silber (Saal 3). Weitere Hauptwerke sind: Meisterliches aus Elfenbein (die gotische *Marienkrönung*, 13. Jh., Saal 3) und aus Bergkristall (das nach Ludwig dem Heiligen benannte *Schachspiel*, Saal 6), herrliche Bildteppiche (*Die Jagden Kaiser Maximilians*, Brüssel um 1530, Saal 19), Email aus Limoges (Porträt des *Connetable de Montmorency* von Léonard Limosin, 1556, Saal 21) und in den Sälen 34–65 (im Sully-Flügel) und 67–73 (im Richelieu-Flügel) die Arbeiten der berühmten **Ebenisten**, von André-Charles Boulle bis zu Jean-Henri Riesener. In den Sälen 75–81 sind die Kunstgegenstände der 1. Hälfte des 19. Jh. zu sehen. Anschließend kann man die prunküberladenen **Empfangsräume** des Staatsministeriums aus dem Second Empire bestaunen: Grand Salon, die Speisesäle und der Theatersalon.

10 Musée des Arts Décoratifs

Etwa 150 000 Exponate vom Mittelalter bis zur Gegenwart, Möbel, Porzellan, Goldschmiedearbeiten, Wandteppiche, komplette Einrichtungen.

107, rue de Rivoli, 1ER ARR.
Tel. 01 44 55 57 50
www.lesartsdecoratifs.fr
Di/Mi, Fr 11–18, Do 11–21,
Sa/So 10–18 Uhr
Métro 1, 7: Palais Royal – Musée du Louvre oder Tuileries

Das außergewöhnlich reiche **Kunstgewerbemuseum** im Nordflügel des Louvre gehört *Les Arts Décoratifs*, einem Verein, der sich seit 1863 für die Qualität des französischen Kunsthandwerks einsetzt. Die Sammlung wird ständig erweitert und umgestaltet.

Zu den Ausstellungsstücken des **Mittelalters** und der **Renaissance** gehören Flügelaltäre, Bildteppiche, ein mit Holz vertäfeltes Schlafzimmer aus dem *Château de Villeneuve-Lembron* in der Auvergne (Ende 15. Jh.), einige sehr schöne deutsche Skulpturen und Möbelstücke des 16. Jh.

17. und 18. Jh.: Zum auf majestätische Wirkung bedachten Louis-Quatorze-Stil zählt ein prachtvoller Intarsienschrank (1710) des Ebenisten Nicolas Sageot, einem Meister der Schildpatt-Marketerie.

Mobiliar und Boiserien aus dem Directoire (1795–99) präsentiert das Musée des Arts Décoratifs im ›Salon de Serres Barriol‹

Die Gesellschaft der Schauspieler

Ihre einzigartigen, noch heute gültigen Statuten erhielt die **Comédie-Française** 1812 durch Napoleon. Die Schauspieler bilden eine Gesellschaft, der für 10–30 Jahre fest angestellte **Sociétaires**, vorübergehend engagierte **Pensionnaires** und Schüler angehören. Die Sociétaires sind an allen wichtigen Entscheidungen und am Umsatz des Theaters beteiligt. Der Intendant wird von der Regierung ernannt.

In den Foyers des Hauses erinnern **Skulpturen** und **Gemälde** an die berühmten Mitglieder der Truppe, unter ihnen Mademoiselle Mars, der ganz Paris und Napoleon zu Füßen lagen. Hier sieht man auch den Sessel, in dem **Molière** [s. o.] den ›Eingebildeten Kranken‹ spielte, und die Statue des greisen **Voltaire** (1781) von Jean-Antoine Houdon, ein Werk von großer psychologischer Einfühlung.

Einige Säle sind mit bezaubernden Grotesken oder den beliebten Singerien (Affenpossen) ausgestattet. Sehenswert ist die Sammlung französischer **Goldschmiedekunst**. Auch die Stilentwicklung des französischen Porzellans vom Rokoko zum Klassizismus ist gut dokumentiert. Qualitätvolle Einrichtungen vom Ende des 18. Jh. zeigen Möbel des berühmten Ebenisten Riesener.

19. Jh.: Die Empire-Einrichtungen beeindrucken mit ihrer typischen Kombination von antikisierenden und ägyptisierenden Formen. Historistische Interieurs aus der Zeit des Zweiten Kaiserreichs präsentieren sich mit verspielten Dekors.

Art Nouveau und Art Déco: In der Jugendstil-Abteilung sind Hector Guimards vegetabil geformte Möbel und Emile Gallés Glasschöpfungen zu bewundern. Von äußerster Eleganz sind die Einrichtungen, die die Modeschöpferin Jeanne Lanvin in den 20er-Jahren des 20. Jh. von Armand Rateau entwerfen ließ.

Die Galerie des **20. und 21. Jh.** widmet sich schließlich Kreationen von Mies van der Rohe, Jean Prouvé, Diego Giacometti, Niki de Saint Phalle, Philippe Starck u. a.

Im gleichen Haus präsentiert das **Musée de la Mode et du Textile** (Tel. 01 44 55 57 50, www.lesartsdecoratifs.fr, Di/Mi, Fr 11–18, Do 11–21, Sa/So 10–18 Uhr) in wechselnden Ausstellungen die Vielzahl seiner gesammelten Kostbarkeiten. Die Textilien, Kostüme und Modeaccessoirs dokumentieren die Entwicklung vom 7. Jh. bis in die Gegenwart. Besonders interessant sind Entwürfe von Raoul Dufy und Sonia Delaunay sowie Paul Poiret, Madeleine Vionnet, Elsa Schiaparelli und Christian Dior.

11 Comédie-Française

Eine traditionsreiche Institution, die seit über 300 Jahren im Dienst der großen französischen Klassiker steht.

Place Colette, 1ER ARR.
Ticket-Tel. 01 44 58 15 15
www.comedie-francaise.fr
Métro 1, 7: Palais Royal – Musée du Louvre

Die Comédie-Française – von den Parisern kurz ›Le Français‹ genannt – verdankt ihre Beliebtheit einem außergewöhnlichen Ensemble, gediegenen, konventionellen Inszenierungen und einem ausgewählten Repertoire. Unter den französischen Klassikern, denen nach wie vor der Vorrang gegeben wird, steht an erster Stelle **Molière**. Auch ausländische Autoren von **Shakespeare** bis **Pirandello** oder die großen Modernen wie Genet, Sartre, Ionesco und Beckett stehen auf dem Programm. Hin und wieder werden selten gespielte Stücke aus der Versenkung geholt. Mit Bravour erfüllt die Comédie-Française ihre Berufung, das dramaturgische Patrimonium der Nation zu pflegen. Sie wird dafür großzügig vom Staat subventioniert.

Diese älteste ständige Schauspieltruppe der Welt [s. S. 39] wurde auf Anordnung von Ludwig XIV. gegründet, der 1680 bestimmte, dass die beiden bedeutendsten Pariser Theatertruppen der damaligen Zeit – deren eine Molière gegründet hatte – von nun an zusammen zu spielen hätten. Dafür erhielt das Ensemble das Monopol, als einzige Truppe französische Stücke in Paris aufführen zu dürfen. Die enge Bindung an die staatliche Autorität war allerdings nicht immer ohne Spannungen. Da wurde kräftig zensiert, und mehr als einmal musste das Theater umziehen, weil einflussreiche Männer der Kirche sich durch die Gegenwart der Komödianten gestört fühlten. 1799 richtete die Truppe sich endgültig in dem von Victor Louis erbauten Gebäude neben dem Palais Royal ein.

12 Palais Royal

Elegante Fassaden aus dem 18. Jh. bilden den Rahmen für einen Garten, dessen zeitlose Harmonie immer noch bezaubert. Unter den Arkaden reihen sich Galerien, Boutiquen und kleine Läden aneinander.

Place du Palais Royal, 1ER ARR.
Métro 1, 7: Palais Royal – Musée du Louvre

Als er zur einflussreichsten Persönlichkeit Frankreichs geworden war, ließ sich Armand Jean du Plessis, bekannter als *Kardinal Richelieu*, eine opulente **Residenz** in

Daniel Burens Streifensäulen im Innenhof des Palais Royal sind ein geglücktes, aber auch umstrittenes Beispiel für ein Environment in historischem Umfeld

der Nähe des Louvre bauen. Die Ausstattung des von Lemercier errichteten Gebäudes war unerhört reich. Die Bibliothek, ein italienisches Theater und die außerordentliche Kunstsammlung zeugten von der Lebensart des Kardinals. Und bevor er 1642 starb, vermachte er Ludwig XIII. sein Palais Cardinal, das damit zum Palais Royal wurde. Ludwig XIV. verbrachte hier seine Kindheit. Durch die Unruhen der Fronde wurde die Königsfamilie aus dem Palais verjagt, und da der Sonnenkönig später Versailles zu seiner Residenz machte, kam es 1672 in die Hände von Philippe d'Orléans, dem Bruder von Ludwig XIV. Bis 1848 blieb das Palais Royal im Besitz der Familie Orléans, die es umbauen und verschönern ließ.

Das **Hauptgebäude**, dessen Portal sich an der Place du Palais Royal befindet, wurde nach einem Brand zwischen 1764 und 1770 von Contant d'Ivry wieder aufgebaut. Heute sind dort der Staatsrat und das französische Kulturministerium untergebracht. Zwischen dem Palais und dem links angrenzenden Gebäude der Comédie-Française führt eine Passage zum **Innenhof**. Dieser hat 1986 ein viel diskutiertes modernes Gesicht bekommen: die gestreiften Säulen von Daniel Buren, die mit der ehrwürdigen historischen Architektur im Dialog stehen.

Eine doppelte Kolonnade stellt die Verbindung zum **Garten** her, der sein heutiges Aussehen Louis-Philippe d'Orléans verdankt. Um seine bedenkliche Finanzsituation zu verbessern, kam er auf die Idee, den Garten auf drei Seiten mit Galeriebauten einfassen zu lassen. Victor Louis ist der Architekt dieses einheitlichen, von großen Pilastern rhythmisierten Ensembles (1781–84). In den **Arkaden** der Gebäude richteten sich Geschäfte aller Art, Cafés und Restaurants ein. Die darüber liegenden Wohnungen waren bald sehr gefragt.

Angesichts dieser Oase der Stille kann man sich heute schwer vorstellen, dass das Palais Royal damals der beliebteste und turbulenteste Ort der Stadt war, mit Zirkus, Theater, Spielclubs und auch Etablissements galanter Natur. Die Sitten waren besonders ausgelassen, weil die Polizei keinen Zutritt hatte. Während der Revolution brodelten hier die Ideen des Aufruhrs. Camille Desmoulins sprang am 12. Juli 1789 auf einen Tisch und rief in einer flammenden Rede die Pariser zu den Waffen. Als Symbole der Hoffnung verteilte er Kastanienblätter.

Längst war wieder Ruhe eingekehrt, als Colette mit ihren Katzen hier ein Appartement bewohnte (9, rue de Beaujolais). Zu ihren Nachbarn gehörte Jean Cocteau (36, rue de Montpensier). In dem seit 1784 bestehenden Restaurant **›Le Grand Véfour‹** (17, rue de Beaujolais) mit seiner historischen Einrichtung haben einst Napoleon und Joséphine, Victor Hugo und Lamartine diniert. Unter dem Namen ›Café de Chartres‹ war es schon damals berühmt für seine Küche.

13 Saint-Roch

Eine klassisch-barocke Kirche mit außergewöhnlicher Raumwirkung, Hort vieler Gemälde und Skulpturen des 17. und 18. Jh.

296, rue Saint-Honoré, 1ER ARR.
www.saintroch.esqualite.com
Métro 1: Tuileries

Der Grundstein der Kirche wurde 1653 von dem zehnjährigen Ludwig XIV. gelegt. Ähnlich wie bei der wenig zuvor begonnenen Kirche Saint-Sulpice gingen die Arbeiten nur langsam voran. Der Entwurf für den **dreischiffigen Bau** mit rundem Chor und kaum vorspringendem Querhaus stammt von Jacques Lemercier, der 1654 starb. Erst 1735 wurde die zweistöckige **Fassade** nach Zeichnungen von Robert de Cotte angefügt. Während der Revolution hat sie ihren barocken Skulpturenschmuck und damit viel von ihrer Harmonie eingebüßt. Sie ragt heute unerwartet hoch über der Rue Saint-Honoré auf und zeigt, wie gründlich Baron Haussmann dieses Stadtviertel umformen ließ, um die Avenue de l'Opéra anzulegen. Früher stieg man sieben Stufen zum Eingang von Saint-Roch hinab, heute muss man zwölf hinauf.

An der Fassade sind noch die Einschüsse vom 5. September 1795 zu sehen, als die Truppen der Konvention, angeführt vom jungen General Bonaparte, vor Saint-Roch eine Gruppe aufständischer Royalisten niederschossen.

Der **Kirchenraum** wirkt durch seine ungewöhnliche Länge (126 m). Dem klassisch traditionellen Bau wurde ab 1706 nach Plänen von Jules Hardouin-Mansart am Chor eine ovale *Marienkapelle* angefügt. Diese wurde später durch eine Sakramentskapelle und eine Kreuzigungskapelle erweitert. Die Raumfolge hat eine erstaunliche theatralisch-baro-

Die prachtvolle Place Vendôme ist einer der fünf Pariser Königsplätze – ein Meisterwerk klassischer Baukunst, Anfang des 18. Jh. errichtet zu Ehren König Ludwigs XIV.

cke Wirkung. Als Kirche einer wohlhabenden Pfarrei war Saint-Roch bis zur Revolution reich ausgestattet. Ab 1819 wurden vielen Werke aus zerstörten Gotteshäusern hier untergebracht, sodass sich Saint-Roch heute wie ein *Museum* der religiösen Kunst des 17. und 18. Jh. ausnimmt. Zwei der Werke sind von Antoine Coysevox, einem Bildhauer, der für seine ergreifenden Porträtbüsten großer Zeitgenossen berühmt ist: die Büste von *François de Créqui* (Ende des 17. Jh.) in der 1. Kapelle des rechten Seitenschiffs und die von *André Le Nôtre* (1707) am Choreingang links. Dort steht auch die berühmte *Christusstatue* des Bildhauers Etienne Falconet (1757). In der Marienkapelle hat die *Geburt Christi* (1655), eine Figurengruppe von Michel Anguier, die aus der Kirche Val-de-Grâce stammt, einen überzeugenden Rahmen gefunden. Schöne Gemälde aus dem 17. Jh. schmücken die Pfeiler der Marienkapelle.

14 Place Vendôme

TOP TIPP

Paris gibt sich hier als die Hauptstadt der Eleganz. Die berühmtesten Juweliere, das ›Ritz‹ und internationale Banken verleihen dem maßvollen Platz von Jules Hardouin-Mansart sein unnachahmliches Gepräge.

1ER ARR., Métro 1: Tuileries

Dieser wahrhaft königliche Platz wurde für ein Reiterstandbild von Ludwig XIV. geschaffen, ähnlich wie die gleichzeitig entstandene Place des Victoires. In den anliegenden Gebäuden sollten öffentliche Institutionen untergebracht werden. Schließlich verkaufte man die Grundstücke aber an Privatleute, und die Bebauung des Platzes entwickelte sich zu einem ausgezeichneten Geschäft. Böse Zungen besagten, dass sich Ludwig XIV. auf dem neuen Platz mit seinen Finanziers darstellte, während Heinrich IV. auf dem Pont-Neuf von seinem Volk und Ludwig XIII. auf der Place Royale (heute Place des Vosges) vom Adelsstand umgeben seien.

Um die architektonische Einheit zu wahren, wurde den Bauherren zur Auflage gemacht, die Fassaden zum Platz nach dem Gesamtplan von Jules Hardouin-Mansart ausführen zu lassen. Um 1720 war dieses Meisterwerk klassischer Ausgewogenheit vollendet. Die Anlage bildet ein an den Ecken abgeschrägtes Rechteck. Ihre **Fassaden** zeigen dieselbe Struktur wie die der Place des Victoires: Über den mit Masken verzierten Arkaden folgen zwei verschieden hohe Geschosse, die durch korinthische Pilaster miteinander verbunden sind.

Wie viele andere königliche Statuen wurde auch die der Place Vendôme von den Revolutionären eingeschmolzen. Was dann begann, ist eine wahre Tragikomödie. 1806 stelle man die heutige **Säule** ›Zum Ruhme der Armee‹ auf. Vorbild war die Trajanssäule in Rom. Napoleon in antiker Toga bekrönte sie, aber dieses Standbild hat die Ereignisse von 1815 nicht überdauert. Der politischen Ideologie folgend, nahmen danach eine Statue von Heinrich IV., eine Bourbonenlilie und schließlich Napoleon – diesmal als einfacher Korporal – den Platz auf der Säule ein. Die Kommune stürzte sie kurzerhand um. Und wenn sie heute wieder steht, mit Napoleon als Caesar oben drauf, so ganz gegen den Willen des Malers Courbet, der als Rädelsführer des Anschlags von 1871 dazu verurteilt worden war, sie auf eigene Kosten wieder aufrichten zu lassen.

Von der Pracht der Palais zeugen noch einige Räume des **Hotel Ritz** (Nr. 15), deren Dekor meist aus dem 18. Jh. stammt. In **Haus Nr. 12** starb 1849 Frédéric Chopin.

15 Bibliothèque Nationale de France

Neben den Buch- und Kunstschätzen der größten Bibliothek Frankreichs verdient der kuppelüberdachte Lesesaal von Labrouste Bewunderung.

58, rue de Richelieu, 2E ARR.
Tel. 01 53 79 59 59
www.bnf.fr
Di–Sa 10–19, So 12–19 Uhr
(Lesesäle nur zu Forschungszwecken)
Métro 3: Bourse

Bislang war dieses Universum des Wissens ausschließlich Forschern vorbehalten. Doch Ende 1996 ist ein Großteil der Bestände – 10 Mio. Bücher, 350 000 Periodika und die audiovisuelle Abteilung – in die gläsernen Türme der neuen, vom früheren Präsidenten Mitterrand 1988 initiierten *Bibliothek* im Pariser Osten (Site

Nichts für eine schmale Geldbörse: Um die Place Vendôme bieten renommierte Luxusgeschäfte von der Uhr bis zur Abendgarderobe alles für die feine Gesellschaft

Eine der schönsten Passagen von Paris ist sicher die Galerie Vivienne

François-Mitterrand, Quai François-Mauriac, 13. Arr., Tel. 01 53 79 59 59, www.bnf.fr, Di–Sa 10–19, So 13–19 Uhr, Métro 6: Quai de la Gare, Métro 14, RER C: Bibliothèque François-Mitterrand) umgezogen. Diese allgemein zugängliche, mit den modernsten technischen Mitteln ausgestattete Einrichtung (400 km Regale in klimatisierten Magazinen, Schienenlänge des Transportsystems: 8 km) bildet zusammen mit der alten ›Bina‹ die ›Bibliothèque Nationale de France‹. In der Rue de Richelieu blieben die **Spezialabteilungen**: Manuskripte, Karten, Musikalien sowie die Sammlung der Drucke und Fotografien, eine der reichsten der Welt.

Den **Grundstock** der Bibliothek bildeten die Büchersammlungen der Könige, 1373 zum ersten Mal katalogisiert. Franz I., vom Geist des Humanismus geprägt, ordnete 1537 an, dass von jedem in Frankreich gedrucktem Buch ein Pflichtexemplar hinterlegt werden müsse. 1721 ließ Colbert die königliche Bibliothek in den beiden Palais Kardinal Mazarins unterbringen, die heute in dem großen Gebäudekomplex der Bibliothèque Nationale vereint sind. Seitdem hat die dank der Verordnung Franz' I. rasch anwachsende Sammlung vielen Generationen von Architekten Kopfzerbrechen bereitet. Von den Umbauten, die Robert de Cotte vornahm, blieb nur die Hauptfassade des Hofes (1731) erhalten.

Während des Zweiten Kaiserreichs nahm Henri Labrouste zwischen 1857 und 1873 erneut grundlegende Veränderungen vor. Geradezu feierlich wirkt sein **Lesesaal**, eine hervorragende frühe Eisenkonstruktion. (Ohne Leserkarte hat man keinen Zutritt, doch sollte man am Eingang wenigstens einen Blick durch die Scheiben werfen.) Hohe, schlanke Säulen stützen von Eisenträgern gebildete sphärische Gewölbe, die mit Fayenceplatten ausgelegt sind. Die runden Öffnungen der Gewölbe sorgen für gleichmäßiges Licht.

Das *Hauptmagazin* wird als ein Vorläufer der funktionalistischen Architektur betrachtet. In diesem nicht für die Öffentlichkeit bestimmten Buchlager hat Labrouste die Logik der Metallkonstruktion kompromisslos angewendet.

Bei Ausstellungen, die von der Bibliothèque Nationale veranstaltet werden, sind die beiden übereinander liegenden Galerien geöffnet, die François Mansart 1644/45 für die Kunstsammlungen Kardinal Mazarins entwarf. Die obere, **Galerie Mazarine** genannt, besitzt noch das prächtige Dekor des Cortona-Schülers Romanelli und des Bologneser Architekten Giovanni Francesco Grimaldi.

Das **Département des Monnaies, Médailles et Antiques** (Tel. 01 47 03 83 30, Mo–Sa 13–17.45, So 12–18 Uhr) verdankt seine Entstehung der Sammelleidenschaft der französischen Könige (Franz I., Heinrich IV., Ludwig XIV.) und einiger privater Kunstamateure. Zu den schönsten Stücken der Ausstellung gehören die Gegenstände aus dem Schatz der Abtei **Saint-Denis**: elfenbeinerne Schachfiguren (11. Jh.), eine große sassanidische Schale aus Bergkristall (6./7. Jh.) und der berühmte Thron König Dagoberts aus merowingischer und karolingischer Zeit. Unter den antiken Kameen fällt die *Grande Camée de la Sainte-Chapelle* durch ihre außerordentlich große und kunstvoll gearbeitete Darstellung auf.

16 Galerie Colbert und Galerie Vivienne

Zwei vornehme, glasüberdachte Passagen aus der 1. Hälfte des 19. Jh.

4 und 6, rue des Petits-Champs, 2E ARR., Métro 1, 7: Palais Royal – Musée du Louvre

Passagen, die wie diese im Inneren der Gebäude verlaufen, gab es in Paris früher viele. Sie sind typische architektonische Schöpfungen der Restauration und des beginnenden Industrie- und Konsumzeitalters und waren im 19. Jh. luxuriöse Einkaufs- und Vergnügungspromenaden der feinen Pariser Gesellschaft. Von leichten, schon ganz funktionalistisch-modernen Glaskonstruktionen überdacht, verzichten sie jedoch nicht auf repräsentatives Säulendekor. Auch Reliefs und Skulpturenschmuck gehören zum Ausstattungskonzept der Passagen.

Die **Galerie Colbert** mit ihrer stimmungsvollen Rotunde in pompejanisch anmutendem Dekor (1826) ist fast im Originalzustand erhalten. Die Bibliothèque Nationale unterhält hier Ausstellungs- und Verkaufsräume.

Noch mehr als ihre Nachbarin besitzt die angrenzende, 1826 eröffnete **Galerie Vivienne** (www.galerie-vivienne.com) den Charme vergangener Eleganz. Modeboutiquen, Juweliere und Buchläden sowie Cafés und Restaurants reihen sich hier aneinander.

Mit den Arkaden des Palais Royal bilden die beiden Galerien ein überdachtes Ensemble, in dem es sich von der Bibliothèque Nationale bis zur Comédie-Française angenehm flanieren lässt.

Weitere schöne Passagen im Zentrum von Paris sind die Galerie Véro-Dodat (2, rue du Bouloi) und Passage du Grand-Cerf (145, rue St-Denis).

17 Place des Victoires

Musterbeispiel für einen französischen Königsplatz, von einem Höfling zu Ehren Ludwigs XIV. errichtet. Rundherum haben sich heute einige der originellsten jungen Modeschöpfer angesiedelt.

1ER und 2E ARR., Métro 3: Bourse oder Sentier

Um Ludwig XIV. seine Dankbarkeit über den Abschluss des Friedens von Nimwe-

Place des Victoires: Ludwig XIV. umgeben von eleganter Architektur mit schicken Modeläden

Fast 800 Jahre lang herrschte an der Stelle des heutigen Forum des Halles reger Marktbetrieb. Saint-Eustache (links im Bild) war die Pfarrkirche der Händler

gen zu bezeugen, gab Marschall de La Feuillade 1679 eine **Statue** in Auftrag, die den König in Siegerpose über den angeketteten Kriegerfiguren Deutschlands, Piemonts, Spaniens und Hollands (heute im Puget-Hof des Louvre) darstellte. Für die riesige, vergoldete Bronzefigur ließ de La Feuillade auf seine Kosten diesen *Platz der Siege* anlegen, ein Unternehmen, bei dem er sich finanziell ruinierte, obwohl Ludwig XIV. – von seinem Bildnis begeistert – zur Errichtung des Platzes beisteuerte.

Jules Hardouin-Mansart zeichnete 1685 den Plan, Häuser wurden abgerissen (auch das des Bauherren de La Feuillades), neue Straßen gezogen und zwar so, dass die Statue sich immer vor einer Fassade abhob, gleich, von welcher der auf den runden Platz zulaufenden Verkehrsadern man kam. Diese ausgeklügelte Inszenierung ist im 19. Jh. durch den Bau der Rue Etienne-Marcel verwässert worden. Doch wer dieser den Rücken kehrt, kann noch etwas von der früheren Schönheit des Platzes erfassen.

Blendarkaden und eine die beiden Etagen zusammenfassende Kolossalordnung rhythmisieren die einheitlichen **Fassaden**. Dieser Aufbau erinnert an Hardouin-Mansarts Gartenfront von Versailles, die Häuser mit ihren Mansarddächern haben jedoch einen eher zurückhaltenden, bürgerlich-wohnlichen Charakter. An die Stelle der während der Revolution eingeschmolzenen Statue trat 1822 das **Reiterstandbild** von Astyanax Bosio. Es zeigt einen anmutigen, ganz dem Charme des Platzes entsprechenden Ludwig XIV.

18 Notre-Dame-des-Victoires

Ein typischer Kirchenbau der französischen Klassik mit schönen Gemälden von Carle van Loo.

Place des Petits-Pères, 2E ARR.
www.notredamedesvictoires.com
Métro 3: Bourse

Wenige Schritte von der eleganten Place des Victoires entfernt, glaubt man sich auf der **Place des Petits-Pères** mit der altmodischen, stuckdekorierten Bäckerei und dem Devotionalienladen geradezu in die Provinz versetzt.

Notre-Dame-des-Victoires war die Ordenskirche der Barfüßer-Augustinermönche, *Les Petits-Pères* genannt, deren Kloster während der Revolution aufgelöst wurde. Der Name der Kirche erinnert an den Sieg über die Protestanten 1628 in La Rochelle. Der Bau wurde 1629 von Pierre Le Muet begonnen, aber erst 1740 vollendet. 1836 wurde Notre-Dame-des-Victoires zu einem der wichtigsten Orte der Marienverehrung in Frankreich; Tausende von **Votivtafeln** bedecken heute die Wände.

Der **Orgelprospekt** aus dem 18. Jh. ist bemerkenswert. In der zweiten Kapelle links das **Grabmal Lullys** mit einer Büste des Komponisten von Jean Collignon. Der mit Holzvertäfelungen aus dem 17. Jh. verkleidete, tiefe **Chor** zeigt sieben große Werke von Carle van Loo (1705–1765), dem ›Premier Peintre‹ Ludwigs XV. und Vertreter des Grand Style. Die Bilder zur *Legende des hl. Augustinus* gehören zu den wenigen Ensembles von Kirchengemälden,

die noch an ihrem ursprünglichen Platz sind. Zwischen 1746 und 1755 ausgeführt, sind sie ein schönes Beispiel für die religiöse Kunst des 18. Jh., die in diesem Jahrhundert der Aufklärung, dem *Siècle des Lumières*, durchaus ihre Vitalität beweist.

19 Forum des Halles

Was früher der ›Bauch von Paris‹ war – die lärmenden, überquellenden Markthallen – ist heute ein großes ober- und unterirdischen Einkaufszentrum und ein Erholungsraum.

1ER ARR., www.forumdeshalles.com
Métro 4: Les Halles oder Etienne Marcel, RER B und D: Châtelet–Les Halles

Ende 1977 eröffnet, füllt das Forum das enorme Loch, *Le Trou des Halles*, das ins Zentrum von Paris gerissen wurde, als man 1972, trotz vieler Proteste, die Baltardschen **Markthallen** abzubrechen begann. Dieser radikale städtebauliche Eingriff blieb fast zehn Jahre lang ein heiß diskutiertes Thema. Seit dem Mittelalter waren die Hallen das Herzstück der Rive Droite. Philipp August ließ 1183 die ersten beiden überdachten Markthallen errichten. Viele weitere wurden angebaut, um dem Bedarf der ständig anwachsenden Bevölkerung gerecht zu werden. Die Hallen verkamen zu einem riesigen Chaos inmitten der Stadt, schmutzig, düster, voller übler Gerüche. Napoleon III. beschloss schließlich, große neue Pavillons bauen zu lassen: »Eisen, nichts als Eisen« und »Machen Sie mir Regenschirme!« waren seine Anordnungen, nachdem er den gerade fertig gestellten Ostbahnhof, Gare de L'Est, gesehen hatte und von ihm begeistert war. **Victor Baltard** (1805–1875), der seinen flexiblen, pragmatischen Geist auch bei der Restaurierung vieler Pariser Kirchen unter Beweis stellte, entwarf **zehn Pavillons**. Hoch überdachte Straßen verbanden diese riesigen funktionellen Metallkonstruktionen, die seriell gefertigt wurden, leicht in der Erscheinung und zierlich dekoriert waren. Baltards Hallen, von Zola in allen Farben geschildert, wurden zu der Kuriosität von Paris, und solange sie noch bestanden, gehörte es zum Savoir-vivre, einen Ausflug ins Pariser Nachtleben im Morgengrauen in einem

Henri de Millers Kopf- und Hand-Skulptur vor Saint-Eustache

der dortigen Bistros zu beenden und mit den Marktleuten an einem Tisch eine Zwiebelsuppe zu essen. Erneut zu klein und den Anforderungen einer modernen Metropole nicht mehr gewachsen, musste der Großmarkt Ende der 60er-Jahre des 20. Jh. in die Vorstadt, nach Rungis, verlegt werden.

Ein großes *Architekturensemble* von Claude Vasconi und Georges Pencreac'h ist an ihre Stelle getreten. Das **Forum** bildet eine Art Trichter aus verglasten Galerien, die in vier Etagen nach unten gestaffelt einen Hof umgeben. Die poetische Marmorskulptur *Pygmalion* dort ist ein Werk des Argentiniers Julio Silva.

Eine **Terrasse** vor den halbrunden Glas- und Metallkonstruktionen (sollen sie an die napoleonischen Regenschirme erinnern?) ermöglicht einen Ausblick über die gesamte Anlage. Die auf den Etagen verteilten Geschäfte, Modeboutiquen, Restaurants und Kinos ziehen viele junge Leute an, Métro und RER schicken in Schüben die Passanten. Für kulturelle Abwechslung sorgt die 6500 Filme umfassende Sammlung des **Forum des Images** (2, rue du Cinéma, www.forumdesimages.fr, Di–Fr 12.30–22.30, Sa/So 14–22.30 Uhr). Aus der Fülle an Spiel-, Dokumentar- und Amateurfilmen über Paris können kleine und große Kinoliebhaber am Computer einen Film auswählen und anschließend an den zahlreichen Abspielstationen ansehen.

Unterirdisch, im Bereich der Métroverbindungen, findet man ein tropisches Gewächshaus, hinter großen Glasscheiben ein *Schwimmbad*. Westlich des Forums schließt sich ein Garten an, dessen Lauben und Spaliere hinüberleiten zur glaskuppelüberwölbten Rotunde der **Bourse du Commerce** (Warenbörse, 1887 erbaut) und einer 30 m hohen astrologischen Säule, einziger Überrest des Hôtel de Soissons, einer Residenz Katharina von Medicis. Vor Saint-Eustache steht eine riesige **Kopf- und Handskulptur** von Henri de Miller, die, für alle Kinder unwiderstehlich, zum darauf Herumklettern animiert. Fantasievolle, künstlerisch angelegte Spielplätze bieten weitere Gelegenheit, sich auszutoben.

Nachts gehört das Forum des Halles zu den Gegenden von Paris, die man eher meiden sollte; hier mischen sich dann das Elend der Obdachlosen und eine zwielichtige Großstadtsubkultur.

20 Saint-Eustache

Neben dem modernen Forum des Halles behauptet sich das gewaltige Kirchenschiff von Saint-Eustache, eine der interessantesten Kirchen von Paris dank der Verschmelzung von Gotik und Renaissance.

Rue du Jour, 1ER ARR., www.saint-eustache.org, Métro 4: Les Halles oder Etienne-Marcel

Seit die Hallen von Baltard abgerissen wurden, ist Saint-Eustache wieder zu einer **Dominante** des Viertels geworden. Ihre Geschichte war seit jeher mit dem alten Markt verbunden. Ein erstes Gotteshaus bestand hier schon zu Anfang des 13. Jh. 1532 begannen die Händler und Zünfte mit dem Bau einer neuen Kirche, zu der Franz I. beisteuerte. Die Länge des Kirchenschiffs und seine außerordentliche Höhe wetteifern mit der Kathedrale *Notre-Dame*, die auch für den Grundriss das Vorbild lieferte: fünfschiffig, mit nicht vorspringendem Querhaus, rundem Chor und Kapellen. Erst hundert Jahre später wurde die Kirche nach den ursprünglichen Plänen vollendet. Von Grundriss und Aufbau her gotisch, bezeugt der Bau einmal mehr die lange Lebensdauer der mittelalterlichen Bautraditionen. Schaut man jedoch genauer hin, zeigt sich an Hunderten von Einzelheiten das neue Formgefühl der Renaissance:

Am **Außenbau** sind die Kapellen von korinthischen Pilastern begrenzt; gänzlich ungotische *Balustraden* über den Seitenschiffen setzen einen horizontalen Akzent; die *Querhausgiebel* sind von Renaissancetürmchen flankiert. Wie ein Fremdkörper nimmt sich dagegen die **Zweiturmfassade** aus, die 1754 im Westen angebaut wurde, eine fade Kopie von Saint-Sulpice [Nr. 63].

Der **Innenraum** wirkt hochstrebend vertikal und gotisch mit ungewöhnlich hohen, schmalen Seitenschiffen. Die gotische Struktur der Pfeiler ist jedoch von Dekorationsmotiven der norditalienischen Renaissance unterbrochen, von Rosetten und übereinander gestellten Säulchen. Begeisterte Verfechter der Neugotik wie Viollet-le-Duc verschmähten diese unorthodoxen Verschmelzungen. Die *Wirkung* des Raums ist außerordentlich. Markante Bündelpfeiler, hohe Rundbogenarkaden, akzentuierte Netzgewölbe mit tief hängenden Schlusssteinen geben ihm Charakter. In diesem eindrucksvollen Kirchenschiff sind die *Sonntagsgottesdienste* (11 Uhr), bei denen der berühmte **Chor** von Saint-Eustache und die ausgezeichnete **Orgel** zu hören sind, ein unvergessliches Erlebnis. Nicht von ungefähr wählte Berlioz Saint-Eustache für die Uraufführung seines *Te Deum* (1855). Auch Liszts *Messe von Gran* wurde hier 1866 zum ersten Mal gespielt.

Die Händler der Markthallen und viele Adelige, die hier in Louvrenähe wohnten, beschenkten die Pfarrkirche, sodass sich auf diese Weise etliche bemerkenswerte **Kunstwerke** aus verschiedenen Jahrhunderten ansammelten. Über der Tür des linken Seitenschiffs besticht ein Meisterwerk von Simon Vouet (17. Jh.). Es stellt das *Martyrium des hl. Eustachius* dar, einem römischen General, dem, ähnlich wie dem hl. Hubertus, bei der Jagd ein Hirsch mit einem Kruzifix im Geweih erschienen sein soll. In der zweiten Kapelle am Chorumgang links ein Gemälde aus dem 16. Jh.: *Tobias und der Engel* von Santi di Tito. In der vierten Kapelle eine eindrucksvolle *Verzückung der Maria Magdalena*, ein Gemälde aus dem 17. Jh. von Rutilio Manetti. In der nächsten Kapelle ein Werk aus der Rubensschule: *Die Jünger von Emmaus*.

Sehr würdevoll ist das Grabmal für *Jean-Baptiste Colbert* (1619–1683) in der sechsten Kapelle, von Antoine Coysevox nach einem Entwurf von Le Brun gefertigt, eines der großen Werke der französischen Skulptur. Die Scheitelkapelle birgt eine *Muttergottes* von Jean-Baptiste Pigalle. Die drei großen Wandgemälde mit ihren etwas affektierten Darstellungen zum Marienzyklus (1851–54) sind von Thomas Couture, dem Lehrer Manets. Die schönen *Glasmalereien* der Chorfenster wurden nach Vorlagen von Philippe de Champaigne ausgeführt (1631).

Das Innere von Saint-Eustache beeindruckt durch seine immense Höhe und die majestätische Weiträumigkeit

Viele berühmte Persönlichkeiten gehörten zur Gemeinde Saint-Eustache. Hier wurde Molière getauft, seine Totenmesse wurde nächtlicherweise jedoch für ›Jean-Baptiste Poquelin, den königlichen Teppichweber‹ gelesen: Schauspieler hatten kein Recht auf eine kirchliche Bestattung. Auch die Einsegnung von Mozarts Mutter fand in Saint-Eustache statt.

Die futuristisch anmutende Architektur des Centre Pompidou rief zunächst Spott hervor. Mittlerweile sind die Pariser aber sehr stolz auf ihr äußerst erfolgreiches Kulturzentrum

21 Fontaine des Innocents

Der Brunnen ist ein kleines Meisterwerk der Renaissance und ein beliebter sommerlicher Treffpunkt.

Square des Innocents, 1ER ARR.
RER B und D: Châtelet–Les Halles

In der Form eines *Tempelchens* über einer Kaskade kam mit diesem Brunnen der Geist der Renaissance in die Straßen der noch mittelalterlichen Stadt. Er ist das Werk von Jean Goujon (1549). Graziöse Nymphen schmücken ihn, in fließende Gewänder gehüllt, wie nur Goujon sie zu schaffen verstand. Der Name des Brunnens erinnert an die Kirche der Unschuldigen Kinder, an die er ursprünglich an-

gebaut worden war, die aber 1786 abgerissen wurde. Der Bildhauer Augustin Pajou ergänzte die vierte Seite des von da an frei stehenden Brunnens. Der **Square des Innocents** mit seiner etwas makabren Vergangenheit ist heute sehr belebt, der Brunnen immer von jungen Leuten umlagert.

Zur Kirche gehörte einst einer der größten **Friedhöfe** der Stadt. Er hatte im Verlaufe von 800 Jahren etwa zwei Millionen Verstorbene aufgenommen. In der Zeit kurz vor der Französischen Revolution war er so überfüllt, dass sich ein unerträglicher Gestank entwickelte, der für die Bewohner dieses dicht bevölkerten Stadtviertels unzumutbar wurde. In nächtlichen Transporten, die drei Jahre lang vonstatten gingen, überführte man schließlich die zahllosen Gebeine in einen aufgelassenen Steinbruch. Auch von anderen Pariser Friedhöfen wurden in den folgenden Jahrzehnten Tote hierher umgebettet. Die auf diese Weise entstandenen *Katakomben* der Place Denfert-Rochereau [Nr. 70] sind – wenn einem der Sinn danach steht – zu besichtigen.

Diskutieren, philosopieren, räsonieren – das Dachcafé des Centre Pompidou ist dafür der richtige Ort

22 Centre Pompidou (Centre National d'Art et de Culture Georges Pompidou)

Das architektonische Unikum aus bunten Röhren, Metallgestänge und Glas – Museum, Bibliothek, Zentrum des Austauschs aller künstlerischen Ausdrucksformen – ist ein attraktiver Rahmen für Meisterwerke zeitgenössischer Kunst.

Place Georges Pompidou, 4E ARR.
Tel. 01 44 78 12 33
www.centrepompidou.fr
Tgl. 11–22 Uhr
Métro 1, 11: Hôtel-de-Ville, Rambuteau
RER A, B und D: Châtelet–Les Halles

»Ça va crier« soll der damalige französische Staatspräsident Pompidou ausgerufen haben, als er das Modell des zukünftigen Kulturzentrums, das seinen Namen trägt, sah. Worin er sich nicht geirrt hat, denn die auffällige Architektur, inspiriert von futuristischem Hightech, der Luftfahrt, dem Ozeandampfer o. Ä., hat seine Wirkung nicht verfehlt: Es löst noch immer Diskussionen aus. Pompidou erlebte die Vollendung des Projekts nicht. 1969 hatte er den Anstoß dazu gegeben, ein Jahr nach dem sozialen und kulturellen Erdbeben vom Mai 1968. Es sollte ein autonomes, dynamisches Zentrum der Kreativität werden, befreit von der administrativen Trägheit der traditionellen Museen.

Unter den 681 vorgeschlagenen Projekten wählte die Jury jenes von **Renzo Piano** und **Richard Rogers** aus. Seine Besonderheit besteht darin, dass nicht nur alle tragenden Stützen nach außen verlagert, sondern auch alle technischen Kreisläufe ostentativ bloßgelegt sind. Die Luft zirkuliert in blauen, das Wasser in grünen, die Elektrizität in gelben, die Besucher in transparenten Röhren. In der einfachen Form eines **Kubus** stellt der Bau auf fünf Etagen riesige freie Flächen zur Verfügung, die allein von Metallpfeilern getragen werden. Diagonale Streben dienen der Stabilisierung. Die Transparenz der **Fassaden** und die **flexible Raumgestaltung**, der keine tragenden Wände im Wege stehen, sind charakteristisch für die Grundidee dieses Zentrums, das 1977 eröffnet wurde.

Von Henri Matisse stammt das ›Grand Intérieur Rouge‹ (1948)

Als ›Raffinierie‹, ›Kunstfabrik‹ oder gar ›sinkendes Schiff der offiziellen Kultur‹ hat man das Centre Pompidou bezeichnet. Wie viel Erfolg es trotz aller Unkenrufe hat, zeigten in all den Jahren seines Bestehens täglich die langen Schlangen am Eingang. Viele der **Ausstellungen** des Centre Pompidou waren äußerst erfolgreich. Vor allem die berühmte Serie Paris–New York, Paris–Berlin, Paris–Moskau, Paris–Paris hat internationale Anerkennung gefunden.

Musée National d'Art Moderne (MNAM)

Architektur und Design sind in den kunstgeschichtlichen **Parcours** einbezogen worden. Dieser beginnt im 5. Stock mit der **klassischen Moderne** (Eingang im 4. Stock, wo die aktuelle Kunst untergebracht ist). *La Guerre* (1894) ein Werk des Zöllners Rousseau und *Petite Fille Sautant à la Corde* (1950) von Picasso empfangen den Besucher. In den Sälen des **Kubismus** sind die Werke von Braque und Picasso afrikanischen Skulpturen aus den Sammlungen von André Derain und Alberto Magnelli aufschlussreich gegenübergestellt. *Le Rideau pour Mercure* (1924) von Picasso verweist schon auf den Surrealismus und kontrastiert mit dem strikten, formalen Kubismus der *Papiers Collés*.

Dada machte sich über Spießbürgertum und hohe Kunst lustig und erschütterte nachhaltig die Idee vom Kunstwerk selbst. Die Ausstellung zeigt die europäische Dimension des Dadaismus mit Werken von Picabia, Schwitters, Haussmann, George Grosz, Hans Arp, Man Ray, Duchamp.

Auf die **abstrakte Malerei** Kandinskys folgen zwei andere Avantgarde-Bewegungen: **De Stijl** und das **Bauhaus**. Diese wollten über die Abstraktion hinaus zum Funktionalismus gelangen. Piet Mondrian lieferte den Architekten Ideen, die Maler Kandinsky und Klee unterrichteten am Bauhaus.

Der **Surrealismus** schließlich stellt sich in seiner ganzen Vielfalt dar, verwirrend, traumhaft, schockierend: Max Ernsts eigenartige Collagen der *Femme 100 Têtes* (1929), die geheimnisvolle *Mélancolie d'un Après-midi* (1913) von De Chirico, *L'Ane Pourri* (1928) von Dali. Eine Wand aus dem Arbeitszimmer von André Breton wurde hier rekonstruiert und zeigt ein Sammelsurium von Kult- und Kunstgegenständen, von *Objets Trouvés*, die die Fantasie der Surrealisten beflügelten. Neben der Avantgarde das Zurück zur Ordnung, das bei Picasso schon um 1920 begann, wie seine monumentale, klassische *Liseuse* beweist.

Auch die **Neue Sachlichkeit** orientierte sich an alten Vorbildern, an Holbein und Grünewald, wie die Werke von Christian Schad und Otto Dix zeigen. Balthus und *La Toilette de Cathy* (1933) gehören ebenfalls zu dieser vergangenheitsbezogenen Kunst. Es folgen zwei der berühmtesten Bilder von Matisse, *La Blouse Roumaine* und *Grand Intérieur Rouge*. Zusammen mit den wunderschönen Bonnards bilden sie einen typischen Höhepunkt der Ausstellung. Die Kunst der Nachkriegszeit illustrieren die europäische Gruppe **Cobra**, die 1948–51 eine experimentierfreudige, aber kurze Existenz führte, der **abstrakte Expressionismus** (Pollack, Gorky, Soulages, Hantai), die flächigen Bilder von Rothko, Barnett Newman, Miro, Yves Klein und Lucio Fontana.

Die Sammlung der **Gegenwartskunst** im 4. Stock wird jedes Jahr (bzw. alle sechs Monate) gänzlich neu präsentiert, um die aktuellen künstlerischen Aktivitäten zu dokumentieren. Es soll stets eine dynamische und packende Schau geboten werden. Fotografie, Architektur und Design sind in den Rundgang eingebunden. Neben monographischen Darstellungen anerkannter Persönlichkeiten wie Warhol, Tinguely, Oldenburg, Dubuffet, Beuys, Ben, Raynaud, Rauschenberg, Christo, Boltanski, werden künstlerische Bewegungen wie Concept Art, Minimal Art, Arte Povera, Support/Surface präsentiert.

Im **Espace des Collections Nouveaux Médias et Film** sind über 2000 Werke der Sammlung – Internetseiten, Videobänder, CD-ROMs und Tonbänder zugänglich. Die *Encyclopédie Nouveaux Médias* im Internet erläutert Werke von etwa 100 Künstlern (www.newmedia-art.org). Ausstellungsräume und ein Restaurant befinden sich im 6. Stock.

Dem MNAM ist das **CCI** (Centre de Création Industrielle) angegliedert, dessen Studien über *Design* Anlass zu vielen bemerkenswerten Ausstellungen gaben und das außerdem interessante Publikationen zur Soziologie der Architektur herausgibt.

Das **IRCAM** (Institut de Recherche et de Coordination Acoustique) ist ein Ort der Kommunikation zwischen Musikwissenschaftlern und zeitgenössischen Komponisten. Es beschäftigt sich u. a. mit Akustik, Tonanalyse und -synthese, computerunterstützter Komposition oder auch Choreografie und tritt mit Konzerten und Aufführungen an die Öffentlichkeit.

Die große öffentliche Informationsbibliothek, **Bibliothèque Public d'Information** (BPI) (1., 2., 3. Stock, Tel. 0144781275, www.bpi.fr, Mo/Mi–Fr 12–22, Sa/So 11–22 Uhr), die früher dem täglichen Ansturm kaum mehr gewachsen war, stellt nun seinen über 5000 Besuchern etwa 2200 Sitzplätze zur Verfügung. Der Bestand umfasst neben 34000 Büchern eine große Auswahl an Bild- und Tondokumenten.

Willem De Kooning nannte sein Werk ›Untitled XX‹ (1976)

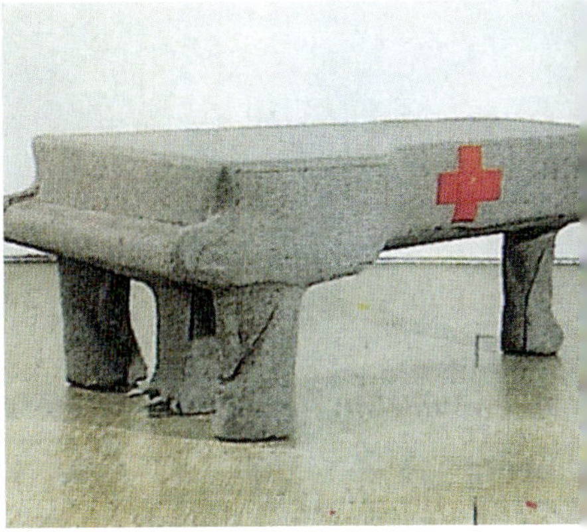

Joseph Beuys, ›Infiltration homogen für Konzertflügel‹ (1966)

Auf dem Platz vor dem Centre Pompidou steht der Strawinsky-Brunnen, **La Fontaine Stravinsky**, mit den Skulpturen von Jean Tinguely und Niki de Saint Phalle. Lustig wasserspritzend tragen sie zu der fröhlichen Atmosphäre rund um das Zentrum bei und setzen einen interessanten Kontrast zur spätgotischen Kirche von Saint-Merri (1520–1612), die sich hinter der modernen Kulisse erhebt.

Auf der Nordseite des Platzes lädt das **Atelier Constantin Brâncuşi** (Mi–Mo 14–18 Uhr) zum Besuch ein. Der rumänische Bildhauer Brâncuşi (1876–1957) hatte sein Atelier am Impasse Ronsin (Montparnasse) inkl. Entwürfe und Skulpturen dem Staat vermacht. Die heutige *Rekonstruktion* vollzieht die sorgsam durchdachte Anordnung der Werke nach. Aufschlussreich sind dazu die Fotos, die Brâncuşi von einzelnen Ansichten des Ateliers aufnahm. Sie machen die Wechselbeziehung von Raum und Skulptur, die der Künstler suchte, deutlich.

Nördlich des Centre Pompidou liegt das Viertel **Quartier de l'Horloge**, benannt nach der riesigen Automatenuhr *Le Défenseur du Temps*. Zu jeder vollen Stunde kämpft der ›Verteidiger der Zeit‹ gegen Krabbe, Drachen und Vogel, die ihn angreifen.

23 Tour Saint-Jacques

Der eindrucksvolle Rest einer spätgotischen Kirche auf dem Pilgerweg nach Santiago de Compostela.

Square Saint-Jacques, 4E ARR.
Métro 1, 4, 7, 11, 14: Châtelet

Unvermittelt steht ein **Turm** in dem kleinen Park. Seine eigenartige Schönheit hat schon die Surrealisten bei ihren Spaziergängen durch das nächtliche Paris fasziniert. Er gehörte einst zur *Kirche Saint-Jacques-la-Boucherie,* in der auch die Metzgerinnung ihren Sitz hatte. Nicht weit von den Markthallen, an einer wichtigen Kreuzung der mittelalterlichen Straßen gelegen, nahm Saint-Jacques einen zentralen Platz ein. Die Kirche war 1509–23 im Flamboyantstil errichtet worden und bezeugt die Vitalität der Gotik noch zur Zeit der Renaissance. 1797 wurde sie abgerissen. Ihr Turm dient heute als meteorologische Station. Eine Statue erinnert an Blaise Pascal, der 1648 versuchte, auf dem Turm das Gewicht der Luft zu messen.

24 Place du Châtelet

Turbulenter Platz im geografischen Zentrum der Stadt, flankiert von den beiden großen städtischen Theatern.

1ER ARR., Métro 1, 4, 7, 11, 14: Châtelet

Am Schnittpunkt von zwei historischen Achsen gelegen, ist der Platz einer der **Verkehrsknotenpunkte** der Stadt. Unter ihm breitet sich das Labyrinth der riesigen Métro- und RER-Station Châtelet–Les Halles aus. Das macht es heute nicht leicht, sich hier die Festung *Grand Châtelet* vorzustellen, die 1130 zum Schutz der Brücke zur Île de la Cité errichtet worden war. (Zuvor stand an derselben Stelle schon ein hölzerner Turm zur Abwehr der Normannengefahr.) Anfang des 19. Jh. wurde das inzwischen als berüchtigstes Gefängnis verhasste Grand Châtelet abgerissen. Seit 1808 bildet eine **Siegessäule** zu Ehren Napoleons den Blickfang. Sie erinnert an den Ägyptenfeldzug Bonapartes, der genau betrachtet so siegreich nicht war, aber die Fantasie der Künstler beflügelte.

Inspiriert von der temperamentvollen Musik Igor Strawinskys schufen Niki de Saint Phalle und Jean Tinguely dem Musiker zu Ehren den fröhlichen Brunnen vor dem Centre Pompidou. Die farbenfrohen Figuren passen gut zum bunten Röhrenwerk des Kulturzentrums

Einst Kirchturm, heute metereologische Station: die Tour Saint-Jacques an der Place du Châtelet genießt einen herrlichen Blick auf die Dächer von Paris

Das **Théâtre du Châtelet** (Théâtre Musical de Paris, Tel. 01 40 28 28 40, www.chatelet-theatre.com) im Westen wurde wie sein Gegenüber von Davioud erbaut. Durch seine Größe für aufwendige Inszenierungen geeignet, war es in den 1930er-Jahren die Pariser Operettenbühne schlechthin. Heute stehen Opern, Musicals und Konzertreihen für ein breites Publikum auf dem Programm.

Vis-à-vis liegt das **Théâtre de la Ville** (Tel. 0142742277, www.theatredelaville-paris.com), das früher Théâtre Sarah-Bernhardt hieß. Die große Schauspielerin (1844–1923) hatte es 1899 gekauft, brachte dort *L'Aiglon* zur Uraufführung, von Edmond Rostand für sie geschrieben, und interpretierte in ihrer kapriziösen Art u. a. *Die Kameliendame* und *Tosca*. 20 Jahre später, weit über 70 und an einem Bein amputiert, faszinierte sie noch immer ihr Publikum. Mittlerweile treten hier zahlreiche Tanzensembles mit originellen zeitgenössischen Choreografien auf.

25 Hôtel de Ville

Wie ein aufgeputztes Renaissanceschloss nimmt sich das Rathaus aus.

Place de l'Hôtel de Ville, 4E ARR.
Tel. 01 42 76 50 49
www.paris.fr
Wechselausstellungen:
Mo–Sa 10–18, sonst Führungen nach telefonischer Voranmeldung
Eingang: 29, rue de Rivoli
Métro 1, 11: Hôtel-de-Ville

Dass das Rathaus nicht wie anderorts das Zentrum der Stadt bildet, kommt wohl daher, dass Paris, die selbstbewusste Bürgerstadt, vor allem Kapitale eines zentralistisch regierten Landes ist. So hat sie auch erst seit 1977 wieder einen Oberbürgermeister, während zuvor ein von der Regierung ernannter Präfekt seines Amtes waltete. 2001 avancierte Bertrand Delanoë von der *Parti Socialiste* zum amtierenden Oberbürgermeister.

Früher ging es einfacher zu: Bis zum 13. Jh. wurde Paris ausschließlich von Vertretern des Königs verwaltet; sie rekrutierten sich aus der mächtigen Korporation der Kaufleute zu Wasser. Daher das Schiff im **Pariser Wappen** mit dem Spruch *»Fluctuat nec mergitur«* (Es schwankt, aber es geht nicht unter). Ludwig der Heilige ließ die Bürger im Jahr 1246 Schöffen wählen und schuf damit den ersten Stadtrat, dessen Vorsitzender der *Prévôt des Marchands*, der Vorstand der Kaufleute, war. Seit 1357, der Zeit des Prévôt Etienne Marcel, tagt der Stadtrat an der **Place de l'Hôtel de Ville**, die damals *Place de Grève* hieß und wirklich das Stadtzentrum darstellte. Die Handelsschiffe legten hier an, Feste und Aufstände fanden statt, öffentliche Hinrichtungen gab es bis 1830. Ludwig Börne beschrieb in einem seiner Pariser Briefe, wie begierig sich die gewaltige Volksmenge drängte, um das grausige Spektakel zu sehen. Auch die Arbeitslosen kamen hier zusammen. So entstand der

L'Hôtel de Ville: Seit dem 14. Jh. befindet sich an dieser Stelle die Stadtverwaltung von Paris. Die pittoreske Schlossarchitektur stammt freilich aus dem 19. Jh.

Ausdruck ›faire la grêve‹, was ursprünglich ›nicht arbeiten‹ hieß und heute ›streiken‹ bedeutet.

Franz I. ließ das mittelalterliche Gebäude, das als Rathaus gedient hatte, durch einen Renaissancebau ersetzen, von dem Italiener Boccadoro 1533 im Stil der Loireschlösser entworfen. Nach dem Sturm auf die Bastille im Juli 1789 nahm das Pariser Volk das Rathaus ein. Ludwig XVI. musste sich hier die Kokarde der Revolutionäre anstecken. Während der Kommune wehte die rote Fahne auf dem Rathaus. Beim Abzug der Aufständischen brannte das Gebäude ab, die Dritte Republik baute es jedoch sogleich wieder auf. Hier wurde Pétain, später de Gaulle zugejubelt.

Das **heutige Rathaus** ist eine Kopie des Renaissancebaus, ein wenig operettenhaft verschönt und um zwei Seitentrakte erweitert. 146 Figuren, verdiente Pariser Persönlichkeiten darstellend, dekorieren die Fassaden. Lanzenträger wachen auf dem First. Über der Uhr eine kräftige, barbusige Schönheit: die Allegorie der Stadt Paris. Der Dekor der Ehrentreppe und der Fest- und Repräsentationssäle – in prachtvollem Pompierstil eine Selbstdarstellung des Bürgertums der Belle Epoque – wurde u.a. von Puvis de Chavannes, Benjamin-Constant und Jean-Paul Laurens ausgeschmückt. Im Festsaal ist die Pariser Stadtgeschichte dargestellt.

26 Hôtel de Saint-Aignan

Ein schönes Beispiel der klassischen Pariser Architektur aus der Regentschaftszeit Anna von Österreichs und ein interessantes Jüdisches Museum.

71, rue du Temple, 3E ARR.
Tel. 01 53 01 86 60
www.mahj.org
Mo–Fr 11–18, So 10–18 Uhr
Métro 11: Rambuteau

Ein für das Marais typisches Stadtpalais ist das Hôtel de Saint-Aignan. Pierre Le Muet errichtete es um 1650 für die Familie des Grafen von Avaux, Claude de Mesmes, der unter Mazarin für die Finanzen zuständig war. Später erwarb es der Herzog von Saint-Aignan, der vor allem den Garten erweitern und umgestalten ließ. Danach wechselten Besitzer, Bewohner und Nutzung häufig. Mitte des 19 Jh. fanden hier viele jüdische Emigranten aus Polen, Rumänien und der Ukraine ein neues Zuhause. 1942 nahmen die Nazis alle Juden fest, 13 Hausbewohner starben in Konzentrationslagern. Das *Hôtel Particulier* verfiel zusehends. Erst 1998 wurden die Restaurierungsarbeiten und die Rekonstruktionen, wie die des sehenswerten Treppenhauses und der Gartenanlage, nach mehr als 25 Jahren abgeschlossen. Heute präsentiert das **Musée d'Art et d'Histoire du Judaïsme** in dem einstigen Adelspalast seine Sammlungen zur Geschichte und Kultur der Juden. Hierzu zählen u.a. Zeremonialgerät, Schmuck und Kleidung, historische Dokumente, Münzen und Gemälde.

27 Musée de la Chasse et de la Nature

Ein Jagdmuseum mit erlesenen Kunstwerken im Hôtel de Mongelas und Hôtel de Guénégaud.

62, rue des Archives, 3E ARR.
Tel. 01 53 01 92 40
Di-So 11–18 Uhr
Métro 11: Rambuteau

Das im Jahr 1703 errichtete Hôtel de Mongelas beherbergt die Sammlung des **Musée de la Chasse et de la Nature**. In geschmackvoll eingerichteten Salons und rustikalen Räumen zeigt hier das Museum alles zum Thema Jagd sowie Wechselausstellungen zum Thema Naturschutz. Unter den **Gemälden** sind Jagdszenen von Peter Paul Rubens und Jan Brueghel d.Ä., ein *Hl. Hubertus* von Lucas Cranach, Stillleben von Jean-Baptiste Oudry sowie Studien des berühmten französischen Tiermalers François Desportes (1661–1743). Die Ausstellung setzt sich in dem angrenzenden Hôtel de Guénégaud fort. In vier prachtvollen Sälen präsentiert sie historische Jagdwaffen und Zubehör sowie kostbare Gemälde. Sehenswert ist auch das Gebäude selbst: Jean François de Guénégaud, der Schatzmeister Frankreichs, hat es zwischen 1651 und 1655 bauen lassen. Einst völlig heruntergekommen, wurde es zwischen 1964 und 1969 von Grund auf renoviert und gehört heute zu den schönsten Palais des Marais. Die noblen Proportionen und die sorgfältige Fassadengestaltung weisen es als ein Werk von François Mansart aus.

28 Hôtel de Soubise

Vornehmes Stadtpalais aus der Zeit Ludwigs XIV. mit einem Rokokokleinod von höchster Raffinesse im Inneren: dem Salon Ovale von Germain Boffrand. Das angegliederte Museum zeigt Schriftdokumente der französischen Geschichte von den Merowingern bis zum Zweiten Weltkrieg.

60, rue des Francs-Bourgeois, 3E ARR.
Tel. 01 40 27 60 96
www.archivesnationales.culture.gouv.fr
Mo/Mi–Fr 10–12.30 und 14–17.30, Sa/So 14–17.30 Uhr
Métro 11: Rambuteau

Ein großer, kolonnadengesäumter Ehrenhof öffnet sich vor dem Palais. Mit seinem monumentalen Portikus und dem allegorischen Skulpturendekor ist es von wahrhaft fürstlicher Allüre. Fürstlich war auch die Belohnung, die Ludwig XIV. dem Prinzen Soubise zukommen ließ, der gerne dulden wollte, dass seine Gattin sich dem König großzügig zeigte. Bevor Pierre Alexis Delamair 1705–09 dieses klassische Palais errichtete, stand hier das mittelalterliche Landschloss von Olivier de Clisson. Der **Torbau** dieses Gebäudes (um 1380) ist an der Rue des Archives erhalten. 1553 ging das Schloss in den Besitz der mächtigen Guise über. Während der Religionskriege war es das Hauptquartier der **katholischen Liga**, in deren großem Wachsaal sich heute das Geschichtsmuseum befindet [s. S. 58].

Auf Delamair folgte nach dem Tod der Prinzessin Soubise der Architekt **Germain Boffrand**, der das Innere des Palais für den Prinzen Hercule-Mériadec und seine junge Frau neu gestaltete. Unter Boffrands Leitung waren bis 1745 die größten Künstler und Dekorateure der Zeit mit der Ausgestaltung des Palais beschäftigt, u.a. die Maler Natoire, Boucher, van Loo, Restout und die Bildhauer Adam und J.-B. Lemoyne. Während der Prinz für seine Räume im *Erdgeschoss* Wandvertäfelungen in zurückhaltenden Farbnuancen und Reliefs in mattem Weiß, als Bildthemen Allegorien der Wissenschaften und der Künste wählte, wurden für die

Betrachtungen körperlicher Art warten im Musée National Picasso

Prinzessin im *Obergeschoss* die identisch angelegten Räume mit einem kapriziösen, jugendlichen Dekor und amouröser Thematik ausgeschmückt.

Im **Schlafzimmer** der Prinzessin sind in vergoldeten Medaillons, in Stuck und Gemälden die Liebesabenteuer antiker Götter dargestellt. Die Enfilade der Räume endet im **Salon Ovale**, der fantasievollsten dieser Raumschöpfungen. Er wirkt wie ein luftiges *Laubengebilde*, dessen Wände mit ihren zart geschnitzten Boiserien und großen Spiegeln sich geradezu aufzulösen scheinen. Geschwungene Rahmen bilden einen Kranz und fassen Darstellungen der Fabeln von Amor und Psyche ein, die von Charles Natoire gemalt wurden. Darüber spannt sich eine von goldenen Stuckmotiven überzogene, blaue Himmelsdecke.

Im **Musée de l'Histoire de France**, das man zuvor betritt, sind Zeugnisse aus dreizehn Jahrhunderten **französischer Geschichte** zu sehen, vom zerschlissenen Papyrustext aus dem Jahr 629, der die Unterschrift König Dagoberts trägt, bis zum Bericht von Jean Moulin, einer Zentralfigur der Résistance. Entscheidende Daten der Geschichte markieren ein Dokument zum Westfälischen Frieden, der 1648 den Dreißigjährigen Krieg beendete, und das Edikt von Nantes, das 1598 den Hugenotten ein Existenzrecht zuerkannte, allerdings 1685 wieder aufgehoben wurde. Daneben sieht man handschriftliche Dokumente wie die Briefe der Jungfrau von Orléans sowie die Testamente von Ludwig XIV. und Napoleon. Nicht weniger bewegend ist ein Gedicht von Louise Michel für einen zum Tode verurteilten Kommunarden und ein Requisitionszettel für eines der 700 Taxis, die am 7. Sept. 1914 dazu abgestellt wurden, Truppen zur Marneschlacht zu bringen.

Alle Ausstellungsstücke gehören zum immensen Fundus der **Archives Nationales**, die seit dem 19. Jh. im Hôtel de Soubise, in weiteren *Hôtels Particuliers* der Rue des Francs-Bourgeois und im Hôtel de Rohan untergebracht sind. Seit 1988 verfügen die Historiker auch über ein modernes, architektonisch sehr interessantes Forschungszentrum (CARAN) in der Rue des Quatre-Fils Nr. 11.

29 Musée National Picasso

TOP TIPP

Die bedeutendste Picasso-Sammlung der Welt hat im Hôtel Salé, einem herrlichen, lichten Stadtpalais aus der Zeit von Ludwig XIV., seinen idealen Rahmen. Ein hervorragender Überblick über das Werk des katalanischen Künstlers.

5, rue de Thorigny, 3E ARR.
Tel. 01 42 71 25 21
www.musee-picasso.fr
April–Sept. Mi–Mo 9.30–18,
Okt.–März 9.30–17.30 Uhr
Métro 1, 8: Saint-Paul oder Chemin Vert

Als Picasso im April 1973 starb, fiel seinen Erben eine immense Hinterlassenschaft zu, von deren Umfang man sich erst nach und nach beim Inventarisieren der fabelhaften Unordnung von Picassos Ateliers eine Vorstellung machen konnte: Tausende von Gemälden, Zeichnungen, Skulpturen, Keramiken, in 78 Schaffensjahren angehäuft. Schwindel erregend war auch die Höhe der Erbschaftssteuer. Die Familie Picasso ging schließlich auf den Vorschlag einer *Dation* ein, die Überlassung eines Teils der Werke – und zwar nicht der geringsten – an den französischen Staat: insgesamt 203 Gemälde, 158 Skulpturen, mehr als 3000 Zeichnungen und Gravüren, 16 Papiers Collés, 88 Keramiken. Der Grundstock für das **Picasso-Museum** war hiermit gelegt. Hinzu kam die persönliche Kunstsammlung, die Picasso dem Louvre vermacht hatte, darunter Bilder von Cézanne, Matisse, Derain und dem Zöllner Rousseau.

Als **Ausstellungsort** erkor man ein leer stehendes, völlig verwahrlostes Hôtel Particulier im Marais, das vom Dach bis zu den Kellergewölben sorgfältig restauriert wurde. Das Hôtel Salé (1656–60) ist das Werk von Jean Boullier, einem eher unbekannten Architekten aus Bourges. Bauherr war Aubert de Fontenay, königlicher Salzsteuereintreiber, an den die Bevölkerung ›gesalzene‹ Abgaben zu zahlen hatte – daher der Name Hôtel Salé.

Wie glücklich sich Picassos Werk in diesem Rahmen entfaltet, spürt man schon beim Betreten des strahlend hellen **Treppenhauses**, dessen grandiose Wirkung Girlanden, Medaillons und kräftige Putti steigern. Die Klarheit der Räumlichkeiten bringt Ruhe in das so verwirrend vielfältige, provozierende Œuvre. Chronologisch präsentiert, zeigt die Sammlung alle Metamorphosen des atemberaubenden Formenschöpfers und -zerstörers. Das Mobiliar entwarf übrigens der Bildhauer Diego Giacometti.

Die ersten Bilder sind Zeugnisse der künstlerischen Reife des erst 14-jährigen Picasso. An dem düsteren *Selbstporträt* der **Blauen Periode**, die mit der Ankunft in Paris zusammenfällt, lassen sich Armut und Einsamkeit des Künstlers in diesem Winter 1901 ablesen. Nach der melancholischen **Rosa Periode** (*Les deux Frères*, 1906) zeigt sich die zunehmende Schematisierung der Formen im Selbstporträt von 1906. Einige Studien dokumentieren die lange Entwicklungsgeschichte (1906/1907) der *Demoiselles d'Avignon* (MOMA, New York), jenes Schlüsselwerks, das als erster tief greifender ästhetischer Umbruch zum **Kubismus** überleitet. Die Diskontinuität der Darstellung des Volumens wird bald zum zentralen Problem, z. B. in *Tête de Femme* (1909). Ein Hauptwerk des analytischen Kubismus ist *L'Homme à la Mandoline* (1911), als menschliche Figur kaum noch zu entziffern. *La Nature Morte à la Chaise Cannée* (1912) dokumentiert als erstes **Papier Collé**, hier mit einem Stück Wachstuch, wie Picasso die jahrhundertealten Traditionen der Malerei in Frage zu stellen beginnt. Auf die Papiers Collés folgen delikate **Konstruktionen** und **Assemblagen**, von denen das Museum ein schönes Ensemble besitzt. Doch der Kubismus ist nur eine Etappe. Die Rückkehr zur **klassischen Figuration** illustrieren das *Portrait d'Olga* (1917), die massiven *Deux Femmes Courant à la Plage* (1922) und *La Flûte de Pan* (1923), das Hauptwerk dieser Zeit. Das Jahr 1925 bringt eine weitere Metamorphose. Unter dem Einfluss des **Surrealismus** bricht ungeahnte Aggressivität aus den Bildern hervor, z. B. in *Le Baiser* (1925) mit den monströsen *Badenden*. Das Werk *La Crucifixion* (1930) nach Grünewald, in dissonanten Farben und flachen, verzerrten Formen ist die Synthese der expressiven Formensprache dieser Jahre. Mit dem Thema der Corrida und der Minotauromachie bildet sie eine mythische Trilogie. Aus dieser Zeit stammt auch die Serie von **Sandreliefs**.

Die **Frauen**, die in Picassos Leben eine Rolle spielten, sind allgegenwärtig. Zwischen 1930 und 1935 ist es die sanfte Marie Thérèse, Modell der kraftvollen Büsten und der sinnlichen Arabesken vieler *Nus Couchés*. Ab 1937 taucht die Fotografin Dora Maar auf, selbstbewusst und ausdrucksstark. Sie ist das Modell der *Femme qui pleure* (1937), das Bild der Verzweiflung und des Leids, das mit *La Suppliante* (1937), dem spanischen Bürgerkrieg und *Guernica* (1937, Prado, Madrid) zusammenfällt.

Die glücklichere Nachkriegszeit illustrieren eine Sammlung von Keramiken, Skulpturen und humorvolle Assemblagen von großartiger plastischer Erfindungsgabe (*La Chèvre*, 1950, *Petite Fille Sautant à la Corde*, 1950). Mit den *Femmes d'Alger* nach Delacroix (1955) und den Versionen des *Déjeuner sur l'Herbe* nach Manet (1960/61) kommentiert Picasso erneut die Malerei der Vergangenheit. Die Werke des 90-jährigen sind so dynamisch wie die seiner Jugend: *Le Baiser* (1969), nicht minder vehement als das 1925 gemalte Werk, und das tragische Selbstbildnis *Vieil Homme Assis* (1970/71).

30 Musée Cognacq-Jay

Eine vielseitige Sammlung von Möbeln, Gemälden und zierlichen Kunstgegenständen: ein Genuss für Liebhaber des 18. Jh.

Hôtel Donon, 8, rue Elzévir, 3E ARR.
Tel. 01 40 27 07 21
www.cognacq-jay.paris.fr
Di–So 10–18 Uhr
Métro 1, 8: Saint-Paul oder Chemin Vert

Ernest Cognacq, dem das Museum zu verdanken ist, begann seine Karriere als Straßenhändler auf dem Pont-Neuf und beendete sie als Besitzer des Kaufhausimperiums ›La Samaritaine‹. Geschäftsmann, Philanthrop und Kunstliebhaber in einem, stellte er in der Luxusfiliale der Samaritaine am Boulevard des Capucines seine Privatsammlung aus, die er später der Stadt Paris vermachte. Zusammen mit einigen von ihm ins Leben gerufenen wohltätigen Einrichtungen erhält sie seinen und den Namen seiner Frau **Louise Jay** der Nachwelt.

Die Sammlung ist auf das **18. Jh.** konzentriert, dessen verfeinerte, oft frivole Lebensart diese arbeitsamen, bürgerlich-konservativen Eheleute bezaubern konnte. Seit 1990 sind die Exponate im Marais untergebracht, in einem *Hôtel Particulier* von noblem Erscheinungsbild. Es war nicht leicht, die Ausstellungsstücke mit der Architektur des 16./17. Jh. in Einklang zu bringen. Die prächtigen Wandvertäfelungen der Sammlung wurden den neuen Räumen angepasst, die Höhe der Plafonds des 16. Jh. optisch verringert, um der intimen Atmosphäre der Salons und Cabinets des 18. Jh., die hier rekonstruiert sind, gerecht zu werden.

Glanzstücke der Ausstellung sind die mit Email und Edelsteinen verzierten Döschen, Flacons und Etuis aus Gold oder Silber. Hervorragend ist auch die Sammlung von **Meissener Porzellanfigürchen**. Viele große Namen der **Malerei** des 18. Jh. sind vertreten, Chardin u. a. mit einem kleinen Stillleben, Watteau mit Zeichnungen, hinzu kommen Fragonards *Perrette mit dem Milchtopf*, Nattiers rosige Porträts, Werke von Boucher, Vigée-Lebrun, Hubert Robert, Canaletto und Tiepolo. Außerdem wird ein bemerkenswertes Ensemble **englischer Gemälde** gezeigt von Reynolds, Lawrence, Romney u. a. Die **Möbel** sind von berühmten Kunstschreinern gefertigt. Genannt sei nur der große *Schreibtisch* von André-Charles Boulle (1642–1732), ein Meisterwerk mit Einlegearbeiten aus den verschiedensten Materialien.

Der oberste Stock besitzt einen hohen **Dachstuhl**, den schönsten in Paris noch erhaltenen. In den Räumen werden Theaterstücke aus dem 18. Jh. gegeben und Wechselausstellungen gezeigt.

31 Musée Carnavalet

Das Pariser Stadtmuseum, ein Muss für alle, die die Stadt, ihre Geschichte und ihre Bürger wirklich kennenlernen und begreifen wollen. Unzählige Ausstellungsstücke von der Frühgeschichte bis zum Beginn des 20. Jh. Und eine Gelegenheit, die Höfe des schönen Hôtel Carnavalet zu besuchen.

23, rue de Sévigné, 3E ARR.
Tel. 01 44 59 58 58
www.carnavalet.paris.fr
Di–So 10–18 Uhr
Métro 1, 8: Saint-Paul oder Chemin Vert

Das Hôtel Carnavalet ist, zumindest in seinem Kern, eines der wenigen Pariser Palais aus dem 16. Jh. (1544–50). Pierre Lescot, der Schöpfer der ersten Renaissancefassade des Louvre, gilt als sein Baumeister. Aus dem Atelier von Jean Goujon stammen die Skulpturen am Haupteingang und die Reliefﬁguren der *Vier Jahreszeiten* zwischen den Fenstern des schlichten Corps de Logis. François Mansart veränderte und erweiterte das Palais Mitte des 17. Jh. Von ihm sind die Seitenflügel des Ehrenhofs. Das imposante *Standbild Ludwigs XIV.*, ein Werk von Coysevox, ist das einzige, das die Französische Revolution überstanden hat. 1989 wurde das Hôtel Carnavalet mit dem benachbarten Hôtel Le Peletier de Saint-Fargeau verbunden, in dem nun die Sammlungen zur Pariser Geschichte seit der Französischen Revolution gezeigt werden. Einen Orientierungsplan mit der Abfolge der Ausstellungsräume erhält man am Eingang.

Das **Erdgeschoss** ist der Frühgeschichte von Paris gewidmet, als Auerochsen an den Seineufern lebten, sowie dem römischen *Lutetia*, der Merowingerzeit und dem Mittelalter (Saal 1–4) mit bescheidenen, aber aufschlussreichen Funden. Modelle und Reliefkarten demonstrieren die damalige Stadtausdehnung. Einige interessante Gemälde zeigen dann das

Kein Karnevalsmuseum – Carnavalet ist die Verballhornung des Namens von Madame de Kernevenoy, die dieses eindrucksvolle Hôtel im späten 17. Jh. besaß

Paris des 16. Jh., Prozessionen der ultrakatholischen Liga in den Straßen der Stadt sowie ein Projekt für den Pont-Neuf (Saal 7–10).

Im **1. Stock** sieht man, wie Paris sich unter Ludwig XIII. und Ludwig XIV. städtebaulich zu einer Hauptstadt mit urbanistisch markanten Königsplätzen entwickelte (Saal 12–16).

Mit dem Groteskendekor des Cabinet de l'Hôtel Colbert de Villacerf (Saal 17), dem Grand Cabinet und der Grande Chambre de l'Hôtel de La Rivière von François Le Vau und Le Brun (Saal 19, 20) beginnt die lange Reihe sorgfältig wiederhergestellter Innenausstattungen: ein vollständiges Panorama der Wohnkultur Pariser Herrschaftshäuser. Porträts, Möbel und einige ihrer berühmten Briefe erinnern an Madame de Sévigné, die 20 Jahre im Hôtel Carnavalet wohnte (Saal 21). Das Paris von Ludwig XV. hatte in *Nicolas Jean-Baptiste Raguenet* seinen Vedutenmaler; er hielt mit Liebe zum Detail und einem Hauch von Poesie viele längst verschwundene Ansichten fest (Saal 29). Louis-Quinze- und Louis-Seize-Möbel werden zusammen mit Wandvertäfelungen aus verschiedenen Pariser Palais abgestimmt (Saal 30–68).

Über einen Verbindungsgang gelangt man in den **2. Stock** des **Hôtel Le Peletier de Saint-Fargeau**, wo das Jahrzehnt der Französischen Revolution (1789–99) mittels der Ausstellungsstücke lebendig zu werden scheint: eine packende Darstellung mit Gemälden der Festinszenierungen auf dem Champ-de-Mars, Porträts der politischen Hauptakteure, populären Stichen, verschiedensten, mit revolutionären Emblemen dekorierten Gegenständen, Ziermodellen der Guillotine u. a. (Saal 100–113).

1. Stock und **Erdgeschoss** sind der Zeit des Empire und der Restauration gewidmet, dem Paris der Romantik mit einigen hervorragenden Porträts, darunter *Madame Récamier* von François Gérard (Saal 115), und der *Prunkwiege*, die die Stadt Paris 1856 dem Sohn von Napoleon III. schenkte (Saal 128). Abschließend zwei Glanzlichter der Ausstellung: die Inneneinrichtung des Juweliers Fouquet (Saal 142) – eine preziöse Schatulle, die Alphonse Mucha 1900 entwarf – und der Ballsaal des Hôtel de Wendel (1924), dessen fantastisches Dekor des katalanischen Malers José Maria Sert y Badia gut in die Pariser ›années folles‹ passt (Saal 146).

Im Fokus des Betrachters: Die Kunstwerke in der Maison Européenne de la Photographie

32 Maison Européenne de la Photographie

Das Haus der Fotografie zeigt in einem alten Adelspalais zeitgenössische Kunstwerke.

5/7, rue de Fourcy, 4E ARR.
Tel. 01 44 78 75 00
www.mep-fr.org
Mi–So 11–20 Uhr
Métro 1, 7: Saint-Paul oder Pont Marie

Im Herzen des Marais beherbergt das 1706 errichtete Hôtel Hénault de Cantobre hinter seiner klassizistischen Fassade die Maison Européenne de la Photographie. In den weitläufigen Galerien hängen zeitgenössische Werke bekannter Fotografen und junger, vielversprechender Talente. Die Sammlung des Hauses umfasst etwa 20 000 Abzüge und Drucke – u. a. von Helmut Newton, Annie Leibovitz, Henri Cartier-Bresson oder François Rousseau. Sehenswerte monografische und thematische Wechselausstellungen präsentieren jeweils eine Auswahl. Der Besucher erhält Einblicke in die unterschiedlichen Techniken und Genres der Fotokunst, von der Dokumentation und Reportage bis zur Mode- und Lifestylefotografie.

Wer nach der Ausstellung seine gewonnenen Eindrücke vertiefen möchte: In der Bibliothek laden zahlreiche interessante Bildbände, Künstlerbiografien sowie Ausstellungskataloge zum Verweilen ein.

33 Place des Vosges

TOP TIPP

Einer der angenehmsten Plätze von Paris, ringsum von Häusern mit schönen, ziegelroten Fassaden eingefasst. Im 17. Jh. war er das Zentrum des mondänen Lebens der Stadt.

3E und 4E ARR.
Métro 1, 5, 8: Bastille

Dieser herrliche Platz im Herzen des Marais ist das Werk von Heinrich IV. Nach-

dem er 1594 zum Katholizismus übergetreten war und so die Stadt für sich gewonnen hatte, zeigte er, dass er Paris zu seiner Kapitale machen wollte. Er erwies sich als der erste königliche Urbanist der Stadt. Die Arbeiten am Louvre wurden wieder aufgenommen, der Pont-Neuf und die Place Dauphine geplant.

Mit der Place des Vosges – damals *Place Royale* genannt – schuf er das Vorbild für alle späteren **Königsplätze**: Gleichförmige, symmetrisch angeordnete Fassaden bilden eine imposante Kulisse für das Reiterstandbild des Königs. Zugunsten der architektonischen Einheit hatten sich die Bauherren strengen Verordnungen zu unterwerfen. Von den 38 Pavillons, die den quadratischen Platz umgeben, heben sich der **Pavillon du Roi** (im Süden) und der **Pavillon de la Reine** (im Norden) ab. Der Rhythmus der Dächer, die verschieden geformten Lukarnen und der Wechsel von hellem Haustein und rotem Ziegel lassen keine Monotonie entstehen. Die hohen Fenster der Belétage mit ihren niedrigen schmiedeeisernen Gittern wurden stilbildend für Paris.

1612, zwei Jahre nach dem Tod Heinrichs IV., weihte man den Platz anlässlich der Hochzeit von Ludwig XIII. mit Anna von Österreich mit großem Pomp ein. Das **Reiterstandbild** wurde 1639 aufgestellt, von den Revolutionären zerstört und 1825 durch einen neuen Ludwig XIII. ersetzt – »zu Pferd auf einer Art Maultier«, wie Stendhal spöttisch kommentierte.

Gemälde und Gravüren, die im Musée Carnavalet [Nr. 31] zu sehen sind, erinnern an die höfischen Feste, Turniere und Staatsempfänge, die im 17. Jh. hier stattfanden. Die schöne *Marion Delorme* hielt ihren literarischen Salon in dem **Palais Nr. 11**. Bossuet, der große Kanzelredner, lebte 1682–94 in **Nr. 17** und im Haus **Nr. 1 bis** wurde 1626 *Madame de Sévigné* geboren, deren geistreiche Briefe ein Bild der eleganten Gesellschaft ihrer Zeit geben.

Unter Ludwig XIV. verlor der Platz an Bedeutung. Im Jahr 1800 erhielt er seinen heutigen Namen, der recht prosaisch daran erinnert, dass das Département der Vogesen nach der Revolution als erstes pflichtbewusst seine Steuern bezahlt hat. Mittlerweile lädt der Platz mit seinen zahlreichen Galerien, Geschäften, Restaurants sowie Cafés zum Flanieren ein.

Im Haus **Nr. 6**, dem heutigen **Maison de Victor Hugo** (Tel. 01 42 72 10 16, www.musee-hugo.paris.fr, Di–So 10–18 Uhr), lebte der Schriftsteller 1832–48, zwischen zwei Revolutionen. Neben dem von Hugo selbst entworfenen chinesischen Sa-

Die harmonisch symmetrisch angelegte Place des Vosges hat sich ihre architektonische Einheit erhalten

lon und dem ›gotischen Zimmer‹ – beide ganz nach dem Geschmack der Zeit – verdienen seine *Zeichnungen* Beachtung: architektonische Skizzen, Küstenlandschaften, die sehr viel Temperament verraten, und grimmige Karikaturen.

34 Saint-Paul-Saint-Louis

Die erste große nach italienischem Vorbild gebaute Kirche von Paris war Ausdruck der wiedergewonnenen Machtstellung der Jesuiten.

99, rue Saint-Antoine, 4E ARR.
Métro 1: Saint-Paul

Es war kein geringerer denn Ludwig XIII., der dem Jesuitenorden das Bauland zur Verfügung stellt und 1627 persönlich den Grundstein legte; Kardinal Richelieu feierte 1641 die erste Messe. Drei Mitglieder des Ordens gelten als die Architekten: Pater Martellange, als einer der Initiatoren des so genannten französischen Jesuitenbarocks bekannt, wurde 1629 abgelöst von Pater Derand, der Kuppel und Fassade errichtete. Pater Turmel vollendete dann die Innendekoration.

Der **Kirchenbau** demonstriert mit Glanz, welchen Einfluss sich der gegenreformatorische Orden im Frankreich Ludwigs XIII. erkämpft hatte, nachdem er wegen seiner Stellungnahme für die Liga gegen Heinrich IV. lange Zeit verboten gewesen war. Bis 1762, dem Jahr, mit dem erneut eine Periode der Unterdrückung der Jesuiten in Frankreich begann, erlebte Saint-Paul-Saint-Louis eine wahre Blütezeit. Bossuet war einer der großen Prediger, deren Wort hier von der Aristokratie des Marais andächtig gehört wurde; Jean-Philippe Rameau und Marc-Antoine Charpentier wirkten als Musikdirektoren.

Saint-Paul-Saint-Louis übernimmt das Schema der **Fassade** von Saint-Gervais, die zwanzig Jahre zuvor einem noch gotischen Gebäude vorgeblendet worden war und als der Beginn der Klassik im französischen Kirchenbau gilt (Place Saint-Gervais, hinter dem Rathaus). Saint-Paul-Saint-Louis nimmt sich dagegen barock bewegt aus. Der Mittelteil der Fassade tritt leicht nach vorne. Korinthische Säulen auf allen drei Etagen, ein Segmentgiebel über dem Portal und eine Attika als Abschluss des zweiten Geschosses geben der Fassade Leichtigkeit und Eleganz.

Demonstrativ zeigt der Dekor das Wappen von Frankreich und Navarra und die Statuen der wichtigsten Ordensheiligen: Franz-Xaver und Ignatius, die 1534 die Compagnie de Jésus am Montmartre gegründet hatten.

Zwei Viertel im Wandel: Bastille und Marais – dessen östliches Ende die Place de la Bastille markiert – sind auch durch neue Läden wieder attraktiv geworden

1789 erhob sich das Volk von Paris und stürmte die Bastille. Heute überblickt die Freiheit, personifiziert durch einen leichtfüßigen Genius, von der Spitze der 1833 errichteten Julisäule aus die Place de la Bastille

Das **Innere** ist wie bei so vielen Kirchen des Ordens von der Mutterkirche Il Gesù in Rom inspiriert: ein beeindruckender *Einheitsraum*, in dem Messhandlung und Predigt wirkungsvoll inszeniert werden konnten. Die hohe, geradezu theatralische **Kuppel** ist die erste bedeutende in Paris; bald folgten ihr eine ganze Reihe anderer (Kapelle der Sorbonne, Val-de-Grâce, Saint-Louis-des-Invalides). Das **Dekor** muss früher unerhört reich gewesen sein. Einige der Hauptwerke befinden sich heute im Louvre, wie zum Beispiel die *Darbringung im Tempel* von Simon Vouet, aus dessen Atelier noch weitere Gemälde der Kirche stammen. Über dem Eingang zur linken Chorkapelle: *Christus am Ölberg* (1826) von Eugène Delacroix; in der Kapelle eine *Schmerzensmutter* (1586) mit schönem Faltenwurf von Germain Pilon.

35 Place de la Bastille

Hier stand das verhasste Staatsgefängnis, das vom Pariser Volk am 14. Juli 1789 erstürmt wurde.

4E, 11E und 12E ARR.,
Métro 1, 5, 8: Bastille

Eigentlich war es kein glorreiches Ereignis: Nur sieben Häftlinge saßen noch in den Mauern der Festung aus dem 14. Jh., bewacht von einem Kommandanten und 80 Invaliden sowie von 32 Soldaten der Schweizergarde. Aber die symbolische Bedeutung des Ereignisses war außerordentlich. Die **Bastille** stellte für das Volk den Inbegriff jahrhundertelanger Willkürherrschaft dar.

Unter Ludwig XIII. war die Festung zum **Staatsgefängnis** geworden. Ein königlicher Haftbefehl genügte zur Inhaftie-

Die hoch aufragende, glitzernde Glas-Aluminium-Fassade der Opéra-Bastille dominiert architektonisch die Place de la Bastille

rung ohne jegliches Gerichtsverfahren. Berühmten Männern wie Nicolas Fouquet, Voltaire oder dem Marquis de Sade und Hunderten von Unbekannten war es so ergangen. Zur Zeit von Ludwig XVI. wurde die Bastille kaum noch genutzt, doch blieb sie ein Symbol.

Der Tag ihrer **Erstürmung** wurde zum Nationalfeiertag. Die spontane Bewegung des Pariser Volkes war für das Schicksal des Landes ausschlaggebend. In den Tagen zuvor war die Lage in der Hauptstadt sehr angespannt gewesen. Der König hatte Truppen am Stadtrand aufmarschieren lassen. Als am 12. Juli 1789 die Entlassung des populären Ministers Necker bekannt wurde, gingen die Pariser zur Revolte über. Am Morgen des 14. Juli bemächtigte sich die Volksmenge der Waffen, die sich im Hôtel des Invalides und im Arsenal befanden, und strömte dann zur Bastille, wo sie von den Kanonen der Schweizergarde empfangen wurde. Es gab an die 80 Tote. Als die Aufständischen, zu denen sich reguläre Truppen gesellt hatten, am Nachmittag erneut vor die Festung zogen und Kanonen aufstellten, ergab sich der Kommandant der Bastille. Man begann sofort mit ihrer Demolierung. Ein Jahr später wurde auf dem Platz getanzt. Aus den Steinen wurden Modelle der Festung gehauen, die man den revolutionären Gemeinden in der Provinz schenkte.

Napoleon wollte auf dem Platz eine Fontäne in Form eines riesigen Elefanten errichten. 1833 wurde aber die **Colonne de Juillet** (Julisäule) mit dem vergoldeten Genius der Freiheit aufgestellt, der graziös auf einem Bein balancierend an die Opfer der Revolution vom Juli 1830 erinnert. – Südlich des Platzes liegt das **Bassin de l'Arsenal**, ein Jachthafen mitten in Paris.

36 Opéra National de Paris – Bastille

TOP TIPP *Die Bastille-Oper setzt mit spektakulärer Architektur an symbolhafter Stelle einen Akzent.*

120, rue de Lyon, 11E und 12E ARR.
Tel. 01 71 25 24 23
www.operadeparis.fr
tgl. 10–17 Uhr
Daten und Uhrzeiten für Führungen (75 min.) unter der Tel. 01 40 01 19 70
Métro 1, 5, 8: Bastille

Pünktlich zum 200. Jahrestag des Sturms auf die Bastille, am 14. Juli 1989 wurde François Mitterrands **Volksoper** eingeweiht. Das behäbige Gebäude bestimmt nun die Physiognomie des seit der Demolierung der Bastille jahrhundertelang ausdruckslosen Platzes. Seine **Architektur**, wie das Konzept der Volksoper an sich, hat viel Anlass zur Polemik gegeben. Betont schmucklos, in einfachen Volumen konzipiert, kann der Entwurf des kanadischen Architekten *Carlos Ott* für sich geltend machen, dass er sich trotz seiner Größe relativ gut in die bestehende Struktur des Platzes einfügt. Am überzeugendsten wirkt die Oper abends, sie ist dann ein festlich strahlender Glaspalast. Transparenz und fließende Übergänge zwischen Innen und Außen sind ein architektonisches Leitmotiv. Viele Eingänge, einer direkt von der Metrostation aus, betonen die *Idee der Offenheit*, während die große Freitreppe, von einem monumentalen Granitrahmen überragt, dem traditionellen Opernhausschema folgt.

Blaugrauer Granit auch im **Inneren**; Birnenholz und Glas wurden für die noble Ausstattung verwendet. Der reizvolle Blick auf den Platz macht den Charme der Wandelgänge aus. Kern des Gebäudes ist der **Große Saal** mit 2700 Plätzen, frei schwebenden Rängen, erstklassiger Sicht und einer ausgefeilten Akustik. Auf fünf Seitenbühnen können alle Akte einer Aufführung gleichzeitig aufgebaut und vollautomatisch auf die Bühne gefahren werden. Der **Orchestergraben** verfügt über bewegliche Elemente. Außerdem besitzt die Oper einen weiteren, variablen Saal, der je nach Bedarf zwischen 600 und 1300 Zuschauern Platz bietet, ein Amphitheater (600 Plätze), ein kleines Studio, eine Bibliothek u. a. m.

Im Lauf seiner Geschichte hat das Haus schon einige Turbulenzen erlebt, die in der Kündigung Daniel Barenboims und Myung-Whun Chungs ihren Höhepunkt fanden und bezeichnend sind für die enge Verbindung, die in Frankreich Politik und Kultur eingehen – daran hat sich seit der Zeit des Sonnenkönigs nicht viel geändert.

Das Innere der Bastille-Oper fasziniert durch seine Helligkeit und Transparenz. Der weibliche Genius (›Le Monde‹) ist eine Arbeit von Niki de Saint Phalle

Pariser Westen – Paläste, Prunk und Prestige

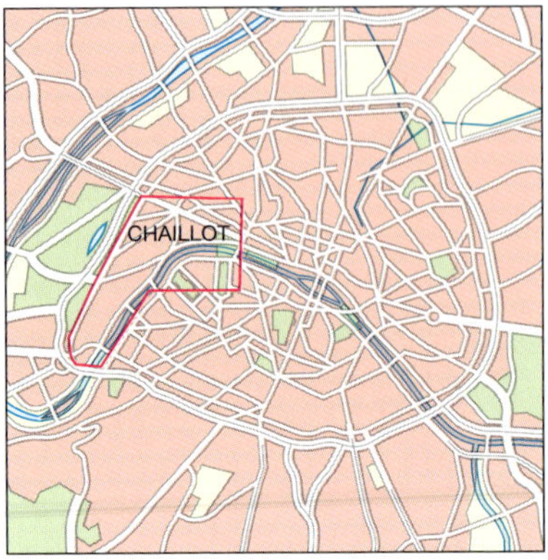

Vom Louvre zum Arc de Triomphe: Vom reichsten Museum zum größten Triumphbogen der Welt über die universell berühmte Avenue des Champs-Elysées entfaltet die Königsachse ihre großartigen Perspektiven. Sie weitet sich zur riesigen **Place de la Concorde**, dem ehemaligen Königsplatz, aus. Sie steigt an mit den **Champs-Élysées**, der Renommiermeile der Nation und erinnert an die imperialen Träume Napoleons am **Arc de Triomphe**, der inmitten seines Sternplatzes den grandiosen Höhepunkt dieser architektonischen Inszenierung bildet. Ihr Elan trägt sie sogar noch weiter bis über die Grenzen der Stadt hinaus, in das moderne Hochhausviertel **La Défense**, wo mit einer gigantischen Torarchitektur ein modernes Pendant zu den napoleonischen Triumphbögen gesetzt wurde. Der Besucher wird sich von so viel *Grandeur* aber nicht einschüchtern lassen und, über die Champs-Élysées schlendernd, Weltstadtatmosphäre atmen.

Grand Palais, Palais de Chaillot und viele Museen: Von den Weltausstellungen, die zwischen 1855 und 1937 in Paris stattfanden, sind leider nur wenige Monumente übrig geblieben. Dazu gehören **Grand Palais** und **Petit Palais**, das **Palais de Tokyo** und das **Palais de Chaillot**. Mit Ausnahme des Eiffelturms sind es bezeichnenderweise nicht die Hochleistungen der Ingenieurbaukunst, sondern grandiose Paläste, die man für würdig erachtete, der Nachwelt erhalten zu bleiben. Sie dienen auch heute noch als Ausstellungsräume. An der Avenue du Président Wilson folgt dann ein Museum auf das andere: moderne und asiatische Kunst sowie Schiffsmodelle werden hier präsentiert. An der Avenue Montaigne schließlich sind alle Großen der Haute Couture angesiedelt.

Recht stürmisch: eine der Bronzequadrigen auf den Seitenpavillons des Grand Palais

Eiffelturm und Invalidendom: Weite Esplanaden und schöne Avenuen breiten sich zu Füßen des Eiffelturms und um den Invalidendom herum aus und betonen das Monumentale dieser einzigartigen Stadtlandschaft. **Invalidendom**, **Champ-de-Mars**, **École Militaire**, einst Sinnbilder militärischer Stärke, und der **Eiffelturm** als Symbol des Fortschrittsglaubens sind eindrucksvolle Relikte längst vergangener Epochen.

Eine wunderbare Anlage des 17. Jh. wurde wieder belebt: André Le Nôtres Tuileriengarten zwischen dem Louvre und der Place de la Concorde

37 Jardin des Tuileries

André Le Nôtres harmonische Anlage – ein Musterbeispiel französischer Gartenarchitektur – präsentiert sich in neuer Schönheit.

1ER ARR., Métro 1, 8, 12: Tuileries oder Concorde

Das Brausen des Straßenverkehrs der Rue de Rivoli und des Seinequais bleibt zwar immer gegenwärtig, trotzdem ist der **Tuileriengarten** eine erholsame Insel inmitten der Großstadt, bei Touristen und Parisern gleichermaßen beliebt. Seine großzügig angelegten Alleen und die mit Bedacht angeordneten Statuen und Wasserbecken vermitteln noch etwas vom Glanz des *Grand Siècle*, aus dem er stammt.

Ein erster Garten im Stil der italienischen Renaissance wurde 1564 für das Tuilerienschloss angelegt, das Katharina von Medici sich im Westen des Louvre hatte errichten lassen. Hundert Jahre später beauftragte Ludwig XIV. **André Le Nôtre**, den Garten neu anzulegen. Le Nôtre, der von seinem Vater und Großvater den Titel des Hofgartenarchitekten der Tuilerien geerbt hatte, schuf ein Musterbeispiel französischer Gartenarchitektur. In der Zentralachse der symmetrischen Anordnung entstanden später der Arc de Triomphe und die Champs-Élysées.

Nach der Umwandlung des Louvre zum größten Museum der Welt war es auch an den lange vernachlässigten Tuilerien, sich einer Schönheitskur zu unterziehen. Die 1991 begonnene Neugestaltung durch die jungen Architekten Wirtz, Cribier und Benech behielt die großen Linien der Anlage Le Nôtres, die Terrassen, das Parterre und die Bosketts bei. Der Park bildet heute von der Glaspyramide des Louvre bis zum Obelisken der Place de la Concorde eine urbanistisch einzigartige Einheit (28 ha). Der zierliche **Arc du Carrousel**, ein Triumphbogen aus der Zeit Napoleons (1805), ist auf der Louvreseite der Eingang zum Garten. Le Nôtres hufeisenförmige Komposition am oktogonalen Becken schließt die Anlage im Westen ab. Auf den beiden Terrassen wurden im zweiten Kaiserreich die Pavillons der **Galerie du Jeu de Paume** (Norden, Tel. 01 47 03 12 50, www.jeudepaume.org, Di 12–21, Mi–Fr 12–19, Sa/So 10–19 Uhr) und des **Musée de l'Orangerie** (Süden, s. Nr. 38) errichtet. Im Jeu de Paume werden Wechselausstellungen zeitgenössischer Fotografie und Videokunst gezeigt.

Über die Jahrhunderte ist der Tuileriengarten zu einem wahren Freilichtmuseum der Bildhauerkunst geworden. Genannt seien nur die **Reiterstatuen** von Antoine Coysevox (1640–1720), die den Zugang von der Place de la Concorde schmücken, die *Vier Jahreszeiten* von Guillaume Coustou (1658–1733) am achteckigen Becken, die Tierdarstellungen von Auguste Caïn (1821–1894), Werke von Auguste Rodin (1840–1917) und die sinnlichen, vitalen Aktfiguren von Aristide Maillol (1861–1944).

38 Musée de l'Orangerie

Der Beginn der Moderne in der Malerei: Vom Impressionismus bis zu den 1930er-Jahren.

Südliche Terrasse des Tuileriengartens, 1ER ARR.
Tel. 01 44 77 80 07
www.musee-orangerie.fr
Mi–Mo 9–18 Uhr
(Gruppen nach Voranmeldung)
Métro 1, 8, 12: Concorde

Das mit Blick auf Seine und Tuilerien herrlich gelegene **Museum** erfreut sich großer Beliebtheit. Die **Collection Jean Walter et Paul Guillaume** umfasst 144 einzigartige Gemälde. *Paul Guillaume* gehörte zu den Kunsthändlern und Sammlern, die geschmackssicher und mutig noch unbekannten Künstlern eine Chance gaben. Er setzte sich früh für Utrillo ein und war einer der wenigen, die Modigliani unterstützten. Nach dem Tod Guillaumes führten seine Witwe und ihr zweiter Mann, *Jean Walter*, die Sammlung fort, die 1977 in den Besitz des Louvre überging.

Chaïm Soutine (1893–1943), einer der Schützlinge Guillaumes, ist mit zahlreichen Werken vertreten. Qualvoll verzerrte Gesichtszüge und expressive Stillleben mit blutigem Wildbret zeugen von seinem aufgewühlten Temperament. Im Kontrast dazu stehen die Gemälde von **Paul Cézanne** (1839–1906), der nach Gleichgewicht und Harmonie strebte. Einige seiner Hauptwerke sind hier zu sehen: *Pommes et Biscuits* (1880), eines der Stillleben, mit denen Cézanne sich über die traditionelle perspektivische Darstellung hinwegsetzte, und die lyrische Landschaft *Dans le Parc de Château Noir* (1900). Auch von **Auguste Renoir** (1841–1919) sind einige Meisterwerke vertreten: *Jeunes Filles au Piano* (1890), *Claude Renoir en Clown* (1909) und mehrere *Badende*. Zur blauen Periode von **Pablo Picasso** (1881–1973) gehört das Pastell *L'Etreinte* (1903). Seine klassisch genannte Periode illustrieren die monumentalen *Badenden* von 1921 bis 1923. Stillleben von **André Derain** (1880–1954), Porträts von **Modigliani** (1884–1920) und Bilder der Odalisken von **Henri Matisse** (1869–1954) vervollständigen den Überblick über die französische Malerei zwischen den beiden Weltkriegen. Voller Poesie und Tristesse sind die Stadtansichten von **Maurice Utrillo** (1883–1955), deren kalkiges Weiß tausend Nuancen kennt. Von **Henri Rousseau** (1844–1910) sind u. a. zwei große Gemälde zu bestaunen, *La Noce* (1905) und *Carriole du Père Junier* (1908), deren erstarrte, frontal dargestellte Personengruppen mit sicherer Kenntnis, gar nicht ›naiv‹, komponiert sind.

Andächtig zumute wird einem beim Betreten der beiden ovalen Säle im **Erdgeschoss**, die den *Nymphéas* genannten Seerosenbildern vorbehalten sind. Die riesigen Gemälde, die die unendlichen atmosphärischen Variationen im optischen Zusammenspiel von Wasser, Himmel und Vegetation thematisieren, stellen den Höhepunkt in **Claude Monets** Werk dar. Von 1918 bis zu seinem Tod 1926 wurden die von ihm selbst im Garten seines Hauses in Giverny (Normandie) gepflanzten Seerosen zu seiner letzten künstlerischen Passion. Die durchaus

Claude Monets Seerosenbilder in der Orangerie. Die Präsentation der Gemälde erfolgte nach den Anweisungen des Künstlers

Eine der zahlreichen interessanten Perspektiven der Place de la Concorde: der Blick nach Norden zur tempelartigen Madeleine am Ende der Rue Royale

ernsten und von abstrahierender Farbgewalt durchwebten Bilder gehen in ihrer elementaren Aussagekraft bereits weit über den sonnig anmutenden Impressionismus hinaus.

39 Place de la Concorde

Der größte und monumentalste Platz von Paris eröffnet eindrucksvolle Perspektiven in alle vier Himmelsrichtungen.

8E ARR., Métro 1, 8, 12: Concorde

Die großartige, fast einschüchternde Wirkung der Concorde lässt sich am besten spät abends oder am frühen Morgen erfassen, wenn der Platz vom täglichen Verkehrschaos befreit ist. Der Architekt *Jacques-Ange Gabriel* rahmte ihn nur im Norden mit Gebäuden und bezog in seine städtebauliche Gesamtkomposition die Umgebung mit ein – Seine, Tuileriengarten und die spätere Champs-Élysées. Für die Mitte des 18. Jh. war sein Konzept absolut neu. Doch wie die anderen beiden, mit viel mehr Willkür in das Stadtbild gesetzten Plätze, die Place Vendôme und die Place des Victoires, folgte auch die Concorde ursprünglich dem Schema des **Königsplatzes**. Die symmetrische Anlage mit einem Reiterstandbild im Zentrum entstand zu Ehren von Ludwig XV.

1792 entfernte man die königliche Statue und die Place Louis XV. wurde zur **Place de la Révolution**. Am 21. Januar 1793 stieg hier Ludwig XVI. die Stufen zum Schafott hinauf, umringt von 20 000 Soldaten. In den nächsten zwei Jahren folgten ihm über 1300 weitere Opfer, unter ihnen Marie-Antoinette, Danton sowie Philippe Egalité und die revolutionäre Madame Roland, die, bevor sie starb, das berühmte Wort prägte: »Freiheit, welche Verbrechen werden in deinem Namen begangen«. Das Direktorium bereitete dem Grauen endlich ein Ende und gab, um die nationale Eintracht bestrebt, dem Platz seinen heutigen Namen.

Auf Wunsch des Bürgerkönigs Louis-Philippe wurde er 1836–38 in unpolitischer Weise verändert. Die Gräben, die ihn ursprünglich abgrenzten und ihm ein markantes Relief verliehen, wurden zugeschüttet. Auf die – lange bewohnten – Wachhäuschen setzte man eigenartige steife **Statuen**, Personifikationen von französischen Städten. Der **Obelisk** aus Luxor, seit jener Zeit im Zentrum des

Platzes aufragend, ist ein Geschenk des ägyptischen Statthalters. Der 3000 Jahre alte Monolith aus rosa Granit stand einst vor dem Tempel Ramses II. in Theben. Wie schwierig es war, das 230 t schwere, fast 23 m hohe Monument wohlbehalten nach Paris zu bringen und aufzustellen, ist in der Sockelinschrift nachzulesen. Zu beiden Seiten des Obelisken entfalten die großen **Bronzebrunnen** ihre vom italienischen Barock inspirierte Pracht. Sie wurden von Jakob Ignaz Hittorff (1792–1867) entworfen, einem Architekten aus Köln, der unter Napoleon III. in Paris einige wichtige Bauaufgaben übernahm.

Gabriels Fassaden an der Nordseite des Platzes, schöne Beispiele des Louis-Quinze-Stils, haben die Kolonnaden des Louvre zum Vorbild. Im linken Palais befindet sich das **Hotel Crillon**, eine der elegantesten Adressen der Stadt, im rechten das **Marineministerium**. Nach Norden legte Gabriel die **Rue Royale** an. Gesäumt von einheitlichen Fassaden, gibt sie den Blick frei auf die 1764 begonnene, tempelartige Madeleine, der am anderen Seineufer die Kolonnaden des Palais Bourbon gegenüberstehen.

Den Auftakt zu den Champs-Élysées bilden die prachtvollen *Pferde von Marly*, zwei spätbarocke Plastiken, die Guillaume Coustou 1745 für das Lustschloss von Ludwig XIV. in Marly geschaffen hat. Sie sind das fast klassisch wirkende Pendant zu Coysevox' stürmischen, hochbarocken Reiterdarstellungen am Eingang zum Tuileriengarten (alle vier Skulpturengruppen sind durch Abgüsse ersetzt worden, die Originale befinden sich im Louvre).

40 Champs-Élysées

Oft als die schönste Avenue der Welt apostrophiert. Sie setzt die majestätische Perspektive vom Louvre zum Arc de Triomphe fort, ist Schauplatz von Staatsparaden, Geschäfts- und Vergnügungszentrum.

8E ARR., Métro 1, 8, 12: Concorde

In den Kastanienalleen des unteren Teils ist noch ein Hauch der großen Zeit der Champs-Élysées zu verspüren, als sie zur Promenade à la mode für die reichen Bürger des Zweiten Kaiserreichs geworden war, die sich im oberen Teil der Avenue vornehme Häuser hatten errichten lassen. Die Bebauung der **Renommierstraße** begann in der Tat erst um 1830,

Bummeln auf den ›Champs‹, wie die Pariser ihre berühmte Avenue nennen

Ende des 18. Jh. sollen auf den ›Elysischen Feldern‹ gar noch Kühe gegrast haben. Ihre erste Anlage geht jedoch schon auf Le Nôtre, den Gartenarchitekten Ludwigs XIV. zurück, der die Achse des Tuileriengartens durch eine baumbepflanzte Promenade verlängern ließ. Die beeindruckende Breite der heutigen Champs-Élysées (71 m) wird in Paris nur von der Avenue Foch (120 m) übertroffen.

Zwischen der Place de la Concorde und Rond-Point befinden sich Grünanlagen im englischen Stil. Einige in der Gartenanlage verteilte Pavillons aus dem 19. Jh. sorgen auch heute noch für Vergnüglichkeiten. An die Stelle eines früheren Kabaretts ist der **Espace Pierre-Cardin** (1, avenue Gabriel, Tel. 01 44 56 02 02) getreten, in dem Theatervorstellungen, Kunstausstellungen und Vorführungen des rührigen Modeschöpfers stattfinden. Am **Théâtre Marigny** [s. S. 171] von 1883 zeigte Charles Garnier sich weit weniger pathetisch als an seinem Opernbau. Schon 1855 hatte der Komponist Jacques Offenbach (1819–1880), der als Begründer der modernen Operette gilt, hier ein Theater. Hinter den Bäumen des großen Parks an der Avenue de Marigny verbirgt sich diskret der **Élysée-Palast**, seit 1873 Sitz des französischen Staatschefs.

Die Avenue Winston-Churchill wird flankiert vom pompösen Grand Palais [s. Nr. 42] und seinem Pendant, dem Petit Palais [s. Nr. 43]. Das **Théâtre du Rond-Point** (2bis Avenue Franklin D. Roosevelt,

Tel. 0144959821, www.theatredurond point.fr) – das frühere Palais des Glaces, in dem man Schlittschuh laufen konnte – hat lange Zeit die Truppe des Schauspielerehepaars Renaud-Barrault beherbergt.

Am Rond-Point Marcel Dassault stehen noch einige sog. *Hôtels Particuliers,* ehemalige Stadthäuser von Adeligen aus dem Zweiten Kaiserreich, z. B. das **Hôtel Lehon** (Ecke Avenue Montaigne) mit einem prächtigem schmiedeeisernen Tor. Gegenüber beginnt die **Avenue Matignon**, hier stellen einige angesehene **Galerien** zeitgenössische Kunst aus. Vom Rond-Point zum Arc de Triomphe reihen sich Kinos, Büros der größten Luftfahrtgesellschaften und Banken, Ausstellungsräume von Autofirmen, Cafés mit gestyltem Ambiente und die unvermeidlichen Fastfood-Restaurants aneinander. Shoppingfreunde finden hier alles, was das Herz begehrt, von Luxus bis hin zu Massenware. Touristen, Schaulustige, Jugendliche aus der Banlieue, Nachtschwärmer und Geschäftsleute bilden ein buntes Publikum. Einen festlichen Anstrich bekommen die Champs-Élysées in der Weihnachtszeit, wenn die endlosen Baumreihen mit Lichterkronen geschmückt sind. Das **Palais de la Païva** (Nr. 25) ist eines der wenigen Stadtpaläste, das sich noch im alten Gewand präsentiert. Das prachtvolle, im Stil der Neorenaissance errichtete Gebäude (um 1860) gehörte der berühmten Païva y Araujo, einer schillernden Gestalt des Second Empire. Polnischen Ursprungs, war sie erst portugiesische Marquise, dann preußische Gräfin und nebenbei geschickte Spionin. Théophile Gautier, Charles-Augustin Sainte-Beuve und die Brüder Goncourt kamen zu ihren Empfängen.

Zu den berühmten Adressen gehören die Parfümerie ›**Guerlain**‹ mit ihrem vornehmen marmornen Ladendekor (Nr. 68), das Restaurant ›**Le Fouquet's**‹ (Nr. 99), Stammlokal vieler bekannter Schauspieler und Journalisten, und natürlich das ›**Lido de Paris**‹ (Nr. 116, s. S. 173), dessen paillettenglitzernde, an Szeneneffekten reiche Shows für Touristen aus aller Welt zum Inbegriff des Pariser Nachtlebens gehören.

Über all dieses Betriebsame hinaus haben die Champs-Élysées einen besonderen Platz im nicht zu geringen Nationalbewusstsein der Franzosen. Hier marschierten die Einheiten auf, bevor sie in den Ersten Weltkrieg eintraten. 1944, nach dem Rückzug der Deutschen, wurde General de Gaulle ein triumphaler Empfang bereitet. Jeden **14. Juli** versammelt sich eine riesige Menschenmenge, die sich um nichts in der Welt die Militärparade mit Präsidentenlimousine, pittoresk uniformierten Kadetten, Fremdenlegionären und dem Kriegsgerät der französischen Force de Frappe entgehen lassen würde.

Der gigantische Triumphbogen am Ende der Avenue des Champs-Éysées ist so dominierend, dass man meint, die Straße existiert nur durch und für ihn

41 Arc de Triomphe

TOP TIPP

Napoleons gigantischer Triumphbogen ist architektonischer Höhepunkt der Champs-Élysées und für die Franzosen ein nationales Symbol. Von seiner Plattform aus bietet sich ein beeindruckendes Panorama.

Place Charles-de-Gaulle, 8E ARR.
Tel. 01 55 37 73 77
www.monum.fr
April–Sept. tgl. 10–23 Uhr, Okt.–März 10–22.30 Uhr (Aufzug)
Métro 1, 2, 6, RER A:
Charles-de-Gaulle – Étoile

Eigentlich wollte Napoleon das Denkmal zu Ehren seiner siegreichen Armee 1806 auf der Place de la Bastille errichten lassen, an der Ausfallstraße in Richtung Ostfrankreich, wo er damals seine militärischen Triumphe feierte. Schließlich wählte er als Standort aber die Place de l'Étoile (heute Place Charles-de-Gaulle), die im 18. Jh. angelegt worden war, als die Champs-Élysées noch eine ländliche Allee am Stadtrand waren.

Unter den vielen Projekten, die z. B. riesenhafte Elefanten, Pyramiden und Freiheitsstatuen vorsahen, entschied sich Napoleon für einen nicht minder riesenhaften, seinen Machtansprüchen angemessenen **Triumphbogen** von Jean Chalgrin. Aber der Bau des Monuments ging langsamer vor sich als gedacht, und für den festlichen Einzug der zukünftigen Kaiserin Marie-Louise im Jahr 1810 musste eine Triumphbogenstaffage konstruiert werden. Militärische Niederlagen und die Abdankung des Kaisers 1814 verzögerten die Fortführung des Baus. Als der Arc de Triomphe 1836 endlich eingeweiht werden konnte, ›musste man aus Furcht vor Unruhen auf Feierlichkeiten verzichten.

Mit einer Höhe von 50 m und einer Breite von 45 m ist Chalgrins Werk der größte Triumphbogen aller Zeiten. Abweichend von den antiken Vorbildern wurde hier auf Säulenschmuck verzichtet und statt der drei nur eine einzige gewaltige Bogenöffnung (29 m hoch) vorgesehen. Die massive, blockhafte Erscheinung wird nur durch den gigantischen Skulpturenschmuck gegliedert.

Von den vier **Figurengruppen** der Pfeiler besitzt diejenige von François Rude (1784–1855) als einzige den gehörigen emphatischen Ausdruck (von den Champs-Élysées aus gesehen rechts). Sie stellt den Auszug der Freiwilligen von 1792 dar und ist bekannter unter dem Namen ›**La Marseillaise**‹. Der linke Pfeiler zeigt den Triumph von 1810, ein Werk Jean-Pierre Cortots (1877–1962). Die Pendants auf der Rückseite sind von Antoine Etex (1808–1888), Widerstand und Frieden verkörpernd. Die Reliefs oberhalb dieser Gruppen erinnern an große Ereignisse des Empire. Der 135 m lange **Fries** zeigt den Aufmarsch der französischen Armee, Hunderte von überlebensgroßen Soldatenfiguren bei ihrem Auszug und der glorreichen Wiederkehr. Der Einfachheit halber wurden die Bildhauer pro bebildertem Meter bezahlt.

Auf der **Innenseite** des Bogens sind unzählige Namen von Generälen des Kaiserreichs eingraviert. Unter der **Grabplatte** ruht der Unbekannte Soldat aus dem Ersten Weltkrieg. Die **Erinnerungsflamme** wird jeden Abend neu entfacht. Unterhalb der Aussichtsplattform ist ein kleines **Museum** eingerichtet, das die Geschichte des Triumphbogens illustriert, Zeichnungen von Chalgrin zeigt, an die Rückkehr der sterblichen Hülle Napoleons (1840), die Trauerfeier für Victor Hugo (1885) und die Befreiung von Paris (1944) erinnert – Ereignisse, für die der Arc de Triomphe die Kulisse abgab.

42 Grand Palais

Der für die Weltausstellung von 1900 errichtete opulente Palast zeigt heute Kunst und Naturwissenschaftliches.

Galeries Nationales du Grand Palais/
La Nef: avenue Winston-Churchill
Tel. 01 44 13 17 17
www.grandpalais.fr
Palais de la Découverte: avenue Franklin-D.-Roosevelt
Tel. 01 56 43 20 20
www.palais-decouverte.fr
Di–Sa 9.30–18, So 10–19 Uhr
8E ARR.
Métro 1, 13: Champs-Élysées – Clemenceau

Die flache **Kuppelkonstruktion** aus Glas und Eisen ist das eigentliche Schöne an dem Gebäude. Die beeindruckende Ingenieurleistung wird aber hinter einer prätentiösen **Schauarchitektur** versteckt, von der Dritten Republik »der Glorie der französischen Kunst« gewidmet, wie man über dem Westeingang lesen kann. An den Hauptfassaden zitiert der Architekt Charles Girault in Anlehnung an den Stil

Üppige Architekturformen der Belle Epoque: Das Grand Palais (mit seinem Gegenüber, dem Petit Palais) und der Pont Alexandre-III

des *Grand Siècle* von Ludwig XIV. die Kolonnaden des Louvre. Stürmische **Bronzequadrigen** von Récipon jagen über die Seitenpavillons dahin. Der **Mosaikfries** an der Avenue Winston-Churchill stellt die Künste und Wissenschaften, das neue Jahrhundert begrüßend, dar; an der Fassade der Avenue Franklin-D.-Roosevelt formieren sich die Künste sogar zum Triumphzug. Im Gebäude befinden sich heute mit der großen Halle (La Nef) und den Galeries Nationales hochkarätige Ausstellungsräume, während der Westteil das Palais de la Découverte beherbergt, ein Naturwissenschaftliches Museum zum Anfassen und Miterleben.

Das **Innere** der Halle kann man während der Messen oder Salons bewundern. Der nördliche Teil des Gebäudes, die **Galeries Nationales du Grand Palais**, ist den großen Pariser Kunstausstellungen vorbehalten. Zu den spektakulärsten Publikumserfolgen zählten die Retrospektiven ›Manet‹ (1983), ›Gauguin‹ (1989) und ›Cézanne‹ (1996).

Das 1937 von Nobelpreisträger der Physik, Jean Perrin, gegründete **Palais de la Découverte** im Westflügel erfreut sich großer Beliebtheit. Die etwas altmodische doch informative Sammlung braucht die Konkurrenz der Cité des Sciences et de l'Industrie [Nr. 106] in La Villette nicht zu fürchten. Die Grundlagen der traditionellen Naturwissenschaften werden hier für jedermann verständlich dokumentiert.

43 Petit Palais

Das zierliche Pendant zum Grand Palais zeigt die Kunstsammlungen der Stadt und Wechselausstellungen.

Avenue Winston-Churchill, 8E ARR.
Tel. 01 53 43 40 00
www.petitpalais.paris.fr
Di–So 10–18 Uhr
Métro 1, 13: Champs-Élysées – Clemenceau

Mehr noch als sein Gegenüber ist das Petit Palais von Charles Girault ein Musterbeispiel für den **Historismus** der Belle Epoque, mit diversen Rokoko- und Barockanleihen. Doch der Grundriss ist originell: Das trapezförmige Gebäude, das während der Weltausstellung von 1900 eine Retrospektive der französischen Kunst zeigte, besitzt zwei **Galerien**, eine äußere und eine innere, die den schönen, halbrunden Hof umgibt. In der Eingangshalle, den Seitenflügeln und im Säulengang des Hofs ist schönster **Pompierstil** zu bewundern, schwülstige akademische Malerei vom Anfang des letzten Jahrhunderts, mit allegorischen Themen, die, in Neo-Rokoko-Stuck gerahmt, das selbstgefällige Bild der Epoche illustrieren.

Die verschiedenartigen Sammlungen des **Petit Palais – Musée des Beaux-Arts de la Ville de Paris** gehen auf mehrere Schenkungen zurück. In der *Galerie Dutuit* sind schöne Majolika, Email und Keramiken aus der Renaissance sowie flämische und niederländische Gemälde (u. a. von Rembrandt und Rubens) ausgestellt. Zur *Sammlung Tuck* gehören Möbel, Wandteppiche und qualitätvolles

Porzellan aus dem 18. Jh. Die *Galerie Zoubaloff* gibt einen kurzen Überblick über die Entwicklung der französischen Malerei des 19. Jh., vom Klassizismus bis zu den Impressionisten, mit Werken von Jean-Auguste-Dominique Ingres, Théodore Géricault, Jean-Baptiste-Camille Corot, Gustave Courbet, Claude Monet und Édouard Manet. Außerdem besitzt das Petit Palais viele Skizzen, Gemälde und Skulpturen des Bildhauers Jean-Baptiste Carpeaux, darunter bezaubernde Frauenbüsten von nervöser Lebendigkeit.

44 Pont Alexandre-III

Prachtbrücke aus der Belle Epoque, für die Weltausstellung von 1900 errichtet.

7E und 8E ARR.
Métro 8, 13 und RER C: Invalides

Zar Nikolaus II. legte 1896 persönlich ihren Grundstein, zu einer Zeit, als Frankreich und Russland enge politische Beziehungen knüpften. Der schwelgerische Dekor lässt fast vergessen, dass die Brücke eine technische Meisterleistung ist. Sie überspannt die Seine in einem einzigen, eleganten Bogen und stellte so für die damals noch sehr rege Flussschifffahrt keinerlei Hindernis mehr dar. Durch ihren besonders aufwendigen **Bauschmuck** zusätzlich verstärkt, fangen die seitlichen Pylonen den beträchtlichen Druck des Brückenbogens auf. Allegorische Frauengestalten verkörpern Frankreichs vier glorreiche Epochen (die Zeit Karls des Großen, die Renaissance, Le Grand Siècle unter Ludwig XIV. und die Moderne). Geflügelte Goldrösser und eine sinnenfrohe Kandelaber- und Puttenpracht leiten von den gleichzeitig errichteten Grand Palais und Petit Palais hinüber zum barocken Invalidendom.

Sinnenfrohe Schwelgerei: der Pont Alexandre-III mit Blick auf den Invalidendom

45 Théâtre des Champs-Élysées

Einer der besten Konzertsäle von Paris. Klassizistisch-monumentale Konstruktion von Auguste Perret, dem Vorreiter des Eisenbetonbaus.

15, avenue Montaigne, 8E ARR.
Tel. 01 49 52 50 50
www.theatrechampselysees.fr
Métro 9: Alma-Marceau

Der in seiner äußeren Erscheinung recht akademische Entwurf von **Auguste Perret** fand bei den Auftraggebern mehr Gefallen als der des belgischen Jugendstilarchitekten Henry van de Velde, den man als zu ›exotisch‹ befand. Van de Velde verachtete den französischen Architekten deshalb sein Leben lang. Perrets Theater, von 1911 bis 1913 an der mondänen Avenue Montaigne errichtet, wirkt wie ein Rückgriff auf klassizistische Formen und nimmt die monumentale Ästhetik der 1930er-Jahre vorweg. Die **Fassade** ist von kolossalen Pfeilern eingefasst, große *Reliefs* von Antoine Bourdelle und ein akzentuiertes Dachgesims schließen sie ab.

Neu ist an diesem Bau die konsequente Verwendung von **Eisenbeton**, den Perret mit Geschick zum ersten Mal bei einem Wohnhaus in der Rue Franklin eingesetzt hatte und der nun neue Möglichkeiten bei der Gestaltung des **Grand Théâtre** genannten Saals (2000 Plätze) bot. Auf tragende Mauern konnte verzichtet werden. Die **Balkone** des runden Zuschauerraums sind von nur acht – vergoldeten – Säulen gestützt. Die freie, offene Anordnung der Plätze sorgt für gute Sicht und ausgezeichnete Akustik. Die **Decke** stützen vier Bögen mit einer Spannweite von 27 m. Alle tragenden Ele-

Am Seine-Quai der Rive Droite – mitten in Paris – legen Hausboote, Schleppkähne und die beliebten Bateaux-Mouches an

mente sind sichtbar und als monumentales Dekor betont. Die **Wandmalereien** stammen von Maurice Denis (Kuppel) und Antoine Bourdelle (Foyers).

Neben diesem Theatersaal birgt das Haus die Komödie **La Comédie**, die von 1922–34 von Louis Jouvet geleitet wurde, und eine Experimentierbühne, **Le Studio** genannt. In den ersten Jahren seines Bestehens erlangte das Theater durch die Gastspiele der *Ballets Russes* große Berühmtheit. Die Uraufführung von Strawinskys ›Sacre du Printemps‹ 1913 wurde in der Choreographie von Vaclav Nijinsky zu einem der größten Skandale der Theatergeschichte.

46 Musée d'Art Moderne de la Ville de Paris

Übersicht über die europäische Kunst des 20. Jh. mit Schwerpunkt auf der klassischen Moderne. In den Sälen des ARC (Animation Recherche Confrontation) werden die neuesten Kunsttendenzen vorgestellt.

11, avenue du Président-Wilson, 16E ARR.
Tel. 01 53 67 40 00
www.paris.fr/musees
Di–So 10–18 Uhr
Métro 9: Iéna oder Alma-Marceau

Dieses Haus ist ein reges und qualitätvolles Zentrum für moderne Kunst, dessen Aktivitäten jedoch selten ähnliches Aufsehen erregen wie die des Centre Pompidou. Gleichwohl genießen die zahlreichen Veranstaltungen des ARC und die damit verbundenen Publikationen sehr hohes Ansehen. Das kurz **MAM** genannte Städtische Museum für Moderne Kunst verdient Beachtung für sein Ausstellungsprogramm, das sich nicht nur für die großen Namen interessiert, sondern auch unbekanntere Meister der Moderne präsentiert.

1961 wurde das Museum im Ostflügel des **Palais de Tokyo** eröffnet, einem antikisierend-monumentalen Relikt der Weltausstellung von 1937. Neu zur Zeit der Erbauung waren die zenitale Beleuchtung der kahlweißen Säle und die relative Mobilität der räumlichen Einteilung. Einen großen Teil seines Reichtums verdankt das Museum den Schenkungen von Künstlern und Kunstsammlern.

An privilegierter Stelle findet man *La Danse* von **Henri Matisse** (1932), in seiner ersten Version schon das Resultat einer langen Folge von Bildentwürfen, und *La Fée Electricité* von **Raoul Dufy**. Die riesige, aus 250 Teilen bestehende Komposition (60 m breit) bildete das Dekor des Pavillons der Elektrizität auf der Weltausstellung von 1937. Vom mythischen Blitz des Zeus bis zur modernen Stromzentrale wird die Geschichte der Elektrizität erzählt – ein recht schulisches Thema, das Dufy mit spielerischer Fantasie meisterte.

Die **Fauves** sorgten mit ihren kühnen Farbkontrasten beim Salon d'Automne 1905 für einen Skandal. *La Pastorale* von Henri Matisse (1905) und *Le trois personnages assis sur l'herbe* (1906) von André Derain gehören zu den bezeichnenden Werken der Bewegung. Der **Kubismus** ist mit einigen Gemälden seiner Initiatoren Pablo Picasso (*Café*, 1911) und Georges Braque (*Tête de Femme*, 1909) vertreten und mit Werken von Künstlern aus ihrem Umkreis. Tsuguharu Foujita, Modigliani und Jules Pascin zählten zur großen Gruppe von Künstlern aus aller Welt, die Anfang des 19. Jh. in Paris arbeitete. Obgleich ihre Werke keiner gemeinsamen Stilrichtung angehörten, zählte man sie zur **École de Paris**.

Fernand Légers modernistische Sicht wird im Gemälde *Les Disques* (1918) evident. Daneben zeigt sich **Dada** respektlos und witzig, mit Werken von Jean Crotti und Francis Picabia. Interessant sind auch die surrealistischen Schimären von Victor Brauner. Einen Sonderplatz in diesem Panorama der Kunst zwischen den beiden Weltkriegen nimmt **Émile Bonnard** ein. Er ist mit drei bewundernswerten Bildern vertreten, darunter sein *Nu dans le Bain*. Ein anderer Künstler abseits der Avantgarde ist **Édouard Vuillard**, dessen große ›Maquettes‹ in freier Technik das Thema des Künstlers im Atelier behandeln. Raoul Dufy ist noch einmal vertreten mit einigen für sein ›fa presto‹ der 1930er-Jahre typischen Bildern. *Rythmes* (1938), die großen farbenfrohen Kompositionen von **Sonia** und **Robert Delaunay** wiederum erkunden die Dynamik kreisender Formen.

›L'Equipe de Cardiff‹, ein Bild, das Robert Delaunays farbenfreudige, dynamische Auffassung des Kubismus zeigt

Die Tendenzen der **Kunst nach 1945** illustrieren Werke von Pierre Soulages und Hartung, die für die lyrische Abstraktion stehen, die Neuen Realisten wie Raimond Hains, Yves Klein und seine *Vénus Bleue* (1962), auch Arte Povera und Support/Surface sind vertreten. Beeindruckend ist die Installation von Christian Boltanski, *Réserve du Musée des Enfants* (1989), ein penibles Inventar aus Objekten und Fotos.

47 Musée Guimet

Eines der weltweit bedeutendsten Museen fernöstlicher Kunst mit Kostbarkeiten aus China, Japan, Korea, Zentralasien, Indien, Vietnam und Indonesien. Angeschlossen ist das Musée du Panthéon Bouddhique, das die Geschichte des Buddhismus in China und Japan dokumentiert.

6, Place d'Iéna, 16E ARR.
Tel. 01 56 52 53 00
www.guimet.fr
Mi–Mo 10–18 Uhr
Panthéon Bouddhique: 19, avenue d'Iéna
Tel. 01 40 73 88 00
Mi–Mo 10–17.45 Uhr
Métro 9: Iéna

Von einer Reise, auf der er die Weltreligionen studierte, brachte der Lyoner Industrielle und Gelehrte Émile Guimet (1836–1918) unzählige Gegenstände und Dokumente mit. Sie bildeten den Grundstock für ein religionsgeschichtliches Museum (ursprünglich in Lyon) und für das **Museum asiatischer Kunst**, das seit seiner Gründung auch ein Ort der Forschung ist. Émile Guimet wollte es so und war damit seiner Zeit weit voraus. 1928 wurde das Musée Guimet zum Nationalmuseum. 1945 nahm es die asiatischen Sammlungen des Louvre auf und wurde, mit reichen Schenkungen bedacht, zu einem der größten asiatischen Museen der Welt (25 000 Objekte).

Nur einige der Glanzpunkte seien genannt: z. B. die Sammlung der *Khmer-*

Skulpturen, die die bedeutendste außerhalb Kambodschas ist. Sie zeigt die Stilentwicklung vom 6. Jh. bis zum Ende der Ankor-Zeit (13. Jh.), welche den Höhepunkt der Khmer-Kunst darstellt (Bayon-Stil). Die Skulpturen dieser Zeit tragen das berühmte meditative »Lächeln von Ankor«.

Die *zentralvietnamesische Kunst* aus dem Tchampa, selten in europäischen Sammlungen zu sehen, ist im Musée Guimet mit einigen bemerkenswerten Sandsteinskulpturen vertreten.

Einzigartig auf der Welt ist die Sammlung *lamaistischer Kunst* aus Tibet und Nepal: Gebetsfahnen, Reliquienschreine, Schmuck, Malereien. In der *indischen Sammlung* sind die buddhistischen Reliefs der Schule von Amaravati (1.–3. Jh.), die Bronzen aus dem Südosten des Landes und die griechisch beeinflussten Skulpturen aus Gandhara (1.–6. Jh.) hervorzuheben.

Der *Schatz von Begram* (Afghanistan) ist ein Zeugnis des regen Austauschs zwischen Orient und Okzident in den ersten beiden Jahrhunderten n. Chr.

Neben vielen anderen bemerkenswerten Kunstgegenständen aus *China* (darunter die erstaunliche Elefantenvase aus dem 10. Jh. v. Chr.) besitzt das Musée Guimet eine *Keramiksammlung* von unschätzbarem Wert, die einen Überblick über die gesamte Entwicklung dieser Kunst in China gibt: Keramiken aus den Epochen Tang (618–907) und Song (960–1279), polychrome Arbeiten, weißes Porzellan, grüne, schwarze, rosa Serien und Produkte der Companie des Indes.

Die *koreanische Kunst* ist mit wenigen, aber erlesenen Exponaten vertreten, darunter eine Bestattungskrone (4.–6. Jh.).

Aus *Japan* werden z. B. groteske Tanzmasken aus verschiedenen Hölzern (8. Jh.) und der berühmte *Paravent der Portugiesen* (16. Jh.) präsentiert, der zeigt, wie die Mannschaft eines portugiesischen Schiffes von den Jesuiten in Japan empfangen wird.

Musée du Panthéon Bouddhique

Mehr noch als das Musée Guimet geht dieses Museum auf Émile Guimets religionsgeschichtliche Forschungen zurück. Die meisten der 250 hier gezeigten *japanischen* Werke hat Guimet 1876 von einer seiner Reisen mitgebracht. Sie sind von außerordentlicher Qualität, ebenso wie die *chinesischen* Ausstellungsstücke, die im 1. Stock zu sehen sind. Dort beginnt die chronologische Präsentation der Exponate, die dokumentieren, wie der indische Buddhismus des Großen Fahrzeugs (Mahajana) über China nach Japan kam. Dort fand er schon um das Jahr 1000 in allen Schichten der Bevölkerung Verbreitung, entwickelte verschiedene Formen und entfaltete ein vielgestaltiges Panthéon. Im Innenhof lädt ein kleiner japanischer Garten zur Meditation ein.

Blumiges im Musée Guimet – Mille-Fleurs-Vase aus der Ch'ing-Zeit, China, Ende 18. Jh

48 Palais de Chaillot

Weltausstellungs-Kolossalarchitektur aus dem Jahr 1937. Von der Terrasse bietet sich eine großartige Stadtperspektive. Das Palais beherbergt drei Museen und ein renommiertes Theater.

17, Place du Trocadéro, 16E ARR.
Métro 6, 9: Trocadéro

Pompöse **Inschriften** von Paul Valéry an den Giebeln machen in goldenen Lettern auf den Verwendungszweck des Gebäudes aufmerksam, tugendhafte weibliche **Figuren** säumen die Pfeilerreihen der Terrasse. Fast möchte man dem alten Trocadéro nachtrauern, einem Fantasiegebilde mit Minaretten von Davioud und Bourdais, das 1878 ebenfalls anlässlich einer Weltausstellung errichtet und nach der 1823 eroberten spanischen Festung benannt worden war. Es musste dieser weit ausgreifenden **Zweiflügelanlage** weichen, deren hohles Pathos sich nicht merklich von der faschistischen Ästhetik unterscheidet, wie sie bei der Weltausstellung 1937 in zwei Bauten präsent war: Zu Füßen des Palais de Chaillot standen sich die Pavillons Hitler-Deutschlands und der Sowjetunion gegenüber.

Solche Reminiszenzen stören heute die Touristen wenig, die der klassischen Eiffelturmansicht wegen in Scharen kommen. Die riesige **Brunnenanlage** unterhalb ist an heißen Sommertagen ein beliebtes Planschbecken. Zauberhaft und unwirklich erscheint der Ausblick nachts, wenn der Eiffelturm in Licht gehüllt ist.

Katharina von Medici besaß im 16. Jh. an dieser Stelle ein Landhaus, das später in den Besitz des *Marschall von Bassompierre* überging. Dieser war berühmt sowohl für seine kriegerische Bravour als auch für seine zahlreichen weiblichen Eroberungen. Nach Bassompierres Tod gründete die Schwester von Ludwig XIII. hier ein Kloster, dessen adelige Fräulein prompt ›die Töchter Bassompierres‹ genannt wurden. Napoleon plante auf dem Hügel die Errichtung einer Residenz für seinen Sohn, den König von Rom. Es sollte »der größte und außergewöhnlichste Palast der Welt« werden.

Théâtre National de Chaillot

(unter der Terrasse, Zugang: linker Pavillon, Tel. 01 53 65 30 00, www.theatre-chaillot.fr)

Dies war nach dem Krieg eine der aufregendsten der staatlich subventionierten Bühnen in Frankreich: Gérard Philipe, Jeanne Moreau, Maria Casarès spielten unter der Regie von **Jean Vilar** (1912–1971) an diesem Haus, das damals den Namen ›Théâtre National Populaire‹ trug, kurz TNP. Vilar versuchte hier, die Idee einer Volksbühne zu verwirklichen. 1981 leitete Antoine Vitez eine Renaissance ein. Heute sorgen José Montalvo und Dominique Hervieu für erfrischend provozierende und dynamische Aufführungen, mit Schwerpunkt auf zeitgenössischem Tanz. Am **Dekor** des Theaters wirkten Maurice Denis, Othon Friesz, Raoul Dufy, Édouard Vuillard und Èmile Bonnard mit.

Hoch über dem Ufer der Seine gelegen, erfreut sich das Palais de Chaillot bei Besuchern großer Beliebtheit – vor allem wegen des Ausblicks auf den gegenüber liegenden Eiffelturm

Zum Erscheinungsbild des Palais de Chaillot passen die Skulpturen im Garten

Cité de l'Architecture et du Patrimoine

(Ostflügel, Zugang: 1, place du Trocadéro et du 11 novembre, Tel. 01 58 51 52 00, www.citechaillot.fr, Mi, Fr–Mo 11–19, Do 11–21 Uhr)

Im Nordflügel, in dem sich einst das Musée National des Monuments Français befand, schafften im Jahre 2007 die Architekten Jean-François Bodin und Hamid Boughaba mit einem spektakulären Umbau Raum und Licht für das größte Architekturzentrum der Welt. Das überaus modern konzipierte Museum stellt die Geschichte der französischen Baukunst vom 12. Jh. bis in die Gegenwart anschaulich dar.

Musée de l'Homme

(Westflügel, bis voraussichtlich 2012 wegen Renovierung geschl.)

Das einstige Völkerkundemuseum zeigt heute ein umfassendes Panorama der Menschheitsgeschichte. Besonders interessant ist die Galerie der Paläoanthropologie und Frühgeschichte. Das angegliederte Foschungsinstitut präsentiert in Wechselausstellungen die Ergebnisse von Expeditionen.

Musée de la Marine

(Westflügel, Tel. 01 53 65 69 69, www.musee-marine.fr, Mi–Mo 10–18 Uhr)

Das *Marinemuseum* ist vor allem berühmt für seine Sammlung von Schiffsmodellen. Die äl-testen stammen aus der Zeit von Jean-Baptiste Colbert, der anordnete, dass alle großen Schöpfungen des französischen Schiffbaus in Modellform aufbewahrt werden sollten. Die Tradition existiert heute noch. Schiffsmodelle aus dem 17. und 18. Jh. sind zu bestaunen, das letzte Segelschiff der französischen Marine, die ›Valmy‹ (1847), ein prächtiges Modell aus Ebenholz, Elfenbein und Silber, das erste Panzerschiff (1859) und das Atom-U-Boot ›Le Redoutable‹. Ferner alte Navigationsinstrumente, Seekarten, ein Gemäldezyklus mit Darstellungen der wichtigsten französischen Häfen von Joseph Vernet, Galionsfiguren und Taucheranzüge.

Von der halbrunden **Place du Trocadéro** mit dem Reiterstandbild des Marschall Foch (1851–1929) gehen strahlenförmig die breiten Avenuen des 16. Arrondissements aus, dem elegantesten der *Beaux Quartiers* von Paris. Hinter hohen Mauern liegt der **Friedhof von Passy**. Edouard Manet, Berthe Morisot, Fernandel und Claude Debussy sind hier zur letzten Ruhe gebettet (Eingang: 2, rue du Commandant-Schlœsing).

49 Musée du Quai Branly

Architektonisch spannendes Museum zu Füßen des Eiffelturms, das die ethnologischen Sammlungen der Pariser Museen unter einem Dach vereint.

37, quai Branly, 7E ARR.
Tel. 01 56 61 70 00
www.quaibranly.fr
Di/Mi, So 11–19, Do–Sa 11–21 Uhr
Métro 9: Alma-Marceau

Als lang gestreckten gläsernen Pfahlbau, der seine Bestimmung schon durch seine Gestaltung demonstrieren soll, entwarf der renommierte Architekt Jean Nouvel das neue Völkerkundemuseum am Ufer der Seine. Das ehrgeizige Projekt unter der Schirmherrschaft des französischen Staatspräsidenten Jacques Chirac nahm über 300 000 Exponate aus den Sammlungen des ehem. Musée National des Arts d'Afrique et d'Océanie sowie des Musée de l'Homme auf. Hier wird die Kunst und Kultur der alten Zivilisationen in Afrika, Asien, Ozeanien und Amerika an prominenter Stelle zu Füßen des Eiffelturms mit modernsten museumsdidaktischen Methoden präsentiert.

50 Tour Eiffel

TOP TIPP

Als spektakuläres Eingangstor zur Weltausstellung von 1889 errichtet, war Gustave Eiffels technisches Bravourstück eigentlich zum baldigen Abbruch bestimmt. Heute ist es das Wahrzeichen der Stadt schlechthin.

Champ-de-Mars, 7E ARR.
Tel. 01 44 11 23 23
www.tour-eiffel.fr
Aufzug Mitte Juni–Aug. tgl. 9–0.45, sonst 9.30–23.45 Uhr (letzte Fahrt zur obersten Plattform 75 Min., zur 1. und 2. Plattform 45 Min. vor Schließung)
Métro 6: Bir-Hakeim

Weltberühmt, tausendfach fotografiert, auch als Briefbeschwerer erhältlich, zieht das elegante Eisengerüst des **Eiffelturms** jährlich 6 Mio. Besucher an. Gustave Eiffels technisches Wunderwerk wurde als Entrée der Weltausstellung von 1889 errichtetund sollte anschließend eigentlich wieder abgerissen werden. Heute ist der Turm das wichtigste Wahrzeichen der Stadt, kaum zu glauben, dass er damals heftig umstritten war und Spottnamen

aller Art erntete: ›Kathedrale der Alteisenhändler‹ oder ›tragische Laterne‹. Prominente wie Charles Garnier, Émile Zola, Paul Verlaine, Guy de Maupassant gaben sogar ein Manifest heraus, mit dem sie gegen den »unnützen und ungeheuerlichen Eiffelturm« protestierten.

Auf seiner **ersten Plattform** wird die Baugeschichte dokumentiert, im Feroscope erfährt man Interessantes über Technik und Instandhaltung. Die **mittlere Plattform** in 115 m Höhe eignet sich am besten, um das großartige Panorama von Paris zu studieren. An klaren Tagen und besonders eine Stunde vor Sonnenuntergang zeichnen sich alle Monumente mit bestechender Klarheit ab. Von der **obersten Plattform** in 276 m Höhe schweift der Blick bis zu 67 km über Paris, seine Vororte und die Île-de-France. Durch eine Scheibe kann man in das kleine Apartment blicken, das sich Eiffel einrichten ließ. In diesen luftigen Höhen einige Ziffern zum Staunen: 1665 Stufen führen bis hier herauf. Der Eiffelturm wiegt 10 100 t. In der Sommerhitze wächst er bis zu 15 cm und bei starkem Wind schwankt seine Spitze maximal 12 cm.

La Tour Eiffel – im Französischen ist der Turm weiblich, was seiner graziösen Erscheinung hier gut ansteht

51 Champ-de-Mars

Brav symmetrische Parkanlage zu Füßen des Eiffelturms, ursprünglich Exerzierfeld der École Militaire.

7E ARR., Métro 6: Bir-Hakeim

Der große Freiraum, der heute erschöpfte Touristen und die Bewohner des angrenzenden, eleganten Stadtviertels erfreut, hat über die Jahrhunderte den verschiedensten Zwecken gedient. Jacques-Ange Gabriel legte ihn als militärisches Übungsfeld und **Paradeplatz** zwischen 1765 und 1767 an, noch bevor die schlossartige Fassade der angrenzenden École Militaire [s. S. 85] vollendet war. Ab 1780 fanden auf dem **Marsfeld** Pferderennen statt. 1783 erlebte es erste Versuche der Ballonfliegerei und dann die Festlichkeiten der Revolution: Am 14. Juli 1790 feierte man mit dem Fest der Föderation den ersten Jahrestag des Sturms auf die Bastille. Eine Messe wurde

La Dame de Fer

Gustave Eiffel (1832–1923), als Gustave Boenickhausen in Dijon geboren, hatte sich schon vor der Errichtung des Eiffelturms durch kühne Brückenkonstruktionen einen Namen gemacht. Später baute er noch die Glaskuppel des Kaufhauses Bon Marché in Paris und das Eisengerippe für die Freiheitsstatue von New York.

Eiffel und sein Mitarbeiter Koechlin gewannen den 1. Preis, den die Regierung für das Eingangstor zum Champ-de-Mars ausgesetzt hatte, das waren 1,5 Mio. Francs. Die Ausführung des Projekts kostete 7,8 Mio. In der Rekordzeit von 2 Jahren, zwischen Januar 1887 und Mai 1889, wurde der Turm fertiggestellt. Die 18 000 vorgefertigten Eisenteile waren von Eiffels Ingenieurteam in über 5000 Zeichnungen konzipiert und mit solcher Präzision berechnet worden, dass sie bei der Montage auf einen Zehntelmillimeter genau aufeinander passten.

Die **Weltausstellung** von 1889, gleichzeitig Hundertjahrfeier der Revolution, wurde zu einem riesigen internationalen Erfolg. Sie stärkte das Selbstbewusstsein der Nation, war es doch gelungen, den mit über 300 m damals höchsten Turm der Welt zu errichten, ein Symbol des **technischen Fortschritts**. Die leichte, winddurchlässige Struktur, ihre aerodynamische Form stellten den Höhepunkt des Eisenbaus dar. Erst 1932 sollte das Empire State Building mit seinen 449 m den Eiffelturm übertrumpfen.

Bald erkannte man die Modernität und die Poesie der filigranen Konstruktion. Für Robert Delaunay wurde der Turm zur ›stählernen Muse‹. Delaunay machte ihn zum Gegenstand einer Serie von Gemälden (1910/11), die den Eindruck von Dynamik und Schwindel erregender Höhe einzufangen suchten. Auch Utrillo, Dufy, Signac und Chagall ließen sich von ihm inspirieren, ebenso die Poeten Apollinaire, Cocteau und Blaise Cendrars.

Mit der Erfindung der drahtlosen Kommunikation entdeckte man auch die nützlichen Aspekte. 1898 wurde von der Spitze des Eiffelturms die erste Funksendung ausgestrahlt. Heute besitzt sie eine meteorologische Station und eine Fernseh- und Radioinstallation, durch die der Turm weitere 21 m höher geworden ist.

am ›Altar des Vaterlandes‹ zelebriert, und die 300 000 anwesenden Bürger, allen voran Ludwig XVI., schworen den Treueeid auf die Verfassung. Vier Jahre später wurde am 8. Juni 1794 das ›Fest des Höchsten Wesens‹ gefeiert, von Robespierre angeregt und vom Maler Louis David in Szene gesetzt. Auf dem Marsfeld fanden auch die meisten der **Pariser Weltausstellungen** zwischen 1855 und 1937 statt.

Von den vielen temporären Konstruktionen blieb nur der Eiffelturm bestehen. Durch die weit gespannten Bögen der Turmbasis hindurch sieht man am anderen Ufer die Kolossalarchitektur des Palais de Chaillot [s. Nr. 48], ein Relikt der Weltausstellung von 1937.

Im östlich angrenzenden **Wohnviertel** sind viele schöne Architekturbeispiele des Art Nouveau erhalten, der französischen Variante des Jugendstils. In der **Avenue Rapp** befindet sich auf **Nr. 29** eines der Hauptwerke von Jules Lavirotte, ein wahres Delirium von Pflanzenranken und erotisch angehauchten Figuren, raffinierte Verbindung der Fantasien des Art Nouveau mit dem Pomp der Belle Epoque. Man sollte auch nicht versäumen, einen Blick auf den **Square Rapp** zu werfen, wo ähnliche architektonische Wunder zu bestaunen sind.

52 École Militaire

Ein bewundernswertes klassisches Bauwerk für die von Ludwig XV. ins Leben gerufene königliche Kriegsakademie.

1, place Joffre, 7E ARR.
Métro 8: École Militaire

Ludwig XIV. hatte für verwundete Soldaten das Hôtel des Invalides geschaffen, sein Enkel, Ludwig XV., gründete in unmittelbarer Nähe eine **Militärschule** für 500 Söhne mittelloser Adelsfamilien, die er dort zu qualifizierten Offizieren ausbilden ließ. Die Idee dazu stammte von der Marquise de Pompadour. Der Hofarchitekt Jacques-Ange Gabriel (1698–1782) wurde 1751 mit dem Bau beauftragt. Aus Kostengründen reduzierte man seine Pläne, trotzdem ist das Gebäude beeindruckend prachtvoll und hat nichts von einer Kaserne an sich. Die Arbeiten am Haupttrakt begannen erst 1768.

Die elegante, lang gestreckte **Nordfassade**, an der Gabriel ursprünglich den Haupteingang vorgesehen hatte, bildet den imposanten Point de vue des Marsfelds. Den *Mittelpavillon* überragt eine vierseitige Kuppel. Unter den allegorischen Darstellungen am Gebälk ist Ludwig XV. als Siegesfigur zu erkennen, eines der wenigen Bildnisse des Königs, das die Revolution überstanden hat. Der Fassade zum **Ehrenhof** (Place de Fontenoy) gehen Kolonnaden mit Doppelsäulen voran. Vornehm und klar geordnet, nimmt Gabriels Werk schon den Louis-Seize-Stil vorweg. Dies kommt im Inneren noch mehr zur Geltung, vor allem in der Kapelle.

Berühmtester Zögling der zur Kadettenschule gewordenen École Militaire war ein gewisser **Napoléon Bonaparte**, 1784 als 15-Jähriger aufgenommen. 1785 verließ er die Schule als Leutnant der Artillerie. In seinem Zeugnis stand: »Kann es weit bringen, wenn die Umstände ihn begünstigen.« Dass in dem Gebäude heute noch die hohe Kriegskunst gelehrt wird (u. a. in der École Supérieure de Guerre), merkt man in den Straßen der Umgebung, in denen Uniformträger aus aller Herren Länder anzutreffen sind.

Die schnurgeraden Alleen des Champ-de-Mars mit der schlossähnlichen Fassade der École Militaire als Point de vue und dem Montparnasse-Turm im Hintergrund

53 Maison de l'UNESCO

Aus der Zusammenarbeit von Architekten und Künstlern der Mitgliedsländer entstanden, spiegeln die Gebäude der UNESCO den internationalen Geist der Institutionen wider. Ein viel bewundertes Architekturmonument der 1950er-Jahre.

7, place de Fontenoy, 7E ARR.
Tel. 01 45 68 03 59
www.unesco.org
Führung auf Voranmeldung: Mo 15 Uhr in französischer, Mi 15 Uhr in englischer Sprache
Métro 6: Cambronne

Zwanzig Staaten waren 1946 an der offiziellen Gründung der UN-Organisation für Erziehung, Kultur und Wissenschaft beteiligt. Heute wehen die Fahnen von 193 Mitgliedsstaaten vor dem Y-förmigen **Hauptgebäude** (1953–58), das sich der halbrunden Place de Fontenoy Gabriels vor der École Militaire anpasst. Die Architekten waren Marcel Breuer, Bernard Zehrfuss und Pier Luigi Nervi. Interessant ist der von Nervi entworfene **Konferenzraum**, eine 70 m breit ausgreifende Betonkonstruktion (im Inneren von 6 Pfeilern gestützt) mit originellem ›Ziehharmonikadach‹. 1963 kam ein unterirdischer Bürokomplex von Bernard Zehrfuss hinzu, der sich auf sechs lichtspendende Patios hin öffnet. Unter den Werken berühmter Künstler, die zum **Dekor** beitrugen, sind die *Liegende* von Henry Moore, ein Gemälde auf Holz von Picasso und ein Wandteppich nach Entwürfen von Le Corbusier. Den Japanischen Garten ziert ein Engelskopf aus einer von der Atombombe zerstörten Kirche in Nagasaki.

54 Hôtel des Invalides

Ludwig XIV. ließ das riesige Gebäude für die Invaliden seiner vielen Kriege errichten. Die Krone dieses barocken Meisterwerks bildet die goldglänzende Kuppel des Invalidendoms, unter der sich das Grab Napoleons befindet. Das Armeemuseum gehört zu den größten der Welt.

Esplanade des Invalides, 7E ARR.
Tel. 08 10 11 33 99
www.invalides.org
April–Sept. tgl. 10–18, Okt.–März tgl. 10–17 Uhr, Okt.–Juni 1. Mo im Monat geschl.
Métro 8, 13, RER C: Invalides

Festungsartige Gräben und Wälle, Dutzende von Kanonen und eine allgegenwärtige Kriegs- und Sonnenkönigsymbolik empfangen den Besucher, der von der immensen Esplanade auf das Hôtel des Invalides zugeht. Als soziale Institution stellte das Hôtel des Invalides zur Zeit seiner Entstehung eine Neuheit dar; vor Ludwig XIV. war das Los der Kriegsinvaliden und der Veteranen in keiner Weise gesichert. Sie konnten bestenfalls in einem Kloster Aufnahme finden, viele jedoch endeten als Bettler und Landstreicher. Als Terrain für das **Soldatenheim** wählte Ludwig XIV. die Ebene der Grenelle, damals noch außerhalb der Stadt gelegen. Die ersten Pensionäre lebten schon hier, als das Hôtel unter der architektonischen Leitung von Libéral Bruant 1676 fertiggestellt wurde. Bis zu 4000 Personen konnten untergebracht werden, sie wurden bei militärisch-klösterlicher Zucht versorgt und gepflegt.

Französischer Barock aus dem Grand Siècle, der Zeit Ludwigs XIV.: das Hôtel des Invalides mit der imposanten Kuppel des Invalidendoms

Heute beherbergt die Stiftung noch an die 100 Invaliden, denen auch die Betreuung durch das vorbildlich ausgestattete **Hospital** zukommt.

Die strenge Einfachheit der außerordentlich breiten **Nordfassade** (fast 200 m) lockern trophäengeschmückte Lukarnen und das großzügige Rundbogenportal auf, dessen Bogenfeld einen reitenden Ludwig XIV. zwischen den Personfikationen von Klugheit und Gerechtigkeit zeigt (im 19. Jh. erneuert). Von den Ausmaßen der gesamten Anlage kann man sich anhand eines **Modells** von 1690 im Musée de l'Armée (s. S. 88) ein Bild machen.

Der Ehrenhof ist auf allen Seiten von zweistöckigen Arkadengängen eingefasst. Dem Haupteingang gegenüber befindet sich das Portal von **Saint-Louis-des-Invalides**, der von Libéral Bruant begonnenen und von dem jungen, schon erfolgreichen Jules Hardouin-Mansart 1708 vollendeten *Soldatenkirche*. Die dreischiffige, tonnengewölbte Emporenbasilika ist in Harmonie mit den sie umgebenden Gebäuden nüchtern gestaltet.

Durch die Glasscheibe im Chor sieht man in die zweite Kirche, den **Invalidendom**, der zwischen 1842 und 1861 zum Grabmal Napoleons umgestaltet wurde. Hardouin-Mansart folgte dem Wunsch von Ludwig XIV.: Die Königs- und die Soldatenkirche sollten zwar einen gemeinsamen Altar besitzen, der für den König vorgesehene Raum aber in der Art einer Palastkapelle vom Raum der Invaliden getrennt bleiben. Hardouin-Mansart entwarf einen eigenständigen *Zentralbau*, wahrscheinlich als Grablege für

Napoleons Sarkophag im Invalidendom

Ludwig XIV. Die harmonischen Proportionen der Gesamtanlage stellen Sockel und Kuppel ins Verhältnis 1:1. Der vertikale Elan der Portikussäulen wird in den von Säulen flankierten Pfeilern des Tambours fortgeführt und geht oberhalb der etwas zurückgesetzten Attika in den eleganten Schwung der weiten **Kuppel** über. Mit goldenen Trophäen und Girlanden geschmückt und von einer offenen Laterne bekrönt, ist dies die schönste Kuppel der Pariser Stadtsilhouette, ein Baukörper von wahrhaft majestätischem Gestus.

Der überwältigende monumentale **Innenraum** des Invalidendoms wurde beim Umbau 1843–61 durch Louis Tullius Visconti in seiner Wirkung stark verändert. Von einer Marmorbalustrade aus blickt der Besucher hinab auf den gewaltigen *Porphyrsarkophag Napoleons*. Auf Initiative von Bürgerkönig Louis-Philippe war am 15. Dezember 1840 der Sarg Napoleons nach langwierigen Verhandlungen mit den Engländern von der Insel St. Helena nach Paris überführt worden. In einem pompösen Trauerzug wurden die sterblichen Überreste des Staatsmanns durch den Triumphbogen und über die Champs-Élysées zum Invalidendom geleitet und in sieben ineinander gestellten Särgen bestattet. Zwölf Viktorien, etwas fade und nicht angemessen, umringen diese Stätte des Personenkults. Die großen, innenpolitischen Verdienste Napoleons sind im Umgang der Krypta dargestellt.

In der Cella liegt Napoleon II., der Sohn Napoleons, König von Rom und Herzog von Reichstadt, der 1832 in Wien verstarb und 1940 hierher überführt wurde. Die Gemälde der Pendentifs und der Kuppel stammen von Charles de Lafosse. In den Seitenkapellen stehen die Grabmäler berühmter französischer Militärs.

Das **Musée de l'Armée** präsentiert eine ungeheure Fülle von Waffen, Rüstungen, Uniformen, Plänen und Erinnerungsstücken, vom Mittelalter bis zum Zweiten Weltkrieg. Selbst wenn man kein ausgesprochener Liebhaber von Kriegsgerät ist, wird man sich der Faszination einiger Ausstellungsstücke nicht entziehen können. Besonders die Säle im westlichen Teil, dem **Bâtiment de l'Occident**, sind sensationell. In den Galerien François I. und Henri IV., beides frühere Refektorien mit noch erhaltenen Wandgemälden, sind prächtige Rüstungen, Harnische, extravagante Helme und Waffen zu bewundern (11.–16. Jh.), darunter die *Rüstung für Franz I.* und das verzierte Schwert des Königs. Die Rüstung von Heinrich II., *Armure du Dauphin* genannt, trägt die verschlungenen Monogramme des Königs, seiner Gattin Katharina von Medici und seiner Geliebten Diane de Poitiers. Der Saal *orientalischer* Waffen und Rüstungen, die bei gedämpfter Beleuchtung gut zur Geltung kommen, zeigt eine seltene Sammlung türkischer Helme, chinesische Kriegsbekleidung und japanische Samurai-Rüstungen. Im 2. Stock werden die beiden *Weltkriege* anhand von vielen Dokumenten und Schautafeln illustriert. Im 2. Stock des Ostgebäudes, dem **Bâtiment de l'Orient**, wird in zahllosen Sälen die französische Militärgeschichte vom Ancien Régime bis zum Krieg von 1870/71 dargestellt. Der neueste Ausstellungstrakt des Museums ist ein multimedialer Bereich, der sich mit dem Leben des Generals und Politikers Charles de Gaulle (1890–1970) beschäftigt.

Das **Musée des Plans-Reliefs** (4. Stock des Westflügels, Tel. 01 45 51 95 05) zeigt eine interessante Sammlung detailgetreuer Stadt-, Hafen- und Festungsmodelle, meist im Maßstab 1:600. Die Sammlung dokumentiert die Geschichte des Festungsbaus seit Vauban. Ihr Grundstock geht auf Ludwig XIV. und Ludwig XV. zurück, ein Teil stammt aus dem 19. Jh., seit den 50er-Jahren des 20. Jh. ist sie der Öffentlichkeit zugänglich und steht unter Denkmalschutz; vorher war sie streng gehütetes Militärgeheimnis.

La Rive Gauche – das linke Seineufer

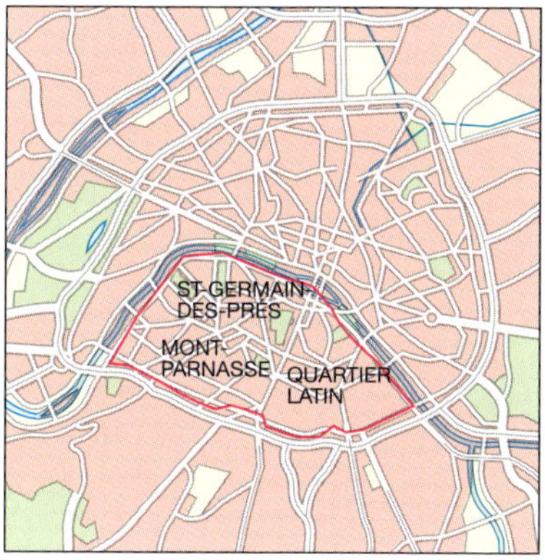

Faubourg Saint-Germain und Musée d'Orsay: Wie das Marais hat auch dieses Viertel eine große aristokratische Vergangenheit. Hier war es der Hochadel, der sich in der 1. Hälfte des 18. Jh. luxuriöse Residenzen errichtete.

Noch im 19. Jh. vereinte Faubourg Saint-Germain das distinguierte Paris. Damals erlebte das Viertel eine Hoch-Zeit der *literarischen Salons*, Madame de Staël und Madame Récamier gaben den Ton an. Heute haben Minister, Botschafter und Kulturattachés den Adel abgelöst, und man steht in diesem schwerbewachten *Diplomatenviertel* oft vor verschlossenen Portalen. Die prächtigsten Palais sind an der Rue de Varenne, aber auch an der Rue de Grenelle und Rue de Lille finden sich reizvolle Fassaden. Rue des Saints-Pères, Rue de l'Université und Rue du Bac sind ein Paradies für Antiquitätensammler. Mit dem **Musée d'Orsay** besitzt das Viertel außerdem eine bedeutende kulturelle Attraktion.

Saint-Germain-des-Prés: Bereits in Schulbüchern ist nachzulesen, in welchen Cafés von Saint-Germain-des-Prés Jean Paul Sartre und Simone de Beauvoir stundenlang hinter ihren Tassen hockten und an ihren Manuskripten feilten. Das Saint-Germain der Existenzialisten, der Cabarets und *Caves*, in denen Boris Vian und Juliette Greco auftraten, ist zur Legende geworden. Die Cafés ›Les Deux Magots‹, ›Le Flore‹ und die Buchhandlung ›La Hune‹ zehren von ihrem Ruhm. Mehr noch als im Quartier Latin findet man hier den prickelnden Charme der Rive Gauche: Lebenskunst, intellektuelles und künstlerisches Flair. Saint-Germain ist das Viertel der **Antiquariate**, **Kunstbuchhandlungen** und **Galerien**,

Caféterrassen an fast jeder Straßenecke gehören zum Charme der Rive Gauche

die sich in den Innenhöfen alter Häuser der Rue Mazarine und der Rue de Seine verstecken. Auch heute noch gibt sich das Viertel gern einen Hauch linksintellektuell. Erinnerungen an die Französische Revolution haben hier überlebt: In der Cour du Commerce-Saint-André druckte Marat seinen radikalen *Ami du peuple*, im Nebenhaus tüftelte Doktor Guillotin an einer »philanthropischen Maschine zum Enthaupten«.

Montparnasse: Der Baueifer der 60er- und 70er-Jahre des 20. Jh. hat Montparnasse sehr zugesetzt. Das Viertel, das in den 1920er-Jahren ›Parnass‹ der Künstler war, hat dabei fast seine Identität verloren. Heute ist es ein Ort der Kontraste, überragt vom **Montparnasse-Turm** mit seinen 59 Etagen, Symbol der Verwandlung eines Stadtteils. Um den **Friedhof** dagegen, am Boulevard Montparnasse und in den Seitenstraßen, hat das Viertel sein Gesicht bewahrt. Früher waren hier die Spelunken, die außerhalb der Zollgrenze von Paris Wein ausschenkten. Die populäre Atmosphäre und billige Hinterhofbehausungen machten die hässliche Gegend für Künstler anziehend. Einige der **Ateliers** und **Künstlerkolonien** gibt es heute noch. Picasso, Modigliani, Soutine, Léger, Zadkine, Max Jacob, das berühmte Modell Kiki, Foujita, Chagall – alle landeten hier in den Jahren vor oder nach dem Ersten Weltkrieg. Die Bistros am Carrefour Vavin waren der Treffpunkt: ›La Rotonde‹, in der man Lenin und Trotzki antreffen konnte, ›Le Dôme‹, wo ab 1933 auch die Emigranten aus Deutschland saßen, das extravagante ›Select‹, heute alles aufpolierte Lokale, in denen das Paris ›bon chic, bon genre‹ verkehrt. Echter sind die zahllosen rustikalen Crêperien dieses traditionellen Viertels der Bretonen.

Quartier Latin: Latein ist heute wohl die einzige Sprache, die man in diesem Stadtviertel, das sich im Mittelalter zum Pariser Zentrum der Schulen, Kollegien und der Universität herausbildete, nicht mehr hören kann. In lateinischer Sprache und streng scholastisch wurde damals das gesamte Wissen der Epoche vermittelt. Um der Autorität des Bischofs zu entgehen, hatten es einige Lehrer der Domschule, unter ihnen Abélard, vorgezogen, sich am linken Ufer, auf dem Mont Sainte-Geneviève einzurichten. Die verschiedenen kleinen Unterrichtszentren schlossen sich zur ›Universitas‹ zusammen, die ab 1231 unmittelbar dem Papst unterstellt war. Jahrhundertelang zog das Quartier Latin die Intellektuellen ganz Europas an. Das studentische Leben beschränkt sich heute zwar nicht mehr nur auf dieses Viertel, seit die Pariser Universität in mehrere Einzeluniversitäten aufgeteilt und dezentralisiert wurde, doch die großen **Elitegymnasien**, viele **Institute** und **Bibliotheken**, das ehrwürdige **Collège de France** und die **Sorbonne** setzen die mittelalterliche Tradition fort. Unzählige Verlage und Buchhandlungen sorgen nach wie vor für eine gewisse intellektuelle Atmosphäre. Oft genug hieß es, dass das Quartier Latin nicht mehr das sei, was es einmal war. Gleichwohl bleibt es eines der belebtesten Viertel der Stadt. Noch spät abends sind die Caféterrassen des ›Boul' Mich‹ bevölkert und studentisch-nonchalant und kosmopolitisch geht es immer noch zu. Eine heroische Stunde erlebte das Quartier Latin im Mai 1968, als der revolutionäre Funke von der Universität Nanterre auf die Sorbonne übersprang und das Viertel zum Schauplatz von wüsten Auseinandersetzungen zwischen Studenten und Polizei wurde.

Am Jardin des Plantes: Zu allen Jahreszeiten besitzt der Jardin des Plantes seinen Charme, ein wenig altmodisch und provinziell, am Rande eines bürgerlichen, ruhigen Wohnviertels gelegen. Gleich nebenan das **Universitätszentrum Jussieu**, dessen studentisches Leben auch in die Cafés und Buchhandlungen der Umgebung ausstrahlt. Hier, in der Nähe der Universität und der großen **Moschee**, fand man ein genügend weltoffenes Klima für die Errichtung des **Arabischen Kulturzentrums**. In der Rue Mouffetard und in den umliegenden alten Gassen herrscht abends eine angenehme, gelöste Atmosphäre.

55 Musée Rodin

TOP TIPP

Ideales Ambiente für die Werke Auguste Rodins: die hellen Räume und der schöne Park des 1728–31 erbauten Hôtel Biron.

79, rue de Varenne, 7E ARR.
Tel. 01 44 18 61 10
www.musee-rodin.fr
April–Sept. Di–So 9.30–17.45, Okt.–März bis 16.45 Uhr
Métro 13: Varenne

Alle Hauptwerke Auguste Rodins (1840–1917) befinden sich in diesem Rokokopalais, dem **Hôtel Biron**, in dem der Bildhauer von 1908 bis zu seinem Tod einen Teil des Erdgeschosses bewohnte. 1911 kaufte es der französische Staat und stellte es verschiedenen Künstlern zur Verfügung. Zu den Bewohnern gehörten Henri Matisse, Jean Cocteau und Rainer Maria Rilke, der 1908–11 Rodins Sekretär war. Rodin vermachte sein Gesamtwerk dem Staat, und bereits 1919, zwei Jahre nach seinem Tod, wurde das Musée Rodin eröffnet, nicht ohne heftigen Widerstand: Über die Grenzen des Landes hinaus berühmt und mit großen offiziellen Aufträgen betraut, blieb Rodin bis zu seinem Lebensende und darüber hinaus der skandalumwitterte Einzelgänger, dessen freizügiges, schockierend eigenwilliges Werk den Vertretern der akademischen Tradition ein Dorn im Auge war.

Im Eingangshof und im Garten stehen die **Skulpturen**, die am stärksten die expressive Vehemenz Rodins zeigen: *Die Bürger von Calais, Der Denker, Ugolino* sowie *Das Höllentor*, an dem Rodin ab 1880 mehr als zwei Jahrzehnte arbeitete und welches ein Resümee seines Werks ist. Den meisten der Figuren, die Rodin in das Danteske Thema des *Höllentors* integrierte, gab er später in eigenständigen Skulpturen Leben: *Adam und Eva, Fugit Amor, Der Kuss, Hockende Frau, Danaïde*.

Die ersten Säle zeigen frühe Werke, z. B. den *Mann mit der zerbrochenen Nase* (1864), für den ein Pariser Clochard Modell stand, und *Das Eherne Zeitalter* (1875/76), eine Bronze, deren nervöse Oberflächengestaltung so verblüffte, dass man Rodin nachsagte, er hätte einen Abguss vom lebenden Modell genommen. **Vorbereitende Studien**, wie zu den *Bürgern von Calais* (1887–95) oder zum *Balzac* (1891–97), lassen etwas ahnen vom Suchen Rodins nach der inneren Wahrheit. Kaum dem groben Steinblock entrissen, zeigen seine Figuren eine ungeheure dramatische Gespanntheit. Ein sinnliches Spiel von Licht und Schatten belebt die sanften Formen der *Danaïde* (1885) und

Nackte Gestalten sieht man häufig im Garten des Musée Rodin – meist handelt es sich um Bronzen. Auch im schönen Hôtel Biron gibt es Werke des Bildhauers zu bewundern

Gedankenaustausch mit Victor Hugo. Die Skulptur des Schriftstellers wurde 1909 im Garten des Palais-Royal aufgestellt, seit 1919 ist sie im Rodin-Museum zu sehen

die bewundernswerten Frauenporträts. Ein Saal ist **Camille Claudel** (1864–1943) gewidmet, die als Geliebte und Muse Rodins berühmt wurde, deren eigenes ausdrucksstarkes Werk jedoch erst posthum Anerkennung fand.

Im Kontrast zu den kraftvollen Skulpturen Rodins stehen die feinsinnige Innenausstattung des Hôtel Biron und einige Gemälde, die zur Sammlung Rodins gehörten, darunter *Les Moissonneurs* und *Le Père Tanguy* von Vincent van Gogh und *Paysage de Belle-Isle* von Claude Monet. Das Atelier von Rodin in Meudon, südwestlich von Paris, ist gleichfalls als Museum Rodin aufbereitet und durchaus einen Besuch wert.

56 Palais Bourbon

Der Adelspalast aus dem 18. Jh. mit einem Säulenportikus aus dem Empire und der prunkvollen Innendekoration aus der Zeit der Juli-Monarchie ist zum Sitz der Nationalversammlung geworden.

126, rue de l'Université, 7E ARR.
www.assemblee-nationale.fr
Métro 12: Assemblée Nationale

Der legitimierten Tochter von Ludwig XIV. und Madame de Montespan, *Louise-Françoise de Bourbon*, gehörte das zwischen 1722 und 1728 errichtete Palais, dessen *Gartenterrassen* bis zur Seine reichten. Vom Prinzen Condé wurde es umgebaut und durch das im Westen angrenzende Hôtel de Lassay erweitert, heute Sitz des Präsidenten der Nationalversammlung. 1798, während des Direktoriums, als der Rat der Fünfhundert dort tagte, war das Palais Bourbon zum ersten Mal politischer Versammlungsort.

Napoleon ließ dem Bauwerk zwischen 1803 und 1807 einen von Poyet entworfenen zehnsäuligen **Portikus** vorsetzen, der das Gegenstück zur Tempelfassade der Madeleine am anderen Seineufer bildet. Das Giebelrelief (1842) von Jean-Pierre Corto ist das dritte, das unter den diversen politischen Regimen gefertigt wurde. Im Gegensatz zum unterkühlten Klassizismus der Schaufront, hat die eigentliche **Fassade** des Palais Bourbon (Place du Palais Bourbon) die Eleganz einer römischen Villa.

Eine Besichtigung der **Innenräume** ist aufgrund der erhöhten Sicherheitsvorkehrungen für ausländische Besucher nicht möglich. Erwähnenswert ist dennoch der berühmte ›Hémicycle‹, der halbrunde **Saal der Nationalversammlung**, welcher zur Zeit des Direktoriums eingerichtet und 1826 von Jules de Joly erneuert wurde. Die prächtige **Bibliothek** schmücken Eugène Delacroix' Deckengemälde von 1838–47, welche auf eigenwillige Weise die Geschichte der menschlichen Zivilisation thematisieren. Die Büchersammlung selbst umfasst 350 000 Bände vornehmlichen aus den Bereichen der schöngeistigen Literatur, der Jurisprudenz und der Geschichte. Zudem besitzt die Bibliothekt das Originalprotokoll vom Kirchenprozess gegen *Jeanne d'Arc* (1412–1431). Die Jungfrau von Orléans wurde der Ketzerei beschuldigt und endete auf dem Scheiterhaufen, doch bereits 1456 wurde sie rehabilitiert. Die Heiligsprechung der Nationalheldin und Schutzpatronin Frankreichs erfolgte im Jahr 1920.

57 Musée d'Orsay

TOP TIPP

In einer einstigen Bahnhofshalle von 1900 sind die Meisterwerke der französischen Kunst aus der 2. Hälfte des 19. Jh. spektakulär in Szene gesetzt. Hauptattraktion ist die weltberühmte Impressionistensammlung.

1, rue de la Légion d'Honneur, 7E ARR.
Tel. 01 40 49 48 14
www.musee-orsay.fr
Di/Mi, Fr–So 9.30–18,
Do 9.30–21.45 Uhr
Eingang A (Seine-Seite): Besucher ohne Ticket,
Eingang C (Rue de Lille): Besucher mit Ticket oder Museumspass
Métro 12: Solférino, RER C: Musée d'Orsay

Der Architekt Victor Laloux wollte seinen Bahnhof als *Gare Décorative* verstanden wissen, eine mit Stuck und Kassettendekor ausstaffierte Halle, Paradebeispiel für die Architektur des Fin de Siècle. Wie oft in dieser Zeit ist die gewagte Ingenieurkonstruktion aus Eisen und Glas von repräsentativen Fassaden eingefasst. Der Bahnhof wurde zur Weltausstellung von 1900 eingeweiht, doch schon 1939 hatte ihn der Zug der Zeit überholt. Der Bahnbetrieb wurde eingestellt, und die Halle stand fortan leer. 1945 wurde sie als provisorisches Aufnahmelager für zurückkehrende Kriegsgefangene genutzt; Orson Welles drehte hier 1962 den Film zu Kafkas Roman *Der Prozess*.

Die Erlaubnis zum Abriss war schon gegeben, als man sich 1973 letztendlich für ein die Sammlungen des Louvre ergänzendes **Museum des 19. Jh.** entschied. Die Verwandlung des Bahnhofs in einen Ort des Betrachtens und Verweilens lag jedoch nicht auf der Hand. Trotzdem gelang es der Mailänder Architektin Gae Aulenti und dem Team ACT (Colboc, Bardon und Philippon), ein Museum zu schaffen, dem es weder an plastischer Spannung noch an überraschenden Perspektiven fehlt, das die Kunstwerke in den bestmöglichen Lichtverhältnissen präsentiert und deutlich die moderne von der historischen Architektur unterscheidet. Über die massive räumliche Gestaltung von Gae Aulenti sind die Meinungen allerdings geteilt. Auch ist die Orientierung im Museum nicht immer einfach. Lassen Sie sich am Informationsstand einen Plan geben.

Die leicht ansteigende **Mittelallee** zeigt im wechselnden Licht der Halle die großen Strömungen der *Bildhauerei* zwischen 1850 und 1870. Romantische Werke, wie Antoine Louis Baryes *Löwenskulptur*, eröffnen den Parcours. Jules Caveliers *Cornelia* sucht die Inspiration in der römischen Antike, Antonin Merciés *David* in der florentinischen Renaissance. Jean-Baptiste Carpeaux war es dank vieler offizieller Aufträge gegeben, seine fieberhafte Dynamik an den Monumenten des Second Empire zu verausgaben. *La Danse* schuf er für die Pariser Oper, dieses umfassende Architekturprojekt, an dem 1860–75 eine ganze Künstlergeneration beteiligt war. Am Ende der Mittelallee ist ein großes Modell der Oper im Längsschnitt und das Modell des von Haussmann konzipierten zugehörigen Stadtviertels zu sehen.

Zu **beiden Seiten** der Allee sind die gegensätzlichen Kunsttendenzen der Zeit präsentiert: vom Klassizismus über die Romantik zum Symbolismus (in der rechten Saalfolge), vom Naturalismus zum Beginn des Impressionismus (links, an der Seineseite). Jean-Auguste-Dominique Ingres, der ›Altmeister‹ der klassizistischen Malerei, Mitte des Jahrhunderts auf dem Höhepunkt seiner Karriere (*La Source*, 1856), wird mit seinem Rivalen Eugène Delacroix, dem Vorreiter der romantischen Bewegung, konfrontiert (*La Chasse aux Lions*, 1854). Eine zweite Generation bilden Puvis de Chavannes, Gustave Moreau und der Ingres-Schüler Edgar Degas, dessen Anfänge hier gezeigt werden (*La Famille Bellelli*, 1858–60). Alexandre Cabanel (*La Naissance de Vénus*, 1863) und Thomas Couture (*Les Romains de la Décadance*, 1847) sind Vertreter des Eklektizismus, der auch in der Gestaltung der Kunstgegenstände vorherrschte und bei Salons und Weltausstellungen große Erfolge verzeichnete.

Die **gegenüberliegende Saalreihe** eröffnen kleine Tonplastiken (1831–33) von Honoré Daumier, bissige Karikaturen der Parlamentarier des ›juste-milieu‹. Camille Corot mit seinen in Dunst gehüllten poetischen Landschaften und die Schule von Barbizon entdecken die Natur neu in der Malerei des ›plein air‹. Jean-François Millet gibt mit den *Glaneuses* (1857) ein einfaches, würdevolles Bild der ländlichen Armut. Manifeste des Realismus sind die beiden großen Gemälde von Gustave Courbet, *L'Atelier du Peintre* und *Un Enterrement à Orans*, das beim Salon von 1850 einen Skandal hervorrief. Ebenso unverstanden war Édouard Manet, dominierende Persönlichkeit der 1860er-Jahre. Die unakademische Frische seiner Bilder bereitete den Impressionismus vor (*Le Balcon, Olympia, Émile Zola*). Pierre-Auguste Renoir und Claude Monet sind vertreten mit Werken aus der Zeit vor 1870, darunter Monets wunderschöne Winterlandschaft in Nuancen von Weiß (*La Pie*, 1868/69).

Über den Treppenturm erklimmt man die **obere Ebene** und gelangt so in den Olymp des **Impressionismus**. Alle früher im Jeu de Paume gezeigten Werke sind hier ausgestellt und kommen bei zenitaler Beleuchtung gut zur Geltung. Nur einige der Glanzlichter seien genannt: *Classe de Danse, L'Absinthe* von Degas, *La Serveuse de Bocks* von Manet, *La Gare Saint-Lazare, Les Meules, Régates à Argenteuil* von Monet, *Le Bal du Moulin de la Galette, La Balançoire* von Renoir, *Les Toits Rouges* von Pissarro, *L'Inondation à Port-Marly* von Alfred Sisley. Alle diese Bilder fangen hinreißend den Zauber des Augenblicks und die leisen Vibrationen des Lichts und der Luft ein.

In der Nachbarschaft der Impressionisten befinden sich Paul Cézanne, dessen Entwicklung in allen Etappen zu verfolgen ist, von den ›barocken‹ und impressionistischen Anfängen zu den intensiv konstruierten Bildern der 1890er-Jahre (*La Femme à la Cafetière*, 1890–95), und Vincent van Gogh, der sich nach einem kurzen Stück Wegs mit den Impressionisten in die einsame Suche nach dem Ausdruck seiner Beklemmung zurückzog (Selbstporträts, *L'Eglise d'Auvers-sur-Oise*).

Die Säle der **Galerie Bellechasse** illustrieren die weiteren Reaktionen, die der Impressionismus auslöste: die Schule von Pont Aven um Paul Gauguin und Émile Bernard, den intellektuellen Neoimpressionismus von Georges Seurat und Paul Signac, Henri de Toulouse-Lautrec, die Gruppe der Nabis.

Die **mittlere Ebene** (darunter) präsentiert die Kunst vom Ende des 19. Jh. bis zum Beginn des Ersten Weltkriegs. Den offiziellen Kunstgeschmack der Dritten Republik illustriert der pompöse ehemalige **Ballsaal**, dessen Dekor, wie auch das

Im Musée d'Orsay: Der opulente Dekor der ehemaligen Bahnhofshalle ist so bestimmend wie die Werke selbst. Die Mittelallee ist der Bildhauerei gewidmet

des Restaurants, erhalten ist. Auf der **Seine-Seite** sind Naturalismus, von nun an allgemein anerkannt, und Symbolismus mit so frappierenden Werken vertreten, wie dem riesigen, fürchterlichen Gemälde *Caïn* (1880) des auf archäologische und biblische Themen spezialisierten Fernand Cormon und der mysteriösen *Nuit d'Été à Aasgaardstrand* (1904) des Norwegers Edvard Munch.

Die **äußeren Säle**, mit schönem Blick auf Seine und Tuileriengarten, zeigen neben dem politischen Realismus der Skulpturen eines Jules Dalou die mondäne Porträtkunst des Fin de Siècle. Der Jugendstil, diese alle Bereiche der Kunst umfassende Bewegung, wird in seiner französischen und belgischen Ausprägung mit Einrichtungen und Einzelobjekten von Emile Gallé, Hector Guimard, Henry van de Velde und Victor Horta vorgeführt. Den Plastiken von Rodin ist viel Platz eingeräumt: *Ugolino, Balzac, La Muse, La Porte de l'Enfer*, alles Gipsoriginale der Bronzen des Musée Rodin, beschließen die Reihe am Turm. Auf der gegenüberliegenden Seite folgen die Skulpturen der Rodin-Nachfolger Maillol und Bourdelle sowie Gemälde von Pierre Bonnard, Maurice Denis, Félix Vallotton und Édouard Vuillard, den Malern der Nabis-Gruppe, von denen nach 1900 jeder seinen eigenen Weg beschritt. Darunter so zauberhafte und sonderbare Bilder wie Bonnards *En Barque* (1907) und Vuillards *Jardins Publics* (1894). Wechselausstellungen und kleinere thematische Ausstellungen (Dossiers), die im Rundgang durch das Museum integriert sind, ergänzen dieses umfassende Panorama.

Für Auguste Renoirs ›Tanz auf dem Land‹ (1883) stand seine spätere Frau, Aline Charigot, Modell

58 Fontaine des Quatre-Saisons

Ein dem vornehmen Stadtviertel angemessener, prächtiger Brunnen von Edmé Bouchardon.

57, rue de Grenelle, 7E ARR.
Métro 12: Rue du Bac

Sein geschwungener zweistöckiger Prospekt wirkt wie eine Palastfassade. Der Anlass zu dieser Prachtentfaltung war jedoch ganz einfach: Es ging darum, für das sich schnell entwickelnde Stadtviertel einen **Wasserspeicher** zu errichten. Das Reservoir, das der Fassade vorgesetzt ist, wurde dementsprechend betont. Die Nischenfiguren und Reliefs, die die vier Jahreszeiten darstellen, sind noch ganz im beschwingten Stil der Zeit von Ludwig XV. Der strenge Aufbau weist jedoch schon auf die Rückkehr zum antikisierenden Geschmack hin, die den Stil Louis-Seize kennzeichnet.

Leider kommt der 1746 vollendete Brunnen in der zu schmalen Rue de Grenelle nicht voll zur Geltung. Er hat auch Voltaire nicht überzeugt, der spöttelte: »Viele Steine für wenig Wasser.« Nebenan befindet sich das **Musée Maillol** (61, rue de Grenelle Tel. 0142225958, www.museemaillol.com, Mi–Mo 11–18 Uhr) mit Werken des Bildhauers Aristide Maillol (1861–1944), eine Stiftung seiner rundlichen Muse Dina Vierny, und einer kleinen Sammlung zeitgenössischer Kunst.

59 École Nationale Supérieure des Beaux-Arts

Neoklassische Gebäude mit Höfen voll von Kopien antiker Statuen – Erinnerung an die ästhetischen Traditionen der Pariser Kunstakademie.

14, rue Bonaparte, 6E ARR.
Tel. 01 47 03 50 00
www.ensba.fr
Ausstellungen (Zugang: 13, quai Malaquais): Di–So 13–19 Uhr
Métro 4: Saint-Germain-des-Prés

Monumental und der Zeit entrückt wirkt der große **Hof**, an dessen Eingangstor zwei Meister des 17. Jh. wachen: Nicolas Poussin und Pierre Puget. Mit Ausnahme der Architektur werden hier alle Disziplinen der bildenden Kunst unterrichtet, Malerei, Bildhauerei, Fotografie, Mosaikkunst etc. Während der Studentenunruhen 1968 machte die Kunstakademie übrigens viel von sich reden.

Aus den für ganz Europa vorbildhaften königlichen Akademien des Louvre entstanden, wurde sie 1816 hier untergebracht, in einem ehem. Augustinerkloster aus dem 17. Jh. Die heutigen Gebäude, von Jean-Baptiste Debret und Félix Duban 1820–32 errichtet, umschließen die Reste dieses Klosters. Die frühere Kapelle (im Hof rechts) enthält eine Kollektion von Gipsabgüssen antiker Statuen, die Generationen von Studenten als Vorbilder dienten. An der Fassade der Kapelle ist der kunsthistorisch bedeutende *Mittelrisalit von Anet* aufgestellt, Teil des heute verfallenen Renaissanceschlosses, das Philibert de l'Orme für Diane de Poitiers im Westen von Paris errichtet hatte. Die dreigeschossigen, fein proportionierten Säulenordnungen kündigen ein beliebtes Architekturmotiv der französischen Klassik an. Die Bibliothek ist berühmt für ihre Sammlung von Zeichnungen und Architekturentwürfen.

60 Palais de l'Institut de France

Das schöne Palais von Louis Le Vau ist ein Vermächtnis Kardinal Mazarins. Unter seiner innen ovalen Kuppel, der berühmten ›coupole‹, versammeln sich die ›Unsterblichen‹ der Académie Française und überwachen die Reinheit der französischen Sprache.

23, quai Conti, 6E ARR.
Tel. 01 44 41 43 40
www.institut-de-france.fr
Führungen Sa/So 10.30–15 Uhr
Métro 4: Saint-Germain-des-Prés

Um seinen Nachruf besorgt, bestimmte Kardinal Mazarin (1602–1661) vor seinem

Die École Nationale Supérieure des Beaux-Arts war jahrhundertelang Hüterin der akademischen Tradition. Ihre Höfe bevölkern Kopien antiker Statuen

Tod, dass ein Teil seines Vermögens zur Errichtung eines Kollegs verwendet werden solle. Es würde junge Adelige aus den vier damals neu zu Frankreich gekommenen Provinzen aufnehmen, daher der Name **Collège des Quatre-Nations**.

Mazarin übertrug die Bauleitung seinem Freund Louis Le Vau, der auch an den gegenüberliegenden Louvrefassaden mitgearbeitet hatte. Die Ausrichtung zum Louvre erklärt die Besonderheit des Palais des Quatre-Nations: Seine **Hauptfassade** öffnet sich, im Gegensatz zu allen vorhergehenden Pariser Bauten, zur Seine hin und bezieht erstmals den Fluss als Stadtlandschaft mit ein. Die berüchtigte Tour de Nesle, die zur Stadtbefestigung Philipp Augusts gehörte, musste dem Palais Platz machen. 1667 war es fertiggestellt, elegant und von beeindruckender Wirkung. Auf die geschwungenen **Flügelbauten** mit zwei übereinander gestellten Säulenordnungen folgen die **Eckpavillons**, die durch eine korinthische Kolossalordnung betont sind.

Die **Kapelle**, deren Portikus von einer Kuppel überragt wird, bildet den Blickpunkt. Wie Richelieu in der Sorbonne, ließ Mazarin sich in der Kapelle seines Kollegs bestatten. Das **Grabmal**, von Antoine Coysevox und Jean-Baptiste Tuby nach Entwürfen von Jules Hardouin-Mansart 1689 ausgeführt, ist mit seinem architektonischen Dekor meisterhaft in Szene gesetzt. Außerordentlich schön sind die drei Tugenden zu Füßen des Sarkophags, deren raffinierte Symbolik vor allem in politischem Sinn zu interpretieren ist – als Allegorien der Vorsicht, des Wohlstands und der Treue.

1805 bestimmte Napoleon die Kapelle zum Sitzungsort der fünf Akademien, die zuvor im Louvre getagt hatten und nun im Institut de France zusammengefasst wurden. Die berühmteste ist die **Académie Française** (s. rechts, www.academie-francaise.fr). Und die anderen vier Akademien? Die **Académie des Sciences** und die **Académie des Inscriptions et des Belles Lettres** wurden beide von Colbert gegründet (1663 bzw. 1666). Letztere hatte dafür zu sorgen, dass die offiziellen Inschriften in gutem Französisch – nicht mehr in Latein – verfasst wurden. Die **Académie des Beaux-Arts** wurde 1816 gegründet, die **Académie des Sciences Morales et Politiques** im Jahr 1832.

Die **Bibliothèque Mazarine** (www.bibliotheque-mazarine.fr) im Ostflügel des Gebäudes ging aus der Privatbibliothek des Kardinals Mazarin hervor. Sie steht seit 1643 Wissenschaftlern offen und ist die älteste ihrer Art in Frankreich. Unter den 600 000 Titeln sind wertvolle Inkunabeln, Manuskripte und Bücher vor allem zur Historie. Das stimmungsvolle Ambiente stammt noch aus dem 17. Jh.

Die Académie Française

Sie war ursprünglich eine Art privater Salon von Gelehrten und Schriftstellern. Seit **Kardinal Richelieu** sich als großzügiger Protektor angeboten hatte, war es allerdings um ihre Unabhängigkeit geschehen. Richelieu bestimmte die Rolle der Académie Française als Pflegerin der französischen Sprache. 1694 erschien die erste Auflage des respektablen Wörterbuchs, an dem die Akademiker immer noch allwöchentlich arbeiten. Zu den 40 ›**Unsterblichen**‹, wie die Akademiemitglieder genannt werden, gehören derzeit Simone Veil, die ehemalige französische Ministerin, Max Gallo, der Schriftsteller und Historiker, und der frühere Staatspräsident Valéry Giscard d'Estaing. Wenig rühmlich für die Akademie ist die Liste derer, die keinen ›Fauteuil‹ (Sitz) bekamen: Molière, als Komödiant nicht salonfähig, Beaumarchais, dem Schriftsteller, dem man seine gewagten Geschäfte vorwarf, Diderot, der Voltaire missfiel, Descartes, Pascal, Balzac, Zola, Proust usw. Jedes neu gewählte Mitglied trägt bei seinem festlichen Empfang zum ersten Mal den berühmten ›Habit vert‹, Degen und Zweispitzhut und hält eine geistvolle Rede auf seinen verstorbenen Vorgänger.

61 Saint-Germain-des-Prés

Romanisch-gotischer Bau, einst Teil einer der bedeutendsten Benediktinerabteien Frankreichs. Sein charaktervoller Glockenturm verleiht dem Stadtviertel einen dörflichen Charme.

Place Saint-Germain-des-Prés, 6E ARR.
Métro 4: Saint-Germain-des-Prés

Diese älteste der großen Pariser Kirchen steht an der Stelle eines Klosters, das Chlodwigs Sohn Childebert um 543 auf

Anraten des hl. Germain, Bischof von Paris, gegründet hatte. Die Basilika diente den merowingischen Königen als Grabstätte. Von den Normannen zerstört, wurde sie um das Jahr 1000 wieder aufgebaut. Der noch erhaltene **Turm** gehörte zu dieser romanischen Basilika; er ist einer der ältesten Frankreichs. Baltard setzte ihm im Laufe der Restaurierungsarbeiten des 19. Jh. einen neuen Helm auf. Die beiden anderen Türme, die den Chor flankierten, wurden im vorigen Jahrhundert bis auf die Stümpfe abgetragen. Um 1150 begann man mit dem Bau des schönen frühgotischen **Chors**. Am 21. April 1163 wurde er von Papst Alexander III. geweiht, und am selben Tag legte der Papst auch den Grundstein für Notre-Dame. Wahrscheinlich war es Pierre de Montreuil, der 1245 Marienkapelle, Kreuzgang und Refektorium anbaute, Gebäude, die heute allerdings nicht mehr vorhanden sind.

Ab 1644 wurde das Gewölbe des bis dahin flach gedeckten Mittelschiffs eingezogen. Das farbige Dekor des 19. Jh. hat den **Innenraum** zwar verändert, aber der einfachen, klaren Struktur des Raums keinen Abbruch getan. Die großen **Wandgemälde** stammen von dem Ingres-Schüler Hippolyte Flandrin, der Mitte des 19. Jh. zu einem Wiederaufleben der religiösen Malerei beitrug und viele große Aufträge erhielt. Am Eingang zum rechten Seitenschiff ist eine *Maria mit Kind* (um 1340) angebracht, eine qualitätvolle Marmorskulptur, die möglicherweise aus der Kathedrale stammt. Im linken Querhaus liegt das **Grabmal** (1672) von Johann Kasimir, jenem polnischen König, der 1668 abdankte und anschließend Abt von Saint-Germain-des-Prés wurde. In den Nebenapsiden kommen die wunderschönen **romanischen Kapitelle** aus dem 12. Jh. dank ihrer Restaurierung wieder voll zur Geltung.

Die reiche Benediktinerabtei besaß im Mittelalter ausgedehnte Ländereien am Ufer der Seine. Sie war direkt dem Papst unterstellt. Außerhalb der von Philipp August errichteten Befestigungswälle gelegen, bildete sie bis ins 17. Jh. eine Stadt für sich, mit einer Ringmauer, eigener Gerichtsbarkeit und einem Jahrmarkt. Die Abtei trug wesentlich zur Ausdehnung von Paris in Richtung Süden bei. Die Revolution allerdings setzte der traditionsreichen Klostergemeinde ein grausames Ende. 300 Mönche fielen einem Massaker zum Opfer, die berühmte Bibliothek und die Klostergebäude wurden gebrandschatzt, die Königsgräber geplündert.

In dem kleinen Garten nördlich der Kirche sind einige spärliche Überreste der gotischen Gebäude von Pierre de Montreuil und Picassos Skulptur *Hommage à Guillaume Apollinaire* aufgestellt.

62 Place de Furstenberg und Musée National Eugène Delacroix

Von dem bezaubernden Plätzchen aus betritt man Wohnung und Atelier des großen Malers der Romantik, Eugène Delacroix.

6E ARR., Métro 4: Saint-Germain-des-Prés

Nicht weit vom Palais der Äbte von Saint-Germain blieb ein kleines Juwel erhalten: die **Place de Furstenberg**, deren Zauber eine alte Straßenlaterne und vier Katalpa-Bäume ausmachen. Hier scheint der Versammlungsort aller Spatzen von Paris zu sein. Nur die Glocken von Saint-Germain übertönen ihr Gezwitscher. Der Name des Platzes erinnert an Wilhelm Egon von Fürstenberg, einen schwäbischen Adeligen, Parteigänger Ludwigs XIV. und Kardinal von Strassburg, der für seine treuen Dienste vom König die Abtei Saint-Germain erhielt, wo er 1704 starb.

TOP TIPP

Das bescheidene, aber stimmungsvolle **Musée National Eugène Delacroix** (im Hof, 6, rue de Furstenberg, Tel. 01 44 41 86 50, www.musee-delacroix.fr, Mi–Mo 9.30–17 Uhr) gibt Einblick in die private Welt des Künstlers Eugène Delacroix (1798–1863). Die Räume seines Apartments, in dem er von 1857 bis zu seinem Tod 1863 lebte, sind unverändert. Einige seiner Möbel und Malutensilien sind zu sehen, Briefe und Porträts erinnern an seine Beziehung zu George Sand und anderen Persönlichkeiten seiner Zeit. In dem geräumigen Atelier mit Blick auf einen kleinen Garten arbeitete Delacroix an seinen letzten großen Werken und bereitete die Wandgemälde von Saint-Sulpice vor. Hier steht auch noch seine Staffelei. Zeichnungen, Aquarelle, Lithographien und einige Gemälde vermitteln einen Eindruck von der thematischen Vielfalt im Werk dieses Malers, in dem einst Baudelaire den ersten Meister der Moderne erkannte.

Der kompakten Struktur der Fassade von Saint-Sulpice mit ihren klassischen Säulen und Arkaden gliedern sich selbst die beiden Türme ein, deren südlicher unvollendet blieb

63 Saint-Sulpice

TOP TIPP

Streng gegliedert, zweitürmig, von beeindruckender Größe: Saint-Sulpice ist die ›Kathedrale‹ der Klassik. Berühmt sind ihre ausgezeichnete Orgel und die Wandgemälde von Delacroix.

2, rue Palatine, 6E ARR.
Tel. 01 42 34 59 98, www.paroisse-saint-sulpice-paris.org
Métro 4: Saint-Sulpice

Trotz ihrer langen Baugeschichte macht die Kirche einen einheitlichen Eindruck. Sechs Architekten lösten sich in rund 150 Jahren ab. 1646 wurde der Grundstein für den Neubau der Pfarrkirche gelegt, den die Abtei Saint-Germain-des-Prés für den rasch anwachsenden Faubourg errichten ließ. Die ursprünglichen Pläne Christophe Gamars sind im Grundriss von Notre-Dame inspiriert, mit umlaufendem Seitenschiff, Kapellen, wenig vorspringendem Querhaus und halbrundem Chor. Unter der Leitung von Gilles-Marie Oppenordt wurde 1722 das Querschiff und 1736 das Langhaus im klassischen Stil vollendet. Oppenordt, Hauptvertreter des *Style Rocaille*, entwarf auch eine bewegte Fassade; 1732 wurde ihm aber der Florentiner Servandoni vorgezogen, der eine **Westfassade** im italienischen Stil mit zweigeschossigen Kolonnaden vorschlug. Sein Entwurf wurde zwar nur teilweise ausgeführt, der Giebel wieder abgetragen und die Türme von Chalgrin verändert, trotzdem verkündet die Fassade den Einzug des Klassizismus in Paris.

Der helle **Innenraum** mit hohen Arkaden, Tonnengewölbe, markanten Stichkappen und großen Fenstern hat eine majestätische Wirkung. Seine Ausmaße (118 m Länge, 57 m Breite, 33 m Höhe) stehen denen von Notre-Dame kaum nach. Vieles von der ursprünglichen **Ausstattung** ist verloren gegangen. Der Stil der zahlreichen großen *Wandgemälde* der Kirche hat das Wort ›sulpicien‹ geprägt, das für eine fade, akademische Kunst steht. Einzig die beiden berühmten Kompositionen von **Eugène Delacroix** heben sich ab (1. Kapelle rechts). Es sind Spätwerke, die der Romantiker, bereits schwer krank, mit großer physischer Anstrengung 1861 vollendete. *Heliodors Vertreibung aus dem Tempel* steht dem *Kampf Jakobs mit dem Engel* gegenüber, dem Gemälde, das als künstlerisches Testament Delacroix' gewertet wird.

Die **Orgel** mit dem Prospekt von Chalgrin (1776) ist eine der besten Frankreichs, und Konzerte, die namhafte Organisten in Saint-Sulpice geben, finden große Beachtung. Ein Geschenk der Republik Venedig sind die beiden auf sonderbaren Rocaille-Sockeln ruhenden und als Weihwasserbecken verwendeten **Riesenmuscheln**. An den Chorpfeilern stehen Skulpturen von Bouchardon. Besonders bemerkenswert ist die einfache, würdige *Schmerzensmutter*. Die schöne **Eichenholztäfelung** in der Sakristei gibt einen Eindruck vom Dekorationsstil, den Oppenordt für die Kirche vorgesehen hatte.

64 Palais du Luxembourg und Jardin du Luxembourg

Den herrlichen, abwechslungsreichen Park verdanken die Pariser Maria von Medici, die nach dem Tod Heinrichs IV. Sehnsucht nach ihrer Heimatstadt hatte und sich eine Art Palazzo Pitti mit italienischen Gärten wünschte. Das Palais du Luxembourg ist heute Sitz des Senats.

6E ARR., RER B: Luxembourg

Die in der Tat florentinisch wirkenden Fassaden mit ihrer groben Bossierung und die Kuppel über dem Eingangspavillon sollen nicht täuschen: Das **Palais** (15, rue de Vaugirard, Senat: Tel. 0142342000, www.senat.fr, öffentl. Sitzungen: Di–Do, Führungen: Tel. 0144541949), das Salomon de Brosse für Maria von Medici ab 1615 baute, ist ganz und gar von französischer Art. Der Plan entspricht dem vieler Schlösser der Île de France, mit einem **Corps de Logis** zum Garten hin, zwei niedrigen **Seitenflügeln** und einer einstöckigen **Galerie**, die das mit Eckpavillons betonte Geviert zur Straßenseite hin abschließt.

Das 19. Jh. brachte viele Veränderungen. Von der ursprünglichen Innenausstattung des Palasts bestehen nur noch die **Wandvertäfelungen**, die in der Salle du Livre d'Or untergebracht sind. Die Bilder der von Rubens gemalten Medici-Galerie befinden sich im Louvre, die Galerie selbst wurde von Chalgrin durch ein schönes Treppenhaus ersetzt. Während der Revolution diente das Palais als Gefängnis. Später fanden hier die parlamentarischen Sitzungen des Direktoriums und des Konsulats statt.

1836 fügte man an der Gartenseite, stilistisch im Einklang mit der vorhandenen Architektur, einen **Vorbau** an, und das Palais wurde endgültig zum Sitz des französischen Senats, der das zweite gesetzgebende Organ neben der Nationalversammlung ist. Er tagt in einem halbrunden, von den anerkannten Künstlern der Zeit dekorierten Sitzungssaal. Der staatliche Auftrag für die Wandgemälde

Lebendiges Quartier Latin: ein stimmungsvolles Ambiente zum Stöbern bietet die Place Saint-Sulpice mit ihrem regelmäßigen Antiquitätenflohmarkt

Hinter der ausladenden Fassade des Palais du Luxembourg im gleichnamigen ausgedehnten Garten tagt heute der Senat

der **Bibliothek** fiel, wie für die Nationalversammlung, dem damals so umstrittenen Avantgardisten Eugène Delacroix zu, dem hier einmal mehr zugute gekommen sein soll, dass er der uneheliche Abkomme Talleyrands war – so sagte man. Die **Fresken** (1840–45) sind jedenfalls Meisterwerke der französischen Monumentalmalerei. Sie haben Dantes *Göttliche Komödie* und Themen der antiken Mythologie zum Inhalt. **Le Petit Luxembourg** im Westen hat dem Palais den Namen gegeben. Es gehörte dem Grafen von Luxemburg und ist heute Residenz des Senatspräsidenten.

TOP TIPP Die weitläufigen Anlagen des gepflegten **Jardin du Luxembourg** reichen im Süden bis zum Observatorium (17. Jh.), dessen Kuppel den Point de vue bildet. Fantasievoller als der Tuileriengarten, der den strikten Linien der Gartenkunst ›à la française‹ folgt, liegt der Charme des Jardin du Luxembourg in seiner Vielseitigkeit. Besonders beliebt sind die Plätze um das große Bassin, in dem die Kinder kleine Holzboote segeln lassen. Von den italienischen Fantasien des ersten Gartens blieb nur die **Fontaine de Médicis**, ein bezauberndes Nymphäum, von Platanen und Efeuranken umrahmt. Liebespaare haben dort ihr Rendezvous, genauso wie Acis und Galatea, die der Riese Polyphem überrascht: Die Skulpturengruppe stammt aus dem 19. Jh. Von den zahlreichen **Statuen** im Park seien Dalous emphatisches Delacroix-Denkmal und die kleine Ausgabe der Freiheitsstatue genannt.

65 L'Odéon – Théâtre del'Europe

Eine ›moralische Anstalt‹ aus dem Jahrhundert der Aufklärung, antikisierend und streng, heute einem europäischen Repertoire gewidmet.

6, Place de l'Odéon, 6E ARR.
Ticket-Tel. 01 44 85 40 40
www.theatre-odeon.fr
Métro 4, 10: Odéon

Das Theater, 1782 mit Jean Racines *Iphigenie in Aulis* eingeweiht, stellte der Comédie-Française, die zuvor auf dürftigen, provisorischen Bühnen spielen musste (u. a. Rue de l'Ancienne-Comédie), zum ersten Mal einen angemessenen Rahmen zur Verfügung. Die Architekten Marie-Joseph Peyre und Charles de Wailly planten nicht nur das Gebäude, sondern auch den halbrunden Vorplatz mit den Fassaden der umliegenden Häuser und die fünf Straßenzüge, die auf das Theater zulaufen und seinen imposanten Portikus zur Geltung bringen. Die dorischen Säulen, der waagerechte Fugenschnitt der Wände und umlaufende Gesimse sind der einzige Schmuck des blockartig wirkenden Bauwerks, beispielhaft für den klassizistischen Stil der Zeit vor der Revolution. Neu ist die Konzeption des Innenraums, der erstmals ein **rundes Parkett** vorsah und damit den Abstand zwischen Bühne und Publikum reduzierte. Zweimal abgebrannt, wurde das Theater so gut wie unverändert wieder aufgebaut. Das **Deckengemälde** ist ein Hauptwerk von André Masson (1965).

Noch vor der Revolution wurde hier *Figaros Hochzeit* uraufgeführt (1784) und brachte Beaumarchais stürmischen Applaus und die Verhaftung ein. Den Namen Odéon erhielt das Haus 1797, dem klassizistischen Geschmack der Zeit folgend. Von diesem Zeitpunkt ab war es vor allem dem **Musiktheater** vorbehalten. Ab 1959, unter der Leitung von **Jean-Louis Barrault**, wurden im Odéon mit großem Erfolg moderne Stücke gespielt.

Ein Literatenviertel

Das Stadtviertel zwischen dem Jardin du Luxembourg und dem Boulevard Saint-Germain mit seinen zahlreichen spezialisierten Buchhandlungen ist voller literarischer Erinnerungen. An der **Place de l'Odéon Nr. 1** war früher das berühmte **Café Voltaire**, das die Romantiker und Symbolisten besuchten und das zwischen den Weltkriegen zum Treffpunkt der in Paris gestrandeten ›Lost Generation‹ wurde: Scott Fitzgerald, T. S. Eliot, Ezra Pound, Ernest Hemingway, Sinclair Lewis und Gertrude Stein. George Sand wohnte in der **Rue Racine Nr. 3**. Im Haus **Nr. 26** der **Rue de Condé** schrieb Pierre-Augustin Caron de Beaumarchais den ›Barbier von Sevilla‹, und Joseph Roth fristete sein armseliges Emigrantendasein in der **Rue de Tournon**. Der Luxembourg-Garten gefiel den Poeten. Rainer Maria Rilkes Karussell stand hier, George Sand, Charles Baudelaire und Paul Verlaine, die in den Alleen flanierten, sind durch Statuen verewigt.

Im Mai 1968 und mit Barraults Duldung besetzten die Studenten das Theater, Inbegriff bürgerlicher Bildungsinstitutionen, und probten Kulturrevolution. Ende 1969 wurde das Haus wieder eröffnet – ohne Jean-Louis Barrault. Das **Repertoire** ist international – klassisch wie auch modern – und oft in der Originalsprache, im Sinne des 1983 von Giorgio Strehler initiierten ›Théâtre de l'Europe‹.

66 Val-de-Grâce

Ein Kirchenbau von römisch-barocker Plastizität – auf französischem Boden eine Seltenheit.

1, place Alphonse-Laveran, 5E ARR.
RER B: Port-Royal

Mit 36 Jahren immer noch kinderlos, hatte Anna von Österreich, die Gemahlin Ludwigs XIII., die Errichtung einer **Dankeskirche** und eines **Klosters** für die Benediktinerinnen der Rue Saint-Jacques gelobt. Der lang ersehnte Thronfolger und zukünftige Ludwig XIV. legte 1645 selbst den Grundstein. Das Kloster diente der Königinmutter später als Witwensitz und Ort der Einkehr, wo sie ihre Intrigen gegen den Kardinal Richelieu spinnen konnte.

Zunächst wurde François Mansart mit der Planung betraut. Aber schon ein Jahr später entschloss sich Anna von Österreich, Jacques Lemercier, dem Architekten Richelieus, die Weiterführung zu übertragen. Der römisch beeinflusste Lemercier gab Mansarts Projekt mit wenigen Veränderungen barocken Schwung. An der **Fassade** fügte er die Voluten hinzu und eine Attika über dem korinthischen Portikus. Der **Kuppel** verlieh er Dynamik, indem er sie durch einen Tambour erhöhte und mit starken Pilastern, vorspringenden Gesimsen, Genien und Flammenvasen rhythmisierte. Nach der noch klassisch-strikten Kapelle der Sorbonne ist dies Lemerciers zweiter Kuppelbau in Paris, einer der interessantesten Frankreichs, dem Land der Klassik, in dem der italienische Barock nie wirklich Fuß fassen konnte.

Erstaunlich ist außerdem das reiche Dekor des **Innenraums**, mit schönen Kassetten im Tonnengewölbe, Reliefs der Tugenden über den Arkaden, Evangelistenmedaillons in den Pendentifs. Der Bildhauer Michel Anguier stellte hier seine römische Schulung unter Beweis.

Auf dem Friedhof Montparnasse: In memoriam Serge Gainsbourg, dem 1991 verstorbenen Sänger, Chansondichter und notorischen Provokateur

Auch Pierre Mignard, von dem das **Deckengemälde** stammt, lässt über seine italienische Inspiration keinen Zweifel. Der Baldachin wurde lange Zeit Bernini zugeschrieben, ist aber von Mansart und Le Duc.

Während der Französischen Revolution wurde das Kloster aufgelöst und fungierte fortan als Militärkrankenhaus. Val-de-Grâce untersteht noch heute dem Sanitätsdienst der Armee. Seit 1850 werden dort die französischen Militärärzte ausgebildet.

67 Cimetière Montparnasse

Nicht ganz so malerisch wie der Friedhof Père-Lachaise, aber ebenso reich an berühmten Namen und sonderbaren Grabmonumenten.

Boulevard Edgar Quinet, 14E ARR.
Métro 4, 6: Edgar Quinet oder Raspail

Zu Füßen der Hochhäuser von Montparnasse liegt die friedliche, mäßig begrünte Totenstätte, in einem mit Gärten nicht verwöhnten Viertel. Hier war schon einige Jahre vor der Revolution ein Friedhof, damals noch außerhalb des Stadtzentrums gelegen. Der heutige mit seinen schnurgeraden Alleen wurde 1824 eröffnet. Bis 1883 wurden hier die Hingerichteten bestattet.

Der Friedhof ist in 30 Sektionen (frz. division, im folgenden Div. abgekürzt) eingeteilt. Einen **Plan** mit den Gräbern der großen Persönlichkeiten erhält man wochentags am Haupteingang.

Gleich am Eingang (20. Div.) findet man die stets mit Blumen geschmückte Grabstätte von **Simone de Beauvoir** und **Jean-Paul Sartre**. An der Avenue de l'Ouest, im israelitischen Friedhof, ruht der litauische Maler **Chaïm Soutine** (5. Div.). **Charles Baudelaire** liegt neben dem verhassten Schwiegervater Aupick im bescheidenen Familiengrab (6. Div.). Doch an den Dichter der *Fleurs du Mal* erinnert auf der anderen Seite des Friedhofs (an der Mauer, Avenue Transversale) noch ein eigenes Monument. Es stammt von J. de Charmoy, der auch das Grabmal des Literatur- und Kunstkritikers **Charles Augustin Sainte-Beuve** gestaltet hat und diesen grimmig von seiner Säule herabblicken lässt (17. Div.).

Nicht weit vom Rond-Point, im Zentrum des Friedhofs, befindet sich das Grab von **Serge Gainsbourg** (1. Div.). Die Pilgerstätte wirkt – mit Blumen, Gedichten, Gitane-Paketen und Plüschtieren überhäuft – fast fröhlich. Nördlich davon ruhen **Samuel Beckett** (11. Div.), der am Montparnasse wohnte, **Charles Garnier**, der Architekt der Oper (11. Div.), und der Komponist **Saint-Saëns** (13. Div.). In der Nähe befindet sich auch das Grab der Filmschauspielerin **Jean Seberg** (13. Div.), unvergesslich in *À Bout de Souffle* und *Bonjour Tristesse*. **Constantin Brâncuşis** Grab liegt gleich gegenüber in der 18. Sektion. Seine berühmte Skulptur *Der Kuss* steht auf einem Grab jenseits der mitten durch den Friedhof verlaufenden Rue Emile-Richard. Auf dieser Seite findet man auch die Ruhestätte des Komponisten **César Franck** und des Schriftstellers **Guy de Maupassant** (26. Div.).

68 Musée Bourdelle

Atelier und Wohnung des Rodin-Schülers Antoine Bourdelle. Viel Pathetisch-Monumentales aus dem Werk des Bildhauers.

18, rue Antoine-Bourdelle, 15E ARR.
Tel. 01 49 54 73 73
www.bourdelle.paris.fr
Di–So 10–18 Uhr
Métro 4, 12, 13: Montparnasse Bienvenüe

Neben Maillol ist Antoine Bourdelle (1861–1929) einer der Hauptvertreter der Skulptur in der Nachfolge Rodins. Als Lehrer an der Académie de la Grande-Chaumière war er nicht ohne Einfluss. Man mag vom naiven Pathos seiner Werke und den konstruierten, archaischen Formen halten, was man will – das Museum, bestehend aus Haus, Atelier und Garten des Künstlers, hat einen eigentümlichen Reiz, etwas Persönliches und Rustikales, das sich trotz der An- und Umbauten erhalten hat. Bourdelle lebte und arbeitete hier von 1884 bis zu seinem Tod im Jahr 1929.

Die **Ausstellung** erlaubt, die verschiedenen Stadien der Bildhauerarbeit zu verfolgen, vom Entwurf über den Gipsabguss bis zum vollendeten Werk. Die Figur *Héraclès Archer* (1909) machte Bourdelle berühmt. Die beiden Viktorien in der großen Halle, für das Beinhaus am Hartmannsweilerkopf im Elsass entworfen, das Monument General Alvears, des Befreiers Argentiniens, und die Statue des polnischen Dichters und Freiheitskämpfers Adam Mickiewicz zeigen, welcher Art die offiziellen Aufträge waren, mit denen Bourdelle betraut wurde. Die Porträts sind eine Hommage an bewunderte Künstler: Ingres, Carpeaux, Rodin natürlich und Beethoven, den er von 1887 bis 1929 nicht weniger als 62-mal darstellte. Zentauren und Siegesgöttinnen bevölkern Garten und Höfe.

69 La Ruche

Was für Montmartre das ›Bateau-Lavoir‹ darstellte, war für Montparnasse ›La Ruche‹: eine ärmliche Behausung für heute berühmte Künstler.

2, passage de Dantzig, 15E ARR.
www.la-ruche.fr
Métro 13: Porte de Vanves

Hinter dem schmiedeeisernen Tor und viel Grün verbirgt sich ein runder **Ziegelpavillon** mit chinesisch anmutendem Dach und karyatidengeschmücktem Eingang. Dies war einer der magischen **Orte der Kunst** vor dem Ersten Weltkrieg. In den dreieckigen Kammern der Ruche oder in einem der anderen Ateliers der Kolonie lebten damals Lipchitz, Zadkine, Henri Laurens, Archipenko, Robert Delaunay, der glücklose Modigliani und Fernand Léger, der von der Exzentrik des Milieus unberührt blieb.

Eine zweite Generation folgte, darunter viele ostjüdische Einwanderer: Marc Chagall, Chaïm Soutine, Epstein, Kisling, alles große Namen der École de Paris. »Man krepiert dort oder wird berühmt«, sagte später Chagall.

›La Ruche‹ war ursprünglich ein Pavillon für die Weltausstellung von 1900. Der erfolgreiche Bildhauer Alfred Boucher (1859–1934) kaufte ihn und ließ ihn in der Passage de Dantzig für junge Künstler aufstellen, die er seine ›Bienen‹ nannte (la ruche = Bienenkorb) und die er, so gut es ging, unterstützte. Seit 1970 steht der Bau unter Denkmalschutz, und die Künstler, die heute hier arbeiten, sind längst keine armen Teufel mehr.

70 Catacombes

Ein Abstieg in die Unterwelt der Pariser Steinbrüche, zu Millionen von Totengebeinen.

Place Denfert-Rochereau, 14E ARR.
(Postanschrift: 1, av. du Colonel Henri Rol-Tanguy)
Tel. 01 43 22 47 63,
www.catacombes-de-paris.fr
Di–So 10–17 Uhr
Métro 4, 6 und RER B: Denfert-Rochereau

Die Pariser Katakomben waren nicht wie die im alten Rom Zuflucht verfolgter Christen. Sie entstanden erst Ende des 18. Jh., als man sich endlich entschloss,

Ornamentale Wandgestaltung – in den Katakomben der Place Denfert-Rochereau

den großen Friedhof der Unschuldigen Kinder [s. Nr. 21] neben den Markthallen aufzulösen, da dieser einen gefährlichen Infektionsherd darstellte. Von 1787 bis 1860 überführte man nachts die Gebeine, auch von den vielen anderen Friedhöfen der Stadt hierher.

Vor dem ehemaligen Zollhaus des Architekten Ledoux, das früher ›la Barrière de l'Enfer‹ (›das Tor zur Hölle‹) hieß, steigt man 90 Stufen in 25 m Tiefe hinab und folgt dann den endlosen, heute elektrisch beleuchteten Gängen der an sich schon beeindruckenden **Steinbrüche**. Sie hatten über Jahrhunderte den qualitätvollen Kalkstein geliefert, aus dem die Pariser Kirchen, Klöster und Palais gebaut wurden. »Halt an, hier ist das Reich des Todes«, ist eingemeißelt auf der Tür zu den Katakomben zu lesen. Säuberlich sind hier die **Gebeine** von rund 6 Mio. Verstorbenen aufgestapelt, in modrigen Galerien und Sälen, in denen es von der Decke tropft. Dekorative Reihen von Totenköpfen und gekreuzten Schenkelknochen zieren die Gebeinwände und zeigen, dass man durchaus Sinn für das Schöne hatte. Inschriften wie »Jedes Leben hat seinen Tod, jeder Tod hat sein Leben« geben hinreichend Stoff zum Philosophieren.

In einem runden Saal, der ›Rotunde der Schienbeine‹, wurde 1897 von ausgesuchten Ästheten ein mitternächtliches Konzert gegeben. Auf dem Programm standen Requiems und der Totentanz von Saint-Saëns. Unschwer sich vorzustellen, dass die romantische Generation von den damals frisch angelegten Katakomben geradezu fasziniert war.

71 Musée Zadkine

In dem versteckten Haus mit Atelier und Garten lebte und arbeitete der russisch-französische Bildhauer.

100 bis, rue d'Assas, 6E ARR.
Tel. 01 55 42 77 20
www.zadkine.paris.fr
Di–So 10–18 Uhr
Métro 4, 12, RER B: Notre-Dame-des-Champs, Vavin, Port-Royal

Ossip Zadkine (1890–1967) ist eine der Künstlerfiguren aus der großen Zeit des Montparnasse. 1908 kam er in Paris an und fand seine erste Behausung, wie so viele Künstlerimmigranten, in der Ruche [Nr. 69]. 1928 zog er in das kleine Haus vom Ende des 19. Jh., das er seine ›Folie d'Assas‹ nannte und das, von seiner Frau der Stadt Paris vermacht, später zum Museum wurde. Im Garten, in dem die Skulpturen zwischen den Bäumen zu wachsen scheinen, hat sich seit Zadkines Tod kaum etwas verändert. Wie andere Künstler des Montparnasse empfing Zadkine seine Schüler im Atelier und unterrichtete an der Académie de la Grande-Chaumière, der berühmten Kunstschule.

Das **Museum** zeigt die Entwicklung des Künstlers von den ersten archaisch wirkenden, direkt in den Stein gehauenen Skulpturen bis zu den abstrakten Werken der 1960er-Jahre. Der kubistische Einfluss zu Beginn der 1920er-Jahre zeigt sich bei Plastiken wie *Femme à l'Éventail* und *Accordéoniste*. Die späteren Werke entwickeln die kubistische Grundstruktur des Wechsels von konkaven und konve-

Blick ins Musée Zadkine, eines der ehemaligen Künstlerateliers am Montparnasse

xen Formen weiter. *La Ville Détruite* (1948–51), eine Art *Guernica* der Nachkriegszeit mit großer expressiver Geste, ist Zadkines berühmtestes Werk.

72 Saint-Julien-le-Pauvre

Hinter den Bäumen des Square Viviani versteckt, wirkt Saint-Julien-le-Pauvre heute wie eine kleine Dorfkirche. Im Mittelalter machte sie als universitäres Zentrum der Domschule von Notre-Dame Konkurrenz.

Rue Saint-Julien-le-Pauvre, 5E ARR.
www.sjlpmelkites.org
Métro 4: Saint-Michel

Die frühgotische Kirche, 1165–1220 errichtet, steht an der Stelle eines merowingischen Klosters am Pilgerweg nach Santiago de Compostela. Als sich im 12. Jh. das Universitätsleben von der Domschule von Notre-Dame löste und auf das rechte Seineufer verlagerte, wurde Saint-Julien-le-Pauvre bald zu einem Zentrum des entstehenden Quartier Latin. Die feierlichen Sitzungen der Universität fanden in der Kirche statt.

Fassade und Tonnengewölbe stammen aus dem 17. Jh. Original erhalten sind das nördliche Seitenschiff und der **Chor** mit seinem sechsteiligen Gewölbe, den Rundpfeilern, Spitzbogenarkaden und den schönen akanthus- und harpyengeschmückten Kapitellen. Seit 1889 gehört die Kirche der melchitischen (griechisch-katholischen) Gemeinde mit ihrem an Weihrauch und Messgesang reichen Ritus. Die Ikonostase, typische Einrichtung der orthodoxen Kirche, trennt den Gemeinderaum vom Allerheiligsten.

Vom **Square Viviani** bietet sich ein malerischer Blick auf Notre-Dame. Hier steht einer der ältesten Bäume von Paris, eine von dem Naturforscher Jean Robin 1601 gepflanzte ›Falsche Akazie‹, heute in bedauernswertem Zustand. Um die Kirche gruppieren sich Häuser und Gassen von mittelalterlichem Reiz.

73 Saint-Séverin

Eine der schönsten gotischen Kirchen von Paris. Der Chorumgang ist ein Meisterwerk des Style Flamboyant.

1, rue des Prêtres-Saint-Séverin,
5E ARR., www.saint-severin.com
Métro 4: Saint-Michel

Angeblich steht die Kirche an der Stelle der Kapelle des hl. Severin, eines Einsiedlermönchs, der hier im 7. Jh. gelebt haben soll. Das heutige Gebäude wurde in der 1. Hälfte des 13. Jh. begonnen, aber erst gegen 1530 vollendet. Im 19. Jh. brachte man das **Portal** der abgerissenen Kirche Saint-Pierre-aux-Bœufs hierher und setzte es an die Westfassade. Sein Pflanzendekor ist typisch für die Pariser Kirchen des 13. Jh. Die **Südfassade** von Saint-Séverin, gegenüber den Beinhäusern des alten Friedhofs aus dem 15. Jh., ist besonders reich dekoriert. An Maßwerk, Fialen und Wasserspeiern stellten die Steinmetzen des ausgehenden Mittelalters ihr Können unter Beweis. Kapellen mit kleinen Giebeln bilden einen malerischen Zackenkranz rings um die Kirche.

Der breite, fünfschiffige **Innenraum** setzt deutlich das 1450 errichtete Langhaus und die Seitenschiffe vom 1495 vollendeten Chor ab. Langhaus und Kapellen besitzen Kreuzrippengewölbe, der Chor ein kompliziertes System von Stern- und Dreistrahlgewölben. Außergewöhnlich fein gearbeitet sind die Pfeiler des **Chorumgangs**, achteckig, mit reliefbetonten Kanten. Am Mittelpfeiler laufen die Kanten spiralförmig um den Säulenschaft. Ohne Kapitelle gehen die Säulen direkt in das palmenartige **Gewölbe** über. Robert Delaunay versuchte 1909/10, die Dynamik dieser Architektur in einer Serie von Gemälden festzuhalten. Äußerst fantasievoll sind auch die Schlusssteine und das Laub- und Rankenwerk der Chorkapitelle. Wie in vielen Pariser Kirchen wurde das Innere von Saint-Séverin im 17. Jh. verändert. Der Chor erhielt damals ein Dekor, das wenig

Im außergewöhnlich schönen doppelten Chorumgang von Saint-Séverin

Gespür für das gotische Formempfinden zeigt. Jean Bazaine schuf 1966 die *Fenster* der Chorkapellen, während die strahlenden Obergadenfenster auf das 15. Jh. und die Fenster der ersten drei Joche auf das 14. Jh. zurückgehen.

74 Musée National du Moyen Âge – Thermes et Hôtel de Cluny

Die gewaltigen römischen Thermen und das spätgotische Hôtel de Cluny als Zeugen der Geschichte bergen eine Sammlung mittelalterlicher Kunst.

6, place Paul-Painlevé, 5E ARR.
Tel. 01 53 73 78 16
www.musee-moyenage.fr
Mi–Mo 9.15–17.45 Uhr
Führung: Mi 15.30 Uhr
Métro 10: Cluny – La Sorbonne

Die imposanten Ruinen der **Thermen** hielt man früher für die Überreste des Palasts der römischen Kaiser oder der merowingischen Könige. Sie sind das bedeutendste Zeugnis, das Paris aus seiner gallisch-römischen Vergangenheit besitzt. Um 200 n. Chr. errichtet, fielen die Thermen schon 100 Jahre später den einfallenden Barbaren zum Opfer. Im 14. Jh. kaufte die mächtige burgundische Abtei Cluny das Gelände und ließ darauf ein Stadtpalais errichten; auf den römischen Ruinen entstand ein Obst- und

Die Dame mit dem Einhorn

Mit unzähligen Blumen übersät, gehört dieses Werk zu den ›Mille Fleurs‹, den **›Tausendblütenteppichen‹**, wie sie in Flandern und an der Loire gewoben wurden. Alle sechs Szenen der vermutlich Ende des 15. Jh. gefertigten Serie **›Dame à la Licorne‹** zeigen eine Dame auf einer blauen Insel, oft in Begleitung einer Dienerin, kostbar und immer wieder anders gekleidet, mit variantenreichem Kopfputz. Ein Löwe, das Wappentier der Stifterfamilie Le Viste aus Lyon, und ein Einhorn umgeben sie. Beliebtes Fabeltier des Mittelalters war das **Einhorn** ein **Symbol für Keuschheit** und **Tugend**, dem sich nur junge Mädchen nähern durften. Fünf der Szenen stellen die Sinne, aber auch irdische Sinnesfreuden dar. Die sechste, unter der Devise **›A mon seul désir‹** [siehe Abb. oben], symbolisiert den endgültigen Verzicht auf alle Vergnügungen. Die Dame legt selbstlos ein Schmuckstück in eine Schatulle zurück. Die Poesie, die von den zart verblassten Teppichen ausgeht, haben als erste Prosper Mérimée und George Sand fasziniert; sie entdeckten das vergessene Meisterwerk auf Schloss Boussac im Limousin (Département Creuse).

Gemüsegarten. Nach mehrfachem Besitzerwechsel erstand Alexandre du Sommerard, ein leidenschaftlicher Sammler mittelalterlicher Kunst, 1833 das Hôtel de Cluny. 1844 wurde daraus ein **Museum**, das die Thermen mit einbezog und sie vor dem endgültigen Verfall rettete.

Das **Hôtel de Cluny**, wie es heute zu sehen ist (zwischen 1485 und 1510 im Flamboyantstil errichtet), ist eines der schönsten Beispiele mittelalterlicher Profanarchitektur. Eine hohe, zinnenbekrönte Mauer schirmt es nach außen ab. Sehr elegant wirkt der Hof der **Dreiflügelanlage**. Treppentürme, Arkaden, Wasserspeier und die kunstvoll verzierten Lukarnen sind Bestandteile der äußerst prunkvollen Gestaltung, die ahnen lässt, mit welcher Opulenz sich die Kirchenfürsten des Spätmittelalters umgaben.

Am **Treppenturm** ist ein verspielter Dekor aus Jakobsmuscheln und Spruchbändern zu sehen, der auf den Erbauer Abt Jacques d'Amboise Bezug nimmt. Hier kommen die Kunstgegenstände des sympathischen Museums gut zur Geltung. Nebenan lädt ein mittelalterlicher Garten zum Flanieren im Freien ein. Auf dem Boden sind hier und da auf Platten Pfotenabdrücke von Tieren zu sehen, die auf dem Teppich ›Die Dame mit dem Einhorn‹ vorkommen.

Die mittelalterlichen **Wandteppiche**, die zahlreiche Säle schmücken, gehören zu den schönsten Frankreichs. Die berühmteste Teppichserie des Museums aber ist die der *Dame à la Licorne* (*Die Dame mit dem Einhorn*), für die eigens ein Rundsaal eingerichtet wurde (s. links). D Gobelins wurden Ende des 15. Jh. vermutlich in einem Brüsseler Atelier gefertigt.

Zu den fragilsten Kunstgegenständen gehören die **Stoff-Fragmente** koptischer, sassanidischer und byzantinischer Herkunft, die ältesten unter ihnen gehen auf das 3. Jh. zurück. Die berühmte byzantinische Seidenarbeit mit der Darstellung einer Quadriga (Ende 8./Anfang 9. Jh.) gehörte zum Schatz des Aachener Doms. Unter den gestickten Objekten sind die Leoparden aus dem englischen Wappen (14. Jh.) und die Mitren aus der Sainte-Chapelle (14./15. Jh.) hervorzuheben.

Viele **Skulpturen** des Museums stammen aus Pariser Kirchen. In der Vorhalle zu den Thermen steht man den 20 monumentalen Königsköpfen (1210–30) der Westfassade von Notre-Dame gegenüber. 1793 von den Revolutionären abgeschlagen, wurden sie 1977 zufällig wiedergefunden. Obwohl sie stark beschädigt sind, haben sie nichts von ihrer Ausdruckskraft verloren. Weiter seien genannt die Köpfe der Westfassade von Saint-Denis (vor 1140), eindrucksvoll in ihrer archaischen Strenge, und die vier Apostelstatuen der Sainte-Chapelle (1245–48), die die Entwicklung der gotischen Skulptur zum verfeinerten höfischen Stil zeigen.

Der *Basler Altar* (Anfang 11. Jh.), ein mit Blattgold überzogenes Antependium, ein Geschenk Kaiser Heinrichs II. für den Dom von Basel, ist eines der wertvollsten Werke des Museums. Daneben sind Glasfenster, Elfenbeinschnitzereien, Möbelstücke, eine reiche Sammlung von Goldschmiedearbeiten, Spielzeug und Rüstungen zu sehen. Die **Abtskapelle** mit ihrem auf schlanken Pfeilern ruhenden, maßwerkverzierten Netzgewölbe ist ein Kleinod des Flamboyantstils.

Von der römischen **Thermenanlage** ist vor allem das geräumige Kaltbad, *Frigidarium*, zu sehen, wo die Lutetier sich nach Gymnastik und Schwitzbad mit einem Sprung ins Kaltwasserbecken erfrischten. Der Raum besitzt noch sein hohes Gewölbe. Die Wände haben ihre Marmorverkleidung verloren und zeigen das für die Zeit typische *Opus mixtum*, die abwechselnde Verwendung von Stein und Ziegel. Schiffskonsolen am Gewölbeansatz lassen vermuten, dass die Thermen von der Korporation der Seineschiffer (Nauten) errichtet wurden. Hier sind auch die Blöcke des sog. *Nautenpfeilers* aufgestellt, 1711 unter dem Chor von Notre-Dame gefunden. Auf dem Jupiter geweihten Votivpfeiler der Pariser Flussschiffer sind nicht nur römische Götter, sondern auch gallische Gottheiten dargestellt, ein bemerkenswertes Zeugnis religiöser Toleranz. Westlich des Kaltbads schließt das Warmbad, *Tepidarium*, an, in dem individuelle Badewannen mit lauwarmem Wasser standen. Das südwestlich folgende Schwitzbad, *Caldarium*, ist eine Ruine.

75 Sorbonne

Eine der hervorragenden Stätten europäischen Geisteslebens. Die Kapelle der Universität ist ein Hauptwerk französischer Barockarchitektur.

47, rue des Écoles, 5E ARR.
www.sorbonne.fr
Métro 10: Cluny – La Sorbonne

Der Domherr Robert de Sorbon, Beichtvater Ludwigs des Heiligen, gründete 1253 ein Kolleg für »mittellose Lehrer und Studenten« der Theologie. So bescheiden waren die Ursprünge der Sorbonne, die bis zur Französischen Revolution Sitz der theologischen Fakultät der **Pariser Universität** und jahrhundertelang das Zentrum der Religionswissenschaft war. Sie spielte nicht nur eine geistige, sondern auch eine wichtige – nicht immer rühmliche – politische Rolle, sprach sich im Hundertjährigen Krieg für Heinrich V. von England aus, verurteilte die Jungfrau von Orléans, bekämpfte den Protestantismus und die Ideen der Aufklärung. Während der Revolution wurde sie geschlossen, Napoleon I. ließ sie 1806 neu erstehen, und im Verlauf des 19. Jh. wurde sie zum Zentrum der französischen Hochschulen.

Eine eigene tradierte Gesetzgebung sichert ihre Autonomie, die im Mai 1968 zum ersten Mal verletzt wurde, als die Polizei in das Gebäude eindrang und einige Studenten verhaftete. Heute werden ausschließlich **geisteswissenschaftliche Fächer** an der Sorbonne gelehrt. Trotz Bildungskrise und studentischer Unzufriedenheit ist ihr internationales Renommée beträchtlich.

Das heutige **Gebäude** stammt vom Ende des 19. Jh. Seine langen Korridore und viele Säle sind mit pompösen allegorischen Darstellungen dekoriert, Werke anerkannter Künstler der Zeit. Puvis de Chavannes ist der einzige heute noch bekannte unter ihnen. Von ihm stammt das **Wandgemälde** des großen Amphitheaters, *Der heilige Hain*, ein träumerisch feierliches Idealbild der Wissenschaften. (Das Amphitheater und die monumentale Treppe können nur nach vorheriger Anfrage beim Rektorat, Tel. 0140462349, Visites.Sorbonnes@ac-paris.fr, oder bei einer der in den Tageszeiten angekündigten Führungen besichtigt werden.)

Von den Gebäuden, die Kardinal Richelieu als Provisor der Sorbonne errichten ließ, existiert nur noch die **Kapelle** (wegen Renovierungsarbeiten bis 2012 geschl.). 1635 von Jacques Lemercier begonnen, geht dieser noch etwas zahme Kuppelbau dem von Val-de-Grâce [Nr. 66] voran, der bereits die Dynamik italienischen Barocks besitzt. Das eindrucksvolle marmorne **Grabmal Richelieus** in der Kapelle, von Girardon 1694 nach Zeichnungen von Le Brun ausgeführt, stellt den Kardinal auf dem Sterbebett dar, von der Frömmigkeit gestützt und von der Wissenschaft beweint.

Neben der Sorbonne, an der Rue Saint-Jacques, setzt das 1530 unter Franz I. gegründete **Collège de France** die Tradition der öffentlichen und unentgeltlichen Vorlesungen fort, die dort von erstklassigen Wissenschaftlern gehalten werden. Unter ihnen waren bzw. sind Jules Michelet, Henri Bergson, Jacques Lacan, Raymond Aron, Frédéric Joliot-Curie, Roland Barthes, Claude Lévi-Strauss und Pierre Boulez.

76 Panthéon

Gedenkstätte bedeutender französischer Männer und einer Frau. Ausdruck der Klarheit und Rationalität des ›Siècle des Lumières‹.

Place du Panthéon, 5E ARR.
Tel. 01 44 32 18 00
www.monuments-nationaux.fr
April–Sept. tgl. 10–18.30,
Okt.–März tgl. 10–18 Uhr
Métro 10: Cardinal-Lemoine,
RER B: Luxembourg

Ohne falsche Bescheidenheit überragt der **Ehrentempel der Nation** das Quartier Latin. Zur Rue Soufflot und zur eigens angelegten Place du Panthéon hin demonstriert er seine ganze spröde Monumentalität. Als größter *Sakralbau* des 18. Jh. geplant, gab ihm die Französische Revolution erstmals seine heutige Bestimmung. Ludwig XV. hatte 1744 den Neubau der Kirche Sainte-Geneviève gelobt, falls er von schwerer Krankheit genesen würde. **Jacques-Germain Soufflot** (1713–1780) wurde mit dem Bau beauftragt. Ab 1757 arbeitete er mehrere Pläne aus, die immer größere, kühnere Kuppeln über den vier Kreuzarmen der Kirche vorsahen. 1764 legte der König schließlich den Grundstein. Die Bodenbeschaffenheit des ehemaligen römischen Siedlungsgebiets erwies sich aber als problematisch, sodass sich die Bauarbeiten verzögerten. Als man 1778 mit der Errichtung der Kuppel begann, tauchten schon die ersten Risse an Säulen und Wänden auf. Soufflot soll darüber vor Gram gestorben sein. Seine Mitarbeiter führten den Bau bis 1790 zu Ende, nicht ohne die Pläne abzuändern.

Von den Zeitgenossen wurde Soufflots in der Tat revolutionäres Werk als »das erste Beispiel vollkommener Architektur« empfunden. Es verdankt einiges Christopher Wrens Londoner St. Paul's Cathedral (erbaut 1675–1710), die schon von der neuen klassizistischen Auffassung zeugte, und stellt Soufflots ernsthafte Kenntnis der antiken Architektur, die er bei seinem Italienaufenthalt studiert hatte, unter Beweis. Ein **Portikus** zitiert das römische Pantheon; korinthische, durch Stufen erhöhte **Säulen** säumen das Innere, wodurch der Raumeindruck antiker Tempelarchitektur entsteht. Außergewöhnlich für seine Zeit war Soufflots Bestreben, die Eleganz der griechischen Säulenordnung mit der Leichtigkeit und Transparenz der Gotik zu verbinden. Tatsächlich hat Soufflot als ausgezeichneter Architekturtheoretiker die Druckverteilung der riesigen Kuppel nach gotischem Muster konzipiert. Strebebögen sind sorgfältig im Mauerwerk versteckt. Aus statischen Gründen hatte man aber darauf verzichten müssen, die die Kuppel stützenden Pfeiler in Säulen aufzulösen.

1791 wurden die großen Fenster, die dem Innenraum strahlende Helligkeit verliehen hatten, zugemauert und das soeben zum ›Panthéon Français‹ umgetaufte Monument seiner Bestimmung als Mausoleum angepasst. Die so entstandenen Wandflächen boten später den Künstlern der Dritten Republik, darunter Puvis de Chavannes, Gelegenheit zu einem großen **Freskenzyklus**, der ihrem Streben nach Monumentalität entsprach. Thema ist das Leben der hl. Genoveva.

Das Panthéon war von Ludwig XV. als Sakralbau geplant. Seit 1791 dient das bombastisch ausgeführte Innere als Grabstätte der großen Männer der Nation

Trotz aller Veränderungen ist der **Innenraum** mit seiner akzentuierten Folge von Kuppelgewölben und Gurtbögen beeindruckend. Die emphatische Skulpturengruppe *La Convention* stammt von François Sicard. Die **Kuppel** ist wie die des Invalidendoms aus drei Schalen aufgebaut.

In der **Krypta** wird mit audiovisuellen Mitteln sehr anschaulich die architektonische und politische Geschichte des Monuments erläutert. In den grabeskühlen Galerien ist das Ehrendenkmal von Jean-Jacques Rousseau aufgestellt, die Urne mit dem Herzen von Léon Gambetta, das Monument zu Ehren Voltaires, die Gräber von Jean Jaurès und Émile Zola. Der Graf von Mirabeau war 1791 der erste, der hier bestattet wurde; Voltaire, Joseph Bara, Jean-Jacques Rousseau und Jean Paul Marat folgten. Die politischen Verhältnisse änderten sich jedoch, Mirabeau und Marat mussten 1794 bzw. 1795 wieder ausziehen. Während der Restauration ab 1814 wurde das Panthéon abermals zur Kirche. Anlässlich des pompösen Staatsbegräbnisses von Victor Hugo wurde es 1885 erneut und endgültig seiner republikanischen Bestimmung übergeben. Jean Moulin (1889–1943), eine große Figur des französischen Widerstands, René Cassin (1887–1976), der Verteidiger der Menschenrechte, Jean Monnet (1888–1979), einer der Initiatoren der Europäischen Gemeinschaft sowie der Schriftsteller und Politiker André Malraux (1901–1976) gehören zu den jüngeren Auserwählten, die in das Panthéon eingingen. Seit 1995 ruht auch eine Frau in der Gesellschaft der berühmten Männer: Marie Curie (1867–1934), die Physikerin, Chemikerin und zweifache Nobelpreisträgerin polnischer Abstammung. 2002 wurde auch Alexandre Dumas (1802–1870), Autor von ›Die drei Musketiere‹ und ›Graf von Monte Christo‹, ins Panthéon verlegt.

77 Bibliothèque Sainte-Geneviève

Sainte-Geneviève ist die große literarische Bibliothek der Universität Paris.

10, place du Panthéon, 5E ARR.
Tel. 01 44 41 97 97
www-bsg.univ-paris1.fr
Mo–Sa 10–22, Juli/August 13–19 Uhr,
Métro 10: Cardinal-Lemoine;
RER B: Luxembourg

Der Grundstock der heute etwa 2 Mio. Bände umfassenden Bibliothek stammt aus der ehemaligen Abtei Sainte-Geneviève. Zu ihren Beständen gehört auch die literarische **Sammlung Jacques Doucet**. Der Modeschöpfer, Freund vieler Künstler und Schriftsteller vermachte sie 1929 der Pariser Universität. Sie umfasst u. a. Manuskripte von Charles Baudelaire, Arthur Rimbaud, André Gide und André Breton. Die Bibliothek besitzt auch eine bedeutende Sammlung von Handschriften und Wiegendrucken.

Die Geisteswissenschaften haben hier Tradition: An der Stelle der Bibliothek Sainte-Geneviève stand früher das Kolleg Montaigu von ausgezeichnetem Ruf, aber berühmt für seine strenge Zucht, der sich Ignatius von Loyola, François Rabelais, Erasmus von Rotterdam und Johannes Calvin unterzogen.

Im 1844–50 entstandenen **Lesesaal** (Zutritt nur mit Leserkarte oder auf Anfrage) sieht man das kühne schmiede- und gusseiserne *Bauskelett*, das Labrouste hier erstmals an einem öffentlichen Gebäude verwendete. Das Rahmenwerk des Saals bildet mit dem Dach eine zusammenhängende Konstruktion, die vom Mauerwerk nur umkleidet wird und mit seinem leichten Tonnengewölbe auf schlanken Säulen sehr ästhetisch wirkt.

78 Saint-Etienne-du-Mont

Ein eigenwilliger Kirchenbau im Übergang von der Gotik zur Renaissance. Der schöne Lettner ist der einzige in Paris erhaltene.

23, rue Clovis, 5E ARR.
Métro 10: Cardinal-Lemoine

Neben dem steifen Panthéon wirkt die fantasievolle Fassade dieser Kirche geradezu ausgelassen. Der große Zustrom von Schülern und Studenten im rasch anwachsenden Universitätsviertel erforderte 1492 die Errichtung einer neuen Pfarrkirche. Sie wurde neben die Kirche der Abtei Sainte-Geneviève gebaut, von der nur noch der Turm vorhanden ist (er überragt das heutige Lycée Henri-IV).

Als erstes entstand 1530–35 der Chor, Querhaus und Schiff waren 1585 vollendet. Die **Fassade** wurde erst ab 1610 an das der Struktur nach gotische, obendrein asymmetrische Langhaus angebaut, ein schwieriges Unterfangen, das Claude Guérin einfallsreich löste. Drei übereinander gestaffelte Giebel mischen in spielerischen Kombinationen Elemente der späten Renaissance mit gotischem Formengut. Das triumphbogenartige *Portal* wird überragt von einem Segmentgiebel mit einer gotischen Fensterrose, darüber ein ungewöhnlich steiler Giebel, der an gotische Wimperge erinnert. Der asymmetrische, seitlich der Achse platzierte *Turm* setzt das Tüpfelchen aufs i. 1861 wurde die Fassade von Baltard ein erstes Mal erneuert.

Der helle **Innenraum** wirkt wie der einer Hallenkirche, da die Seitenschiffe fast die Höhe des Mittelschiffs besitzen. Am Netzgewölbe der Vierung beeindruckt ein tief hängender *Schlussstein*. Schlanke Säulen, Rundbogenarkaden im Langhaus und ein origineller Laufgang, der nur im Querhaus unterbrochen wird, sind die augenfälligen Renaissanceelemente. Der **Lettner**, der den Bereich des Klerus von dem der Laien trennte, wurde gleichzeitig mit dem Chor errichtet. Elegant überbrückt er den Zugang zum Chor und geht zu beiden Seiten in eine Wendeltreppe über. Sein fein ziselierter Dekor hat nichts Gotisches mehr, und man nimmt an, dass der Entwurf von Philibert de l'Orme stammt, dem ersten bedeutenden Architekten der französischen Renaissance. Die beiden **Seitenportiken** (1600–05) sind von Pierre Biard, der an der Grande Galerie des Louvre mitgearbeitet hat. Zur Ausstattung der Kirche gehören die Kanzel von Germain Pilon (1651) und der Orgelprospekt aus dem 17. Jh. Der Mathematiker, Physiker und Philosoph Blaise Pascal sowie der Dramatiker Jean Racine sind in der Kirche begraben.

Die **hl. Genoveva** wird hier heute noch verehrt. Ihr Schrein in der zweiten Chorkapelle birgt die 1802 wiedergefundenen Reste vom ursprünglichen Grab der Beschützerin von Paris, der die Horden Attilas keine Angst einjagten. Die Glasfenster (19. Jh.) der Kapelle erzählen ihre Lebensgeschichte.

Eine der beiden eleganten Wendeltreppen des Lettners von Saint-Etienne-du-Mont

Architektonische Inszenierung: die Pforte zum Arabischen Kulturinstitut mit Blick auf die Südfassade

79 Institut du Monde Arabe

TOP TIPP

Dem kulturellen Austausch zwischen Orient und Okzident gewidmet. Eine interessante Architekturschöpfung mit subtilen Anspielungen auf arabische Bautraditionen. Das Museum zeigt die Vielfalt der arabischen Kunst.

1, rue des Fossés-Saint-Bernard,
5E ARR.
Tel. 01 40 51 38 38
www.imarabe.org
Di–So 10–18 Uhr
Métro 7, 10: Jussieu

Wie ein Schiffsbug legt sich das Gebäude an den Seine-Quai. Der steile Einschnitt zwischen den beiden Flügeln von Jean Nouvels puristischer Konstruktion weist in Richtung der Île de la Cité und auf den Chor von Notre-Dame. Mithilfe eines fotografischen Verfahrens erscheint die Silhouette der gegenüberliegenden Île Saint-Louis an der *Nordfassade* und unterstützt so die harmonische Einfügung des Gebäudes in seine Umgebung.

Die *Südfassade* hingegen ist eine elektrotechnische Variation der traditionellen Gitter aus gedrechseltem Holz, die in arabischen Häusern das Sonnenlicht filtrieren. Die silbrigen Platten enthalten Tausende von Fotozellen zur automatischen Steuerung der Lichtverhältnisse im Inneren. Den *Bücherturm*, ein Turm von Babel en miniature, nimmt man durch die transparente *Westfassade* wahr. Marmor, matt glänzendes Aluminium, gedämpfte Beleuchtung und das Spiel von Licht und Schatten schaffen eine Atmosphäre, die den Besucher auf den facettenreichen und in mancher Hinsicht geheimnisvollen arabischen Kulturkreis einstimmt.

1980 unterzeichnete Frankreich mit 19 arabischen Staaten ein Abkommen zur Gründung des **IMA** (Institut du Monde Arabe), dessen Aufgabe es ist, die Kenntnis der arabisch-muslimischen Zivilisation und den kulturellen Austausch zu fördern. 1987 wurde dieses ›Centre Pompidou der arabischen Kultur‹ eingeweiht. Politische Spannungen und Diskussionen über ideologische Inhalte und das Budget, zu dem Frankreich ursprünglich 50 %, inzwischen aber wesentlich mehr beiträgt, gaben jedoch immer wieder Anlass zu Unstimmigkeiten. Das IMA veranstaltet wissenschaftliche Kolloquien, Dichterlesungen, Konzerte, Ausstellungen und verfügt mit seinen 26 900 m^2 auch über eine große *Bibliothek* (65 000 Bücher und Dokumente, 1360 Periodika) und audiovisuelle Einrichtungen.

Das **Museum** zeigt in seiner Dauerausstellung – oft mit reizvollem Blick auf die Seine – Zeugnisse der islamischen Welt, die in der Zeit ihres größten Einflusses von Spanien bis Indien reichte. Die Sammlung beginnt auf der siebten Etage mit einer kurzen Vorstellung der vorislamischen Kunst. Es folgen Zeugnisse, die die Entstehung der Religion und des Staatswesens dokumentieren. Kalligra-

phie, Buchkunst und Münzen illustrieren die Zeit der ersten beiden Dynastien, der Omaijaden (661–750) und der Abbasiden (750–1258). Eine schöne Sammlung von Astrolabien zeugt von der Blüte der Wissenschaften. Dieses astronomische Instrument, das seit Beginn des 6. Jh. in der arabischen Welt belegt ist und noch im 19. Jh. verwendet wurde, kam im 11. Jh. über Spanien nach Europa.

Auf der vierten Etage erlaubt die Präsentation von Kunstgegenständen (Keramiken, Glas sowie Teppiche und Möbel) vom 10. bis zum 18. Jh. einen chronologischen wie auch geographischen Überblick. Die Ausstellung gibt ein komplexes Bild der kulturellen Einflüsse und geschichtlichen Umbrüche wie Kreuzzüge, Eroberungen und Handelsexpeditionen.

80 Jardin des Plantes

1626 aus dem ›Königlichen Garten für Heilpflanzen‹ hervorgegangen, wurde im 18. Jh. aus dem Jardin des Plantes ein berühmtes Forschungsinstitut. Zusammen mit dem Naturgeschichtlichen Museum ist er eine Attraktion für Groß und Klein.

Eingang Rue Linné oder Place Valhubert, 5E ARR.
Métro 5, 7, 10, RER C: Gare d'Austerlitz oder Jussieu

Alte Bäume, schnurgerade Alleen und grünspanüberzogene Statuen großer Naturwissenschaftler machen den Reiz dieses der **Wissenschaft** geweihten Gartens (tgl. 7.30–19.30 Uhr) aus. Nach Belie-

Vielfalt des Lebens: Die beeindruckende Ausstellung in der Galerie de l'Evolution im Muséum National d'Histoire Naturelle erinnert an das biblische Arche-Noah-Motiv

ben kann man den Alpengarten, ein von einem Bronzepavillon überragtes Labyrinth, die Gewächshäuser für tropische Pflanzen und Kakteen oder den botanischen Lehrgarten besuchen. Während der langen Zeit, in der Graf Buffon mit seiner Leitung betraut war (1739–88), entwickelte sich der damalige *Jardin du Roi* zu einem einflussreichen Zentrum der Naturforschung. 1793, während der Revolution, entstand daraus das Muséum National d'Histoire Naturelle. Die staunenden Pariser konnten hier damals zum ersten Mal Elefanten, Giraffen und Bären sehen. Geoffroy Saint-Hilaire, Jean-Baptiste de Lamarck, Bernard Germain de Lacépède, Georges Cuvier und Antoine Henri Becquerel machten das Forschungsinstitut weltberühmt.

Das üppige Grün des alten Gartens bildet den Rahmen für die kleine, liebenswerte **Menagerie** (tgl. 9–18 Uhr), die Rainer Maria Rilke zu seinem berühmten Gedicht *Der Panther* inspirierte.

TOP TIPP Die Sammlungen des **Muséum National d'Histoire Naturelle** (57, rue Cuvier, Tel. 01 40 79 56 01, www.mnhn.fr, Mi–Mo 10–18 Uhr) sind in den Gebäuden am südlichen Gartenrand untergebracht. Hauptanziehungspunkt ist seit 1994 die **Grande Galerie de l'Évolution**, ein naturgeschichtliches Museum in der einstigen zoologischen Galerie (Zugang: Rue Geoffroy-Saint-Hilaire), einer großartigen Hallenkonstruktion des 19. Jh. Unter den Projekten des früheren Staatspräsidenten François Mitterrand ist dies eines der gelungensten, was die diskrete Restaurierung und Modernisierung der Halle, aber auch was die dynamische Aufbereitung der Themenbereiche anbelangt. Von wechselnden Lichteffekten und Naturlauten begleitet, wird hier die Diversität des Lebens, seine Entwicklungsgeschichte und das Eingreifen des Homo sapiens in die Naturräume der Erde aufregend und informativ inszeniert.

In der **Galerie de Minéralogie et de Géologie** (im Südwesten) sind Kristalle und Kunstobjekte aus dem Besitz der französischen Könige ausgestellt. In den **Galeries de Paléontologie et d'Anatomie Comparée** (im Osten) kann man Skelette von Mammuts, Ichtyosauriern und Riesenhirschen bestaunen sowie Tausende von Fossilien, rekonstruierte Skelette und Lebensbilder urzeitlicher Tierarten.

81 Arènes de Lutèce

Die Reste dieses riesigen Amphitheaters sind ein eindrucksvolles Zeugnis aus gallo-römischer Zeit.

Eingang Rue de Navarre, 5E ARR.
Métro 7: Place Monge

Zu großen Teilen ergänzt, sind die Eingänge, Sitzränge und die breite Bühne heute gut zu erkennen. Dennoch bedarf es einiger Fantasie, um sich vorzustellen, dass hier Theaterstücke aufgeführt und Zirkusspiele veranstaltet wurden. Wie viele solcher Anlagen war auch diese **Theater** und **Arena** zugleich. Der äußere Aufbau muss den Arenen von Arles oder Nîmes ähnlich gewesen sein, die Ausmaße des weiten inneren *Ovals* (52 x 46 m) sind jedoch nur mit denen des Kolosseums in Rom zu vergleichen. Die Arena konnte 15 000 Personen aufnehmen. Wahrscheinlich wurde sie Ende des 1. Jh. erbaut, sie lag im Südosten der römischen Siedlung. Mit dem Eindringen der Barbaren Ende des 3. Jh. begann ihr Verfall. Schließlich geriet das Monument völlig in Vergessenheit. Erst 1869, als man die Rue Monge anlegte, wurden seine Überreste wiederentdeckt.

Einige Steinblöcke, die man an der Mauer des angrenzenden Parks aufgestapelt hat, tragen die Namen der gallisch-römischen Würdenträger, die einst darauf Platz genommen haben. Heute kann man hier den Nachkommen der Lutetianer beim friedlichen Boulespiel zuschauen.

82 Mosquée

Ein Zentrum islamischer Kultur im spanisch-maurischen Stil.

2, place du Puits-de-l'Ermite, 5E ARR.
Tel. 01 45 35 97 33
www.mosquee-de-paris.org
Sa–Do 9.30–12 und 14–18 Uhr
Métro 7: Place Monge

Ein grüner Halbmond aus Neon leuchtet am Eingang der Moschee, zu der am Freitag die Mitglieder der großen muslimischen Gemeinde von Paris zum Gebet strömen. Die **Hauptmoschee** Frankreichs wurde 1922–26 errichtet. Ihr Hof mit Brunnen und filigran dekorierten Arkaden erinnert an den der Alhambra. Ein *Mosaikfries* an den Wänden ist mit Koranversen versehen. In den **Gebetssaal** darf man bei der Besichtigung nur einen Blick werfen. Der vielfältige Dekor seiner Kuppeln stammt von Künstlern und Handwerkern aus den maghrebinischen Ländern. Auch die anderen Säle sind mit Kunsthandwerk aus dem Nahen Osten und Afrika geschmückt, mit libanesischen Holzvertäfelungen, persischen Teppichen und nordafrikanischer Kupferschmiedekunst. Der Moscheenkomplex umfasst auch das muselmanische Institut und eine Bibliothek mit kostbaren Koranausgaben.

An der Rue Geoffroy-Saint-Hilaire findet man neben einem kleinen Basar, ein *Hammam* (Dampfbad, www.la-mosquee.com) und ein Restaurant mit Café, wo man bei orientalischer Musik starken Pfefferminztee schlürfen und süßes arabisches Gebäck essen kann.

83 Rue Mouffetard

TOP TIPP

In der uralten Gasse, die von Saint-Médar zur Place Contrescarpe ansteigt, wird täglich (außer montags) ein farbenfroher Markt abgehalten.

5E ARR., Métro 7: Censier-Daubenton

Besonders am Sonntagvormittag ist der **Markt** der ›Mouffe‹ ein Vergnügen. Buntes, knackig frisches Gemüse und Obst, vielerlei Käsesorten, Fisch und Geflügel sind im unteren Teil der Straße verlockend aufgebaut. Das Spektakel hat etwas Mittelalterliches. Da wird mit viel Aufhebens die Ware angepriesen, Kirchgänger kommen aus Saint-Médar, Clochards und Straßenmusikanten sind mitten im Gedränge. Weiter oben folgen griechische Restaurants (abends mit Musik), Buchhandlungen und Boutiquen, die

Ein Stück unerwartetes Paris offenbart der anmutige Hof der Hauptmoschee

In der engen Rue Mouffetard ist täglich Marktbetrieb – besonders sehenswert am Sonntagvormittag

der Straße ihren von jeher lebhaften Charakter erhalten. Schon die Einwohner des römischen Lutetia haben diesen Pfad nach Süden genommen. 1254 wurde die Rue Mouffetard zum ersten Mal urkundlich erwähnt. Lange Zeit war sie eine unansehnliche und zwielichtige Gasse.

Die **Gebäude** am Anfang der Straße sind alt, schief und verwinkelt. Viele stammen aus dem 16. Jh. und wurden mit Bedacht restauriert. Einige weisen sogar noch schöne alte Ladenschilder auf. Die Kneipe im **Haus Nr. 122** trägt den viel versprechenden Namen ›À la Bonne Source‹ (Zum guten Quell). Das Haus ›Du Vieux Chêne‹ (**Nr. 69**) ziert das Relief einer Eiche. Am **Haus Nr. 14** winkt das gemalte Schild ›Au Nègre Joyeux‹. Etwa auf halber Strecke zweigt die schmale Rue du Pot-de-Fer ab, deren Straßenbild von den Terrassen zahlreicher Restaurants dominiert wird.

84 Manufacture Nationale des Gobelins

Seit über 300 Jahren werden hier in fast unveränderter Technik die weltberühmten Tapisserien gewebt.

42, avenue des Gobelins, 13E ARR.
www.mobiliernational.culture.gouv.fr
Métro 7: Les Gobelins

Je nach Vorlage schafft ein Weber pro Jahr 1–8 m² eines Bildteppichs. Hier wird nicht nach Herstellungskosten und Rentabilität gefragt. Seit ihrer Gründung ist die **Gobelin-Manufaktur** (FührungenDi–Do 14 und 15 Uhr, Tickets bei den Vorverkaufsstellen der FNAC, Tel. 08 92 68 46 94, 0,34 €/Min., www.fnacspectacles.com) eine Prestigeangelegenheit der Nation. Die Teppiche sind nicht verkäuflich, sie sind ausschließlich dem Staat vorbehalten oder werden als offizielle Staatspräsente verschenkt.

Die nach der Manufaktur Gobelins genannten Wandteppiche werden am vertikalen Webstuhl, dem *Hautelissestuhl*, gefertigt. Die Vorlagen bestellt der Staat bei prominenten Künstlern: einst waren es Charles Le Brun, Pierre Mignard, Antoine Coypel, François Boucher, später haben u. a. Pablo Picasso, Marcel Gromaire, Marc Chagall und Jean Lurçat Entwürfe geliefert. In der 1664 gegründeten **Manufaktur von Beauvais** wird am horizontalen Webstuhl, dem *Basselissestuhl*, gearbeitet. Sie befindet sich seit 1940 ebenso hier wie die Teppichmanufaktur **Savonnerie**, welche 1604 gegründet und 1826 dem Haus Gobelin angeschlossen wurde. Eine umfangreiche Sammlung von Tapisserien ist im Louvre [Nr. 9] zu besichtigen.

Echte Gobelins

Jean Gobelin, der der Wirkteppichmanufaktur seinen Namen gab, war gar kein Weber, sondern Färber. Er richtete seine Werkstatt im 15. Jh. am Ufer der **Bièvre** ein, einem Flüsschen, das heute unterirdisch zur Seine fließt und dessen Wasserqualität früher von den Färbern geschätzt wurde.

Colbert ließ 1662 mehrere Pariser Webateliers in den Gobelins zusammenfassen und übergab Charles Le Brun die Leitung dieser ›Manufacture Royale des Tapisserie et des meubles de la Couronne‹. Wenig später kamen eine Kunstschreinerei, eine Goldschmiede und eine Teppichknüpferei hinzu, die wesentlich zur Ausbildung des Louis-Quatorze-Stils beitrugen. Zu Colberts Zeiten beschäftigten die Gobelins 250 Weber, heute sind es nur noch 20. Der **Nachwuchs** für dieses hoch qualifizierte Kunsthandwerk wird in der Manufaktur selbst in einer vierjährigen Lehrzeit ausgebildet. Um mehrere Höfe gruppiert, waren die Ateliers und Wohnungen ein kleines Dorf für sich, so wie es heute noch zu sehen ist, mit einer Kapelle aus der Zeit von Ludwig XV. und einer Colbert-Statue.

Nördliche Innenstadt – das Paris der Händler und kleinen Leute

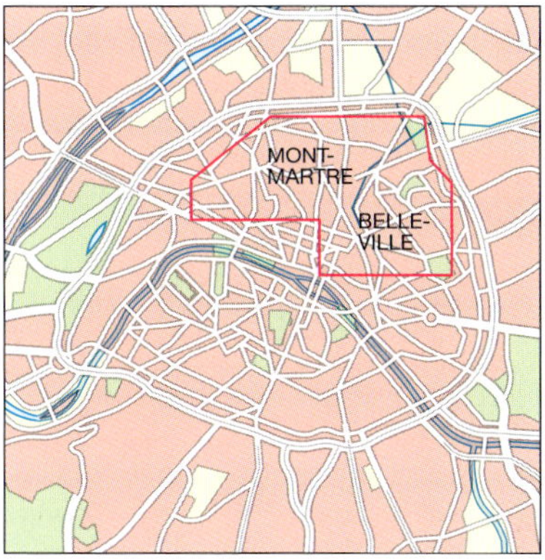

Les Grands Boulevards: Zwischen der Madeleine mit ihren Luxusgeschäften und der Place de la République, dem traditionellen Schauplatz von Gewerkschaftskundgebungen, werden die Abgründe, die die Pariser ›beaux quartiers‹ von den Vierteln der einfachen Leute trennen, besonders deutlich sichtbar. ›Les Grands Boulevards‹, das ist in Wirklichkeit eine einzige, **verkehrsreiche Arterie**. Von einer Kreuzung zur anderen ändert sich ihr Name und mit ihm der Charakter des Viertels. Sie durchquert den geschäftigsten Teil der **Rive Droite**, in dem sich alle Aktivität konzentriert: Börse, Banken, das Auktionshaus Drouot, das Viertel der Druckereien und der emsige Sentier, Umschlagplatz des französischen Prêt-à-porter. Hier spürt man den Puls der Metropole pochen.

Ludwig XIV. hatte die früheren Stadtwälle abtragen und an deren Stelle die Grands Boulevards anlegen lassen, breite baumbestandene Chausseen. Im 18. Jh. kamen diese Straßenzüge in Mode. Das Théâtre des Italiens feierte Triumphe. Es gab dem **Boulevard des Italiens** seinen Namen. Dort flanierte die elegante Welt, die Boulevardiers und die Dandys, die ihre englischen Bärtchen und die neueste Krawattenmode spazieren führten. Hier sah man die ersten Krinolinen. Auch heute sind die Grands Boulevards bis spät nachts belebt. Die Opernbesucher beschließen den Abend in den eleganten Cafés am Boulevard des Capucines. Von der Rue Drouot nach Osten wird die Atmosphäre bunt, fast vorstädtisch. Passagen blinken auf den Boulevard, Kinos, Theater, Lotterien und Bistros. Der alte Zauber des **Musée Grévin**, des berühmten Wachsfigurenkabinetts, zieht noch immer in seinen Bann und das 1794 gegründete **Musée des Arts et Métiers** in der Abtei von St-Martin-de-Champs fasziniert mit wichtigen Erfindungen seit dem 16. Jh.

Montmartre: Sacré-Cœur, Place du Tertre und ›Moulin Rouge‹ gehören zum üblichen Parcours der Touristenbusse. Doch zum Glück besitzt Montmartre nicht nur diese Klischeeansichten, sondern ist ein kontrastreiches, **lebendiges Viertel** geblieben, das sich dörfliche Aspekte erhalten hat. Seine Geschichte reicht weit zurück. Der 130 m hohe Hügel, die *Butte*, war von jeher den Göttern geweiht, zur Zeit der Kelten schon. ›Mons Mercurii‹ hieß er unter römischer Herrschaft. Der hl. Dionysius, der Schutzheilige von Paris, und zwei seiner Gefolgsleute sollen im 3. Jh. am Fuße der Butte enthauptet worden sein. Aus dem Namen ›Mons Martyrium‹ wurde ›Montmartre‹. An derselben Stelle (heute Rue Yvonne-Le-Tac) gründete Ignatius von Loyola 1534 den Jesuitenorden. Die **Pariser Kommune** nahm am 18. März 1871 auf dem Montmartre ihren Ausgang. Sie wollte um keinen Preis das besiegte Paris den Deutschen übergeben. 171 Kanonen waren an der Stelle von Sacré-Cœur postiert. In den Steinbrüchen und Stollen, die die Butte aushöhlen, fanden die Kommunarden Unterschlupf.

Damals war Montmartre ein **populäres Ausflugsziel**. Das fröhliche Treiben in einem der Gartenlokale hat Renoir 1876 in seinem bezaubernden, weltberühmten Bild *Le Moulin de la Galette* eingefangen. Die Mühle, unter deren Flü-

›La Goulue‹, schwang im ›Moulin Rouge‹ das Tanzbein, Toulouse-Lautrec verewigte diese Pariser Institution in seinen Skizzen, heute ist sie Ziel der Touristenbusse

geln das Volk tanzte, besteht noch, nicht weit entfernt von einer zweiten, der *Moulin du Radet* (zwischen der Rue Lepic und der Avenue Junot). Früher klapperten an die 30 Mühlen auf der Butte. Allgegenwärtig ist noch die Erinnerung an die **Künstler**, die in diesem volkstümlichen Viertel lebten. Daumier, Courbet fühlten sich hier zu Hause, Baudelaire, Zola, Maupassant. Place Pigalle war ein Treffpunkt der Malermodelle. Im **›Lapin Agile‹** und im **›Bateau-Lavoir‹** regierte vor 1908 die ›Bande à Picasso‹.

Die **Rue Lepic** bietet einen guten Einstieg in das Viertel. Lebhaft und geschäftig geht es im unteren Teil zu, im Viertel der einfachen Leute. Weiter oben, nach einer langen Schleife, wird die Straße bürgerlicher. Steile Treppen führen hinüber zur **Avenue Junot,** vorbei an beneidenswert schön gelegenen Wohnhäusern aus den 20er- und 30er-Jahren des 20. Jh. Dort steht Tristan Tzaras Haus, 1926 von dem österreichischen Avantgarde-Architekten Adolf Loos gebaut (Haus Nr. 15). Eine fast dörfliche Idylle findet man an der **Rue des Saules**. Der Besucher, der dort treppauf, treppab den steilen Gassen folgt, wird in der Rue de l'Abreuvoir das winzige rosa Haus wieder erkennen, das Utrillo gemalt hat. Die **Rue Saint-Vincent** hat der berühmte Chansonnier Aristide Bruant besungen. Unten an der Métrostation Barbès-Rochechouart beginnt das *Afrikanerviertel*. Hier wird das Straßenbild ärmlich und exotisch. Für Montmartre sollte man sich Zeit nehmen und, wenn man Lust hat, abends wiederkehren und sich von der Erotik-Glimmer-Illusion der Place Blanche oder der Place Pigalle gefangen nehmen lassen. Doch längst nicht mehr alle Lokale sind dort nur auf Striptease und Touristennepp spezialisiert.

Im Pariser Osten: Belleville, Ménilmontant, La Villette, das sind Namen, die an die Nachkriegsfilme von Marcel Carné erinnern. Dort ist das einfache Volk, **›le petit peuple‹**, zu Hause, das an seinem Viertel und an seinen Stammbistros festhält, das viel Herzlichkeit besitzt und immer eine treffende Replik parat hat. Diese Stadtviertel mit ihren Squares und Sozialwohnungen, den brüchigen Fassaden und düsteren Hinterhöfen sind die Zufluchtsquartiere der Nord- und Schwarzafrikaner, der Farbigen aus den überseeischen Gebieten und aller wenig bemittelten Schichten. Bereits seit den 70er-Jahren des 20. Jh. wurden im Pariser Osten ganze Straßenzüge umfassend renoviert und postmodern überarbeitet, mit mehr oder minder Geschick, doch mit allenthalben deutlich steigenden Mietpreisen, die viele der einstigen Bewohner zwangen, in die Vororte zu ziehen.

85 La Madeleine

Die Kirche La Madeleine: ein Monument mit bewegter Geschichte.

8E ARR., Métro 8, 12, 14: Madeleine

Bei einem Spaziergang entlang der Rue Royale sieht man bereits von Weitem die imposante Tempel-Fassade der Kirche **La Madeleine** (www.eglise-lamadeleine.com, tgl. 9.30–19 Uhr). Von 1764, der Grundsteinlegung, bis 1845, der endgültigen Weihe, dauerte das Hin und Her über Architektur und Bestimmung des Gebäudes. Pierre Contant d'Ivry zeichnete den ersten Entwurf nach dem Vorbild Saint-Louis-des-Invalides. Sein Nachfolger Guillaume Couture glich den Plan dem der Kirche Sainte-Geneviève (dem heutigen Panthéon) an. Während der Revolution bestand kein Bedarf mehr an Gotteshäusern. 1806 entschied Napoleon, aus dem begonnenen Bau einen **Ruhmestempel** für seine Armee zu machen. Man entschied sich für Pierre-Alexandre Vignons Entwurf eines von korinthischen Säulen gesäumten Tempels, der von Napoleon selbst in eine Kirche umgewandelt wurde. Das **Dekor** des dämmrig-feierlichen, eher profan wirkenden Hallenraums stellt eine schöne Einheit dar; es stammt aus den Jahren 1830–40. Die *Maria Magdalena* am Hochaltar, von Engeln umringt, ist ein Werk des Italieners Carlo Marochetti. Am Eingang links sieht man die *Taufe Christi* von François Rude.

An der **Place de la Madeleine** verlocken die Auslagen der feinsten Delikatessengeschäfte der Stadt. Für eine Augenweide ganz anderer Art sorgt die in einem eleganten Bau ansässige **Pinacothèque de Paris** (28, place de la Madeleine, Tel. 01 42 68 02 01, www.pinacotheque.com, tgl. 10.30–18 Uhr). Der Fokus der privaten Institution liegt auf monografischen sowie thematischen Wechselausstellungen. In nüchtern wirkenden Räumlichkeiten werden auf drei Ebenen moderne und zeitgenössische Kunstwerke präsentiert.

86 Opéra National de Paris – Palais Garnier

Grandioser Musentempel des Second Empire, ein Paradebeispiel des triumphierenden Eklektizismus.

8, rue Scribe, 2E und 9E ARR.
Tel. 01 71 25 24 23
www.operadeparis.fr
Foyer, Zuschauerraum und Museum: tgl. 10–17 Uhr,
Führungen: Mi, Sa/So 11.30, 15.30, Juli/Aug. tgl. 11.30, 14, 15.30 Uhr
Métro 3, 7, 8: Opéra

Seit langem fehlte in Paris ein großes Opernhaus, in dem die 1669 von Ludwig XIV. gegründete königliche Musikakademie ihre endgültige Bleibe finden konnte. 1858 beschloss Napoleon III. die Errich-

Ein traditionelles Theater ›à l'italienne‹ mit französischer Prägung: die imposante Palastarchitektur der Garnier-Oper aus dem Second Empire

Schauplatz für große Auftritte: die prächtige Treppe im Inneren des Palais Garnier

tung der Oper im Zentrum eines neuen Geschäftsviertels, das von Baron Haussmann geplant wurde. Aus 171 vorgeschlagenen Projekten entschied man sich einstimmig für das von **Charles Garnier**, einem bislang unbekannten Architekten aus der Provinz. Die Bauarbeiten begannen zwei Jahre später, wurden aber verzögert, als man auf Grundwasser stieß. Ein riesiges Betonbecken musste gebaut werden, dessen Gewölbe das ganze Gebäude trägt. Die Kuriosität eines ›Sees‹ unter der Oper beflügelt seitdem die Fantasie und gab Gaston Leroux Stoff zu seinem Roman *Das Phantom der Oper*. Die Einweihung erfolgte erst 1875.

Mit Wonne variierte und kombinierte Garnier diverse historische Stilelemente, in dem Maße, dass Kaiserin Eugénie fand, der Bau hätte überhaupt keinen Stil. Garnier bezog Anregungen von Victor Louis' Oper in Bordeaux und von der französischen und italienischen Palastarchitektur des 17. und 18. Jh. mit ein. An der **Fassade** werden die Louvre-Kolonnade und die Rundbogenarkaden von der Place de la Concorde zwar zitiert, aber von anderen Schmuckmotiven übertönt. Gleichwohl wirkt der Bau harmonisch und klar konzipiert: ein traditionelles Theater ›à l'italienne‹, das unter seinem dekorativen Reichtum eine Eisenkonstruktion verbirgt. Geschickt gestaffelt, lassen die Baumassen ihre Funktion erkennen. Die gedrungene Hauptfassade beherrscht die Perspektive der Avenue de l'Opéra, die Haussmann als Auffahrtsallee konzipierte. Die grünkupferne, goldverzierte **Flachkuppel** des Zuschauerraums überragt der Giebel des Bühnenhauses (60 m hoch), gekrönt von der Figur des eine Lyra hochhaltenden Apollon.

Ganz der Architektur untergeordnet, wurde das **ikonographische Programm** von Garnier selbst orchestriert und Bildhauern und Malern anvertraut, die wie er die offiziell anerkannte Kunst vertraten. Von den geflügelten Pferden, imperialen Adlern und Allegorien der Musik und Dichtung, die an dem Gebäude ringsum zu sehen sind, hebt sich erfrischend unakademisch Carpeaux' Figurengruppe *Der Tanz* ab (rechts an der Hauptfassade). Ihre unverhüllte ›Gewagtheit‹ verursachte einen Skandal. Die Verfechter der öffentlichen Moral beschmierten sie so gründlich mit Tinte, dass das Original, heute im Musée d'Orsay, noch Spuren davon zeigt.

Im **Inneren** entfaltet sich eine vielfarbige Pracht. Sie erreicht ihren Höhepunkt mit dem schwungvollen Treppenhaus, in dem das elegante großbürgerliche Publikum sich selbst in Szene setzen konnte. *Galerien* und *Balkone* geben von allen Seiten den Blick frei, erlauben zu sehen und gesehen zu werden. Kostbare Materialien – Onyx und Marmor – steigern die Wirkung. Eine Galerie mit schimmernden venezianischen Mosaiken führt zu dem ganz in Altgold getauchten **Großen Foyer**, dessen Plafond eine Bilderfolge von Paul Baudry schmückt. Im Vergleich zu den repräsentativen Foyers wirkt der **Zuschauerraum** eher klein. Er besitzt nur 2100 recht gedrängte Plätze. Auf Veranlassung von André Malraux wurde das ursprüngliche *Deckengemälde* durch ein Werk von Marc Chagall ersetzt, das in lebhaften Farben Figuren aus berühmten Opern und Balletten über dem riesigen Lüster tanzen lässt.

Seit Eröffnung der Bastille-Oper ist das Palais Garnier hauptsächlich der **Ballettkunst** vorbehalten und greift damit auf die große Tradition der Ballets Russes zurück, die von 1919 bis 1929 unter Sergej Diaghilew den Parisern und der Welt herausragende Künstler wie Anna Pawlowa, Vaclav Nijinsky, Serge Lifar und George Balanchine vorstellten und damit Ballettgeschichte schrieben.

Bibliothek und **Museum** der Oper sind im rechten Seitenpavillon, dem Pavillon de l'Empereur, untergebracht. Das Museum lässt etwas von der Magie großer Abende wiederauferstehen, erinnert an die Ära der Ballets Russes und zeigt Bühnenbildentwürfe und Kostüme von Picasso, Braque und Léon Bakst.

87 Opéra Comique

Ein überschäumend dekoriertes Theater, in dem neben der französischen Oper des 19. Jh. vor allem die leichte Muse zu Hause ist.

1, place Boieldieu, 2E ARR.
Tel. 01 42 44 45 40
www.opera-comique.com
Métro 8, 9: Richelieu-Drouot

Die Komische Oper, auch ›Salle Favart‹ genannt, trägt den Namen des genialen Kuchenbäckers und Singspielautoren **Charles Simon Favart** (1710–1792). Er war ab 1757 Direktor der Opéra Comique und mit einer geistvollen und viel umworbenen Schauspielerin verheiratet, die als Madame Favart berühmt wurde.

Das heutige Opernhaus steht an der Stelle des *Théâtre des Italiens* von 1783. Es wendet seine karyatidengeschmückte **Hauptfassade** nicht dem Boulevard zu, sondern der Place Boïeldieu. Die italienischen Komödianten wollten zeigen, dass sie nichts mit den Possenreißern auf den Boulevards gemein hatten. 1838 und 1887 ging das Théâtre des Italiens in Flammen auf. Louis Bernier ist der Architekt des heutigen, 1898 eingeweihten Hauses, an dessen herrlicher Belle-Epoque-Dekoration Gervex, Maignan, Falguière und Benjamin-Constant beteiligt waren. Jacques Offenbach (1819–1880) gab hier sein Debut als Cellist. Seine Operetten könnten keinen schöneren Rahmen finden. Das bewegte Leben der Madame Favart lieferte Offenbach übrigens Stoff für eine komische Oper (*Madame Favart*, 1878 uraufgeführt).

88 Musée Grévin

Berühmtes, viel besuchtes Wachsfigurenkabinett, in dem Szenen aus der französischen Geschichte und aktuelle Persönlichkeiten in einem prächtigen Belle-Epoque-Rahmen zu bestaunen sind.

10, boulevard Montmartre, 9E ARR.
Tel. 01 47 70 85 05
www.grevin.com
Mo–Fr 10–18.30, Sa/So bis 19 Uhr
Métro 8, 9: Grands Boulevards

Auge in Auge steht man da der Prominenz unserer Zeit gegenüber: Michael Jackson, Placido Domingo, Michael Schumacher, Céline Dion und natürlich vielen Stars des französischen Fernsehens. Es ist in Frankreich eine regelrechte Auszeichnung, ins **Musée Grévin** aufgenommen zu werden. In dieser *Welt des Scheins* ist mehr authentisch, als man glaubt: z. B. die Sitzbadewanne, in der Marat gerade von einer wüst dreinblickenden Charlotte Corday erstochen wird, oder der Wachsabdruck von Victor Hugos Händen. Napoleons und Joséphines *Salon de la Malmaison* ist stilecht bis hin zum Kaffeelöffel. Neben den Episoden aus der französischen Geschichte ist auch Kinogeschichte festgehalten, mit der obligaten Marilyn Monroe über dem Entlüftungsschacht und Sylvester Stallone in Aktion.

Die Idee zu diesem Museum hatten der Karikaturist Alfred Grévin und der Journalist Arthur Meyer. Sie wollten, dass ihre Zeitgenossen die berühmten Persönlichkeiten der Epoche ›hautnah‹ sehen konnten. Das war 1882. Im Jahr 1900 kam das schöne kleine **Theater** dazu, das heute unter Denkmalschutz steht, und 1904 der verrückte **Palais des Mirages**,

In Wachs geformte Historie vom 13. Juli 1793 im Musée Grévin: Die junge Charlotte Corday hat soeben Marat erstochen

der zuvor auf der Weltausstellung das Publikum in den nächtlichen Dschungel, in die Alhambra und die geheimnisvolle Welt des Fernen Ostens entführt hatte.

Neben dem Musée Grévin, am Boulevard Montmartre, beginnt die liebenswürdig altmodische **Passage Jouffroy** (1845–47), in der es Nettes und Kitschiges zu kaufen gibt.

89 Palais Brongniart

Der bürgerliche Kapitalismus des frühen 19. Jh. hat sich hier ein Monument gesetzt.

4, place de la Bourse, 2E ARR.
Tel. 01 49 27 14 70
Métro 3: Bourse

Auf dem Gelände eines früheren Klosters wurde ab 1808 ein ›Tempel des Geldes‹ für die 1724 gegründete **Wertpapierbörse** errichtet. Wie die Madeleine ist das Werk Alexandre-Théodore Brongniarts ein Zeugnis des etwas steifen Klassizismus, den das Empire hervorgebracht hat. Das ursprüngliche rechteckige, von glatten korinthischen Säulen umstandene Gebäude wurde zu Beginn des 20. Jh. durch zwei Flügel kreuzförmig erweitert. An den Freitreppen sitzen vier allegorische Figuren, die Handel, Gerechtigkeit, Landwirtschaft und Industrie darstellen.

Inzwischen gehört die Pariser Börse zum internationalen Börsenbetreiber NSYE Euronext, der 2006 durch die Fusion der europäischen Mehrländerbörse Euronext mit der New York Stock Exchange entstand. Nach dem Umzug der Börse in die Rue Cambon Nr. 39 dient der Palais Brongniart heute als Messe- und Konferenzzentrum.

Einladung zum Schaufensterbummel: die Passage Jouffroy hat sich das Flair des frühen 19. Jh. erhalten

90 Place du Caire

Der Euphorie nach Napoleons Ägyptenfeldzug verdankt der Platz seinen Namen und eine exotische Hausfassade. Das emsige Stadtviertel, Zentrum des Textilgroßhandels, versorgt Europa mit Pariser Modechic.

2E ARR., Métro 3: Sentier

1799 stand es noch günstig um die Kriegsgeschicke Bonapartes in Ägypten. In diesem Jahr wurden die Rue, Place und Passage du Caire angelegt, ein Jahr später die Rue du Nil. Gelehrte begleiteten Napoleon auf seinem Feldzug und gründeten das *Institut d'Égypte*. Zeichner und Maler hielten detailgetreu die Ansichten von Pyramiden und Tempeln fest und ließen Frankreich die pharaonische Kultur entdecken. Das **Haus Nr. 2** an der Place du Caire zeigt neben gotisch-venezianisch anmutenden Arkaturen ein damals hoch aktuelles Dekor mit Hieroglyphenreliefs, Hathorskulpturen und Lotussäulen. Es ist eines der wenigen Bauwerke aus der Zeit der Revolution.

An der Stelle des kleinen Platzes und der früher auch ägyptisch dekorierten **Passage du Caire** befand sich im Mittelalter die berüchtigte ›Cour des Miracles‹, das Reich der Landstreicher, Bettler und Gauner, in das sich kein Ordnungshüter wagte. Victor Hugo schildert es in seinem *Glöckner von Notre-Dame*.

Kurios sind der Platz und das umliegende Viertel **Sentier** auch in anderer Hinsicht, vor allem wochentags, wenn man das rege Geschäftstreiben beobachten kann: Lieferwagen blockieren den Verkehr, Stoffballen werden geschleppt, Kleiderstapel auf Handwagen transportiert. In einem kleinen Umkreis, in dem ein Grossist auf den anderen folgt, spielt sich ein großer Teil des französischen **Prêt-à-porter-Geschäfts** ab (über 40 % aller französischen Exporte an Damenbekleidung). Schneidereien und Großhändler beschäftigen ein Heer von Einwanderern. Dem Außenstehenden bleibt diese Welt, die mit dem schnellen Rhythmus der Mode lebt, allerdings verschlossen.

91 Porte Saint-Denis und Porte Saint-Martin

Zwei Triumphbögen als würdevoller Empfang von Ludwig XIV. am Eingang der Stadt.

Boulevard Saint-Denis und Boulevard Saint-Martin, 10E ARR.
Métro 4, 8, 9: Strasbourg – Saint-Denis

Nach der Niederlegung der Befestigungswälle, an deren Stelle die Grands Boulevards entstanden, errichtete man nun, um die Grenze von Paris zu markieren, nicht mehr Stadttore, sondern repräsentative, symbolische **Triumpharchitekturen**. Die Porte Saint-Denis und die Porte Saint-Martin, an zwei damals wichtigen Ausfallstraßen nach Norden gelegen, sind die einzigen noch erhaltenen.

Als Vorbild haben sie natürlich die römischen Triumphbögen, doch sind sie von eigenwilliger, gänzlich französischer Art. Die **Porte Saint-Denis** wurde von der Stadt Paris bestellt und von François Blondel 1672 ausgeführt, ohne die üblichen Säulen, aber mit pyramidalen Reliefflächen. In ihrer staffagehaften Erscheinung erinnert die Porte Saint-Denis an die Schaugerüste, die man häufig bei Festen aufstellte. Der **Skulpturenschmuck**, von François Girardon begonnen und von Michel Anguier vollendet, feiert die Siege, die Ludwig XIV. in diesem Jahr in den Niederlanden errungen hatte (allegorische Figuren des besiegten Rheins und Hollands auf der Südseite zum Boulevard).

Die **Porte Saint-Martin**, von den Schöffen der Stadt in Auftrag gegeben, wurde zwei Jahre später von Pierre Bullet, einem Schüler Blondels, entworfen. Seine nicht weniger martialische **Dekoration** zeigt den König als Herkules über die Tripelallianz triumphierend und erinnert an die Eroberung von Besançon (Südseite). Die Bildhauer Martin Desjardins, Étienne Le Hongre, Pierre Legros und Gaspar Marsy waren auch am Skulpturendekor von Versailles beteiligt.

Die Porte Saint-Martin ist – ebenso wie die Porte Saint-Denis – Blickpunkt im lärmenden Verkehr eines lebhaften Straßenviertels

92 Musée des Arts et Métiers

Das 1794 gegründete Museum setzt die Geschichte des wissenschaftlichen und technischen Fortschritts faszinierend in Szene.

60, rue Réaumur, 3E ARR.
Tel. 01 53 01 82 00
www.arts-et-metiers.net
Di–So 10–18 Uhr, Do bis 21.30 Uhr
Métro 3, 4, 11: Arts et Métiers oder Réaumur-Sébastopol

Das bereits 1794 gegründete und in der Abtei von St-Martin-des-Champs eingerichtete Museum fasziniert seit langem die Besucher: Alle wichtigen Erfindungen und großen Entdeckungen seit dem 16. Jh. werden in der mittelalterlichen Abtei samt Kirche präsentiert, darunter das originale *Foucaultsche Pendel*, mit dem Léon Foucault (1819-1868) 1851 in Paris die Erdrotation nachwies. Neben wissenschaftlichen Instrumenten wird die Entwicklung von Werkstoffen, Bautechnik, Kommunikation (z.B. Cinematograph der Brüder Lumière, 1895), Energie (Batterie von Alessandro Volta, 1799), Mechanik sowie Transport und Verkehr dokumentiert.

93 Canal Saint-Martin

Nostalgischer Ausflug in ein kleinstädtisches Paris.

10E ARR., Métro 3, 5, 8, 9, 11: République

Einige Schleppkähne fahren heute noch auf dieser Wasserstraße durch Paris. Die baumbestandenen Quais mit Schleusen und schmalen Metallstegen versprechen Spaziergänge voller Charme. Der 1825 eingeweihte Kanal bildet mit dem Canal de l'Ourcq und dem Canal Saint-Denis eine Abkürzung der großen Seineschleife, die Paris umschließt. Während des Zweiten Kaiserreichs ließ man den Abschnitt zwischen Bastille und République allerdings kurzerhand überdecken, um rasch Truppen in die berüchtigten Vorstädte im Pariser Osten schicken zu können.

Von der Place de la République entlang dem Kanal nach Norden ist noch etwas von der **volkstümlichen Atmosphäre** der Arbeiterviertel zu spüren, die Marcel Carné in seinem Film *Hôtel du Nord* festgehalten hat. Von dem inzwischen renovierten Hotel steht noch die unscheinbare, zur Kinogeschichte gehörende Fassade (102, quai de Jemmapes, www.hoteldunord.org), nicht weit vom hübschen Square des Récollets. Viele der Werkstätten, Fabriken und Lagerräume, die es um die Wende zum 20. Jh. am Kanal gab, wurden durch Siedlungen ersetzt, gelungene Beispiele modernen Wohnungsbaus (zwischen dem Quai de Jemmapes und der Rue de la Grangeaux-Belles). Östlich vom Kanal, an der Place du Colonel-Fabien, hat die Zentrale der Kommunistischen Partei Frankreichs ihren Sitz, in einem Gebäude von Oscar Niemeyer mit geschwungener Glasfassade – zweifelsohne politische Transparenz symbolisierend.

Vom Bassin de la Villette im Norden bis zum Bassin de l'Arsenal, dem Hafenbecken an der Bastille, wo der Kanal in die Seine mündet, kann man dieses ganz andere Paris auch per Schiff entdecken.

94 Sacré-Cœur

TOP TIPP

Nicht zu übersehende, leuchtend weiße Zuckerbäckerkirche auf dem höchsten Punkt von Montmartre, die sich großer touristischer Beliebtheit erfreut.

35, rue du Chevalier-de-la-Barre,
18E ARR.
Tel. 01 53 41 89 00
www.sacre-coeur-montmartre.com
tgl. 6–23 Uhr,
Kuppel und Krypta: tgl. 9–18 Uhr
Métro 2: Anvers

Die Pariser Kommune war in einem Blutbad niedergeschlagen und der Krieg gegen Preußen verloren, da betrieben um das Seelenheil des Volks besorgte katholische Kreise die Errichtung eines nationalen *Mahnmals*, das sich hoch über der

Der Canal Saint-Martin lädt ein zu geruhsamen Entdeckungsreisen

Hauptattraktion von Montmartre: Sacré-Cœur. Wem der Blick über die Stadt vom Vorplatz der Kirche nicht genügt, kann auch die Kuppel besteigen

Stadt erheben sollte. 1873 beschloss die Nationalversammlung den Bau, und mit großem Elan wurden die nötigen Geldmittel durch eine landesweite Spendenaktion aufgebracht. Der Kirchenbau, in dem sich Nationales und Religiöses verband, konnte nicht monumental genug sein. Der Architekt Paul Abadie zog alle Stilregister, die ihm geeignet erschienen: Heraus kam ein byzantinisch-maurisch-gotisch-romanisches Gemisch. Der Stil der Kuppelkirchen Aquitaniens, der Heimat Abadies, spielt auch mit hinein. Insbesondere die von Abadie restaurierte Kirche Saint-Front in Périgueux hat Modell gestanden.

Die Bauarbeiten begannen 1876. Im Jahr 1905 fügte Lucien Magne den 94 m hohen, oft als Minarett bezeichneten **Campanile** an. 1919 wurde die Kirche dem ›Heiligen Herzen Jesu‹ geweiht, ein Kult, der auf Montmartre schon im 17. Jh. existierte. Im Campanile hängt eine der größten **Glocken**, die je gegossen wurden, ›la Savoyarde‹, von vier Gemeinden in Savoyen gestiftet und 19 t schwer. Die beiden tapferen **Reiter** links und rechts über dem Portal sind Ludwig der Heilige und die Jungfrau von Orléans. Wer sich mit dem Touristenstrom durch das **Kircheninnere** schieben lässt, kann in der Apsis das riesige Mosaik mit der Heiligen Dreifaltigkeit im Zentrum bewundern. Wirklich zu empfehlen ist der Aufstieg zur **Kuppel**, von der aus man einen Blick in die Kirche werfen und vor allem ein großartiges **Panorama** weit über Paris hinaus genießen kann. Unterhalb von Sacré-Cœur, auf den Terrassen und Stufen des *Square Willette*, sonnen sich Besucher, verkaufen afrikanische Händler Souvenirs und betteln Kinder um etwas Kleingeld.

Weinbergidylle auf der Butte: Montmartre ist ein Viertel voller Kontraste

95 Saint-Pierre de Montmartre

Schlicht und bescheiden steht die kleine Kirche, eine der ältesten von Paris, mitten im touristischen Trubel um Sacré-Cœur.

2, rue du Mont-Cenis, 18E ARR.
Métro 2: Anvers

An dieser Stelle soll es schon zu merowingischer Zeit ein Heiligtum zu Ehren des hl. Dionysius gegeben haben, Nachfolgebau eines gallo-römischen Tempels. Vier schwarze Marmorsäulen – zwei innen am Eingang, zwei im Chor – stammen aus diesem frühen Gotteshaus. 1134 gründeten Ludwig VI. der Dicke und seine Frau Adelaide von Savoyen ein Benediktinerinnenkloster (im 17. Jh. aufgelöst), in dem die Königin ihren Lebensabend verbrachte. 1147 weihte Papst Eugen III. die bis auf die drei westlichen Langhausjoche fertiggestellte Kirche, ein einfaches Gebäude, das von den Anfängen der Gotik in der Île-de-France zeugt.

Das kräftige **Kreuzrippengewölbe** im Chorjoch ist eines der ältesten von Paris. Ende des 12. Jh. wurde die romanische, mit einer Halbkalotte abgeschlossene Apsis durch eine neue, elegante ersetzt, an der besonders die schlanken Dienste auffallen. Im 15. Jh. erneuerte man die Gewölbe des Mittelschiffs im Langhaus und in der Vierung. Aus der Erbauungszeit stammen die sonderbar klobig wirkenden rechteckigen Triforiumsöffnungen. Einige schöne **Kapitelle** romanischer Tradition sind am Choreingang erhalten. Die modernen Fenster sind Werke von Max Ingrand (1953).

96 Place du Tertre

Vormittags ein Platz mit dörflicher Atmosphäre, nachmittags und abends Hauptjagdrevier für Porträtisten.

18E ARR., Métro 2: Anvers

Ihre Staffeleien stehen dicht gedrängt. Über 100 Maler aller Nationalitäten verteidigen hier eisern ihren gewinnbringenden Standplatz und wollen glauben machen, dass die künstlerische Tradition von Montmartre noch existiert. Der willige Tourist kann sich porträtieren lassen, meist in Form einer Kohlezeichnung oder eines Scherenschnitts. Er kann aber auch – je nach Geschmack – ein kleines Aquarell oder gar eine echte Utrillo-Kopie in Öl erstehen. Ringsum machen sich Cafés und Restaurants die besten Plätze streitig. Trotz allem sollte man aber nicht versäumen, die schönen alten, niedrigen **Häuser** zu betrachten, die dem ehemaligen Gemeindeplatz von Montmartre seinen Charme verleihen. Das Bürgermeisteramt befand sich auf Nr. 3.

Der Chansonnier Aristide Bruant, von Toulouse-Lautrec trefflich festgehalten

›Au Lapin Agile‹, ein verräuchertes altes Kabarett, das früher von der Montmartrer Bohème und den kleinen Gaunern des Viertels frequentiert wurde

97 Au Lapin Agile

Eine der legendären Künstlerkneipen, Relikt des um die Wende zum 20. Jh. noch ländlichen Montmartre.

22, rue des Saules, 18E ARR.
Tel. 01 46 06 85 87
www.au-lapin-agile.com
Métro 12: Lamarck-Caulaincourt

Wenige Schritte unterhalb des letzten Weinbergs von Montmartre, dessen Trauben ein recht herbes Bouquet besitzen, trifft man an der steilen Rue des Saules auf den ›Lapin Agile‹, das frühere ›Cabaret des Assassins‹ (Kabarett der Mörder). Sein von André Gill gemaltes Aushängeschild, ein Hase, der aus einem Kochtopf hüpft, hat ihm seinen Namen gegeben: aus ›Lapin à Gill‹ wurde schnell ›Lapin Agile‹ (flinker Hase). Das **Kabarett** gehörte eine Zeit lang *Aristide Bruant*, dem Chansonnier des frechen ›Chat-Noir‹, dessen Spezialität es war, sein begeistertes, meist bürgerliches Publikum zu beschimpfen. Toulouse-Lautrec hat seine imposante Erscheinung verewigt. Später übernahm Bruants Freund Frédéric Gerard das Kabarett. Auf seiner Gitarre zupfend, sang dieser allabendlich die gleichen freizügigen Lieder und ging schon zu Lebzeiten als Père Frédé in die Montmartrer Geschichte ein. Von 1900 bis 1914 war der Lapin Agile **Treffpunkt der Bohème**, die auf der Butte wohnte: Picasso, Maurice de Vlaminck, Émile Bernard, Georges Courteline, der melancholische Francis Carco, der Schriftsteller und Vagabund Mac Orlan, Théophile-Alexandre Steinlen, Apollinaire und Max Jacob – die meisten damals noch unbekannt und mittellos. Manchmal erschien auch ein bärtiger Rotschopf und machte Skizzen: Vincent van Gogh. Und der spätere Leiter des berühmten Montmartrer Théâtre de l'Atelier, Charles Dullin, deklamierte Gedichte. Auch heute noch treten hier, in fast unverändertem Dekor, Künstler vor meist touristischem Publikum auf.

98 Musée de Montmartre

In diesem schönen Haus mit Garten hatten viele Künstler ihr Atelier. Erinnerungen an die Welt der Kabaretts und der Bohème.

12, rue Cortot, 18E ARR.
Tel. 01 49 25 89 37
www.museedemontmartre.fr
Di–So 11–18 Uhr
Métro 12: Lamarck-Caulaincourt

Das Haus aus dem 17. Jh. gehörte einst Rosimond, einem Schauspieler aus Molières Truppe. Auguste Renoir mietete hier 1876 ein Atelier mit Blick auf den Garten, wo er im selben Jahr *La Balançoire* (*Die Schaukel*, Musée d'Orsay) malte. Später folgten Suzanne Valadon mit ihrem Sohn Maurice Utrillo, der mystische Émile Bernard, Maximilien Luce und Maurice Delcourt, beides Anarchisten und Maler. Fotos, Plakate u. a. Erinnerungsstücke ergeben ein anekdotisches ›bric-à-brac‹. Das Original des Ladenschilds, das dem Lapin Agile seinen Namen gab, ist hier zu sehen, Werke von Théophile Steinlen

Routiniers bieten heute auf der Place du Tertre Souvenirs – Meisterwerke aus der großen Zeit der Montmartrer Künstler sind nur noch im Museum zu bestaunen

(u. a. sein berühmtes Plakat für das Kabarett ›Le Chat Noir‹) und Zeichnungen von Francisque Poulbot, dem Zille von Montmartre, der die frechen Buben des Viertels – ›les petits Poulbots‹ – treffend darstellte. Das ›Café de l'Abreuvoir‹, in dem Utrillo treuer Kunde war, wurde rekonstruiert.

99 Cimetière de Montmartre

Eine eiserne Brücke überspannt die pompösen Grabdenkmäler an den schattigen Alleen dieser malerischen Totenstadt. Viele berühmte Künstler ruhen hier.

20, rue Rachel, 18E ARR.
Mitte März–Okt. Mo–Fr 8–18, Sa/So 9–18, Nov.–Mitte März Mo–Fr 8–17.30, Sa/So 9–17.30 Uhr
Métro 2, 13: Place de Clichy

Der 1798 eröffnete Friedhof ist einer der schönsten von Paris. In dieser Oase der Stille wandert der Spaziergänger zwischen neugriechischen Tempelchen und pseudogotischen Kapellen, die sich die wohlhabenden Bürgerfamilien als Andenken gesetzt haben, vorbei an melancholischen Statuen von Trauernden und Büsten gewichtiger Persönlichkeiten. Am **Haupteingang** findet man eine *Liste* mit allen Berühmtheiten, die es erlaubt, ihre Gräber ausfindig zu machen, der Wärter gibt einem aber auch bereitwillig Auskunft. Zur Orientierung ist im Folgenden jeweils die Sektion genannt (frz. division, hier abgekürzt Div.).

Gleich am Eingang (1. Div.) befindet sich das efeubegrünte Grab der beiden großen Schauspieler **Lucien** († 1925) und **Sacha Guitry** († 1957), Vater und Sohn. **Émile Zola** († 1902) ehrt ein wuchtiges Jugendstilgrabmal aus rotem Porphyr (20. Div.). Nicht weit davon das Grab von **Hector Berlioz** († 1869), ein modernes Monument aus schwarzem Marmor. An **Jean-Baptiste Greuze** († 1805), den Maler sentimentaler Rokokobilder, erinnert *Das Mädchen mit dem zerbrochenen Krug* (27. Div.). Gleich daneben liegen **Heinrich Heine** und seine Frau. »Wo wird einst des Wandermüden letzte Ruhestätte sein…«, dieses Heinegedicht ist auf dem Sockel zu lesen. Das Grab des 1856 im Pariser Exil Gestorbenen ist immer mit Blumen geschmückt. Am Grabmal des Bildhauers und Malers **Victor Brauner** († 1966) sieht man eines seiner Werke (4. Div.). **Edgar Degas**, de Gas geschrieben († 1917), ruht in einem einfachen Familiengrab, das als einzigen Schmuck ein Bronzemedaillon trägt. Eine ganze Epoche Pariser Lebens ist mit den Namen von **Francisque Poulbot** († 1946) und **Jacques Offenbach** († 1880; 9. Div.) verbunden. Etwas weiter ruhen **Henry Beyle**, genannt Stendhal († 1842), der seine Grabinschrift »Er schrieb, liebte, lebte« lange vor seinem Tod selbst verfasste (30. Div.) und **Louise Weber**, ›la Goulue‹ (†1929), die Erfinderin des French Cancan (31. Div.). Toulouse-Lautrec hat sie, ihr schwarz bestrumpftes Bein schwingend, dargestellt.

100 Le Bateau-Lavoir

Eine nichtssagende Fassade an der hübschen Place Emile-Goudeau: Das war das ›Bateau-Lavoir‹, Geburtsstätte des Kubismus, ›haut-lieu‹ der Avantgarde vom Anfang des 20. Jh. bis zum Ersten Weltkrieg.

13, place Emile-Goudeau, 18E ARR.
Métro 12: Abbesses

Ein von der Gesellschaft zur Erhaltung des alten Montmartre mit historischen

Fotos ausgestattetes Schaufenster ist das einzige, was auf den mythischen Ort der **Moderne** hinweist. Das ›Bateau-Lavoir‹ war nichts anderes als eine dürftige Baracke, deren eigenartige Architektur sich den Zufälligkeiten des steilen Terrains fügte, mit einer Etage zur Rue Ravignan und drei Etagen zur Rue Garreau. **Picasso** übernahm 1904 das Atelier, das zuvor Paco Durio bewohnt hatte. In der von einem alten Ofen beheizten Kammer, umgeben von neukaledonischen Plastiken, malte er 1907 die *Demoiselles d'Avignon* – ein Hieb mit der Axt in das damalige ästhetische Gedankengebäude. Damit begann das Abenteuer des Kubismus. Picasso teilte zu dieser Zeit Zimmer und Bett mit **Max Jacob**, einer schlief nachts, der andere tagsüber. Jacob soll den Namen ›Bateau-Lavoir‹ (Waschboot) erfunden haben – sicher in Anspielung auf die unkomfortablen Verhältnisse, die denen der Waschstege am Seine-Ufer glichen.

Einige Jahre fieberhaften künstlerischen Schaffens erlebten hier in dieser Zeit auch Juan Gris, Kees van Dongen, Auguste Herbin, Modigliani, Georges Braque, André Salmon, Francis Carco, Mac Orlan und Guillaume Apollinaire.

101 Musée de la Vie Romantique

Erinnerungen an George Sand, den Maler Ary Scheffer und dessen künstlerisch-literarischen Salon in einer bezaubernden, italienisch anmutenden Villa aus der Zeit der Restauration.

16, rue Chaptal, 9E ARR.
Tel. 01 55 31 95 67
www.vie-romantique.paris.fr
Di–So 10–18 Uhr
Métro 2, 12: Pigalle

Das Haus, dem ein Hof mit Wintergarten (etwas überrestauriert) und eine schöne Allee vorangehen, ist eine der letzten authentischen Residenzen dieses ehemals mondänen Stadtviertels, ›la Nouvelle-Athènes‹ genannt, in dem im 19. Jh. viele Schriftsteller, Maler, Schauspieler und Musiker lebten und das eines der Pariser Zentren der **romantischen Bewegung** war. Der Niederländer *Ary Scheffer* (1795–1858) war damals einer der erfolgreichsten Maler, treuer Orleanist und zu Louis-Philippes Zeiten mit vielen offiziellen Aufträgen betraut, später aber in Vergessenheit geraten. Zu seinen Gästen zählten Chopin, George Sand, Delacroix, Liszt, Ingres, Lamartine, Turgeniew und Ernest Renan, der Scheffers Nichte heiratete. Deren Enkelin vermachte das Haus 100 Jahre später dem französischen Staat.

Herrlich altmodisch und ein wenig zusammengewürfelt wirkt die *Ausstellung*, zu der viele Erinnerungsstücke – Porträts, Möbel, Schmuck – an George Sand gehören. Sie lebte von 1839 bis 1847 nicht weit von hier, in der Rue Pigalle und am Square d'Orléans. Neben der Villa befinden sich die beiden geräumigen **Ateliers** von Ary Scheffer, in denen viele seiner großformatigen, mystischen Werke entstanden sind.

102 Musée National Gustave-Moreau

Das von Gustave Moreau selbst konzipierte Museum umfasst die Hinterlassenschaft des Symbolisten: Tausende von Gemälden, Aquarellen und Zeichnungen und als sentimentale Zugabe das Apartment des Künstlers mit vielen Gegenständen, die ihm teuer waren.

14, rue de la Rochefoucauld, 9E ARR.
Tel. 01 48 74 38 50
Mi–Mo 10–12.45, 14–17.15 Uhr
Métro 12: Trinité oder Saint Georges

Kaum ein Museum gibt so ergreifend und persönlich die Atmosphäre des Fin de Siècle und das Universum eines Künstlers wieder, ein Universum von antiken und biblischen Helden, von Chimären, von Einhörnern und unheilvoll-sinnlicher Weiblichkeit.

Über 50 Jahre hat **Gustave Moreau** (1826–1898) seine Arbeiten in diesem *Hôtel Particulier* angehäuft. Vier Jahre vor seinem Tod ließ er die beiden großen Atelierräume im 2. und 3. Stock einrichten und durch eine herrlich geschwungene Wendeltreppe verbinden. In Hinblick auf ein zukünftiges Museum fing er an, seine Werke zu ordnen, einigen noch den letzten Pinselstrich zu geben, neue zu entwerfen. Alle je von ihm behandelten Themen sind vertreten, was so gut wie einzigartig in der Kunstgeschichte ist: unzählige Gemälde in sehr großem Format, viele unvollendet, dicht gehängt bis zur Decke. Die Zeichnungen, unter Glas und Rahmen, kann der Besucher selbst ›durchblättern‹; die Aquarelle sind an Schiebetafeln angebracht.

Der Symbolist Gustave Moreau richtete sein eigenes Museum ein. Nichts wurde dem Zufall überlassen. Hier ein Blick in den Salon seiner Privatwohnung

Im **2. Stock** haben einige große Kompositionen den von Moreau vorgesehenen Platz eingenommen, darunter *Les Prétendants (Die Freier)*, eine spektakuläre Anhäufung von Menschenleibern in einem Saal mit korinthischen Säulen. Dieses Bild beschäftigte den Maler über drei Jahrzehnte hinweg immer wieder.

Im **3. Stock** sind einige von Gustave Moreaus berühmtesten Werken zu sehen: *Jupiter et Sémélé*, leuchtend farbig, und *Salomé dansant (Tanzende Salome)*, deren Körper geheimnisvolle Zeichnungen zieren.

Seine fantastischen Interpretationen mythologischer Themen machten Moreau zu einem in den aristokratischen und literarischen Kreisen geschätzten Maler. Oscar Wilde, Marcel Proust, Claude Debussy bewunderten ihn. Rouault, Matisse, Marquet und Manguin waren seine Schüler. Nach seinem Tod war der Künstler jahrzehntelang beinahe vergessen. Die Surrealisten aber entdeckten in ihm einen geistigen Vater.

Neben den Atelierräumen hat Moreau auch das **Apartment** im 1. Stock, in dem er mit seinen Eltern lebte, mit rührender Sorgfalt als Museum eingerichtet.

103 Cimetière du Père-Lachaise

Der größte Pariser Friedhof, sentimentale und politische Wallfahrtsstätte, Freilichtmuseum der Skulpturen, Geschichtsbuch und nostalgischer Spaziergang in einem.

Eingang Bd. de Ménilmontant,
Mitte März–Okt. Mo–Fr 8–18, Sa/So 9–18, Nov.–Mitte März Mo–Fr 8–17.30, Sa/So 9–17.30 Uhr
20E ARR., Métro 2, 3: Père-Lachaise

Diese sehr romantische, 1804 eingeweihte Totenstätte trägt den Namen des Beichtvaters von Ludwig XIV., Père de La Chaize. Er wohnte in einem Schlösschen, das sich im 17. Jh. auf dem hügeligen Terrain befand. Offiziell heißt die Anlage **Cimetière de l'Est**. 44 ha groß, von einer Mauer umgeben und von schönen, gewundenen Alleen durchzogen, bildet der

Friedhof eine Stadt in der Stadt, mit dicht gedrängten Grabkapellen, bombastischen Mausoleen, Obelisken und steinernen, pathetischen Schönheiten. Um den neuen Gottesacker für die Pariser attraktiv zu machen, überführte man einige große Persönlichkeiten hierher. Auf diese Weise wurden die Freunde **Molière** († 1673) und **La Fontaine** († 1695) vereint (25. Div.) und auch **Héloïse** († 1164) und **Abélard** († 1142), das berühmte Liebespaar aus dem Mittelalter (7. Div.). Obgleich längst nicht mehr nachweisbar ist, ob es die Überreste der verehrten Personen sind, pilgern noch heute romantisch gesinnte Paare zu diesem Grab.

Am **Haupteingang** erhält man einen *Plan* mit den Namen von etwa 200 hier begrabenen Berühmtheiten, der wegen der Größe dieser Nekropole sehr hilfreich ist (insgesamt 97 Sektionen, frz. division, hier mit Div. abgekürzt). Der älteste und schönste Teil des Friedhofs befindet sich in der Nähe des Haupteingangs.

Nicht weit von der Avenue Principale (4. Div.) liegt **Colette** († 1954) sowie **Alfred de Musset** († 1857). Sehenswert ist das Monument für den Maler **Paul Baudry** († 1886) mit seinen theatralischen Bronzefiguren von Antonin Mercié (4. Div.). Oberhalb des *Monument aux Morts* von Bartholomé stehen die Friedhofskapelle und das tempelartige Grabmonument für **Adolphe Thiers**, der die Pariser Kommune niederschlagen ließ. Am Tag, an dem sich die ›Blutige Woche‹ des Jahres 1871 jährt, wird das Mausoleum oft noch mit rachsüchtigen Inschriften versehen. An der Avenue de la Chapelle erhebt sich das schöne Grabmal für **Théodore Géricault** († 1824), dem Maler des *Floßes der Medusa*, der mit Palette und Pinsel in nachdenklicher Haltung dargestellt ist (12. Div.). Auf dem Grab **Chopins** († 1849) kauert eine schöne Trauernde (11. Div.). Unweit vom Rond Point liegt das Grab (6. Div.) des US-amerikanischen Rockidols **Jim Morrison** († 1971). Der rebellische Poet und Leadsänger der Band ›The Doors‹, der Oliver Stone 1991 einen Film widmete, verstarb wenige Monate nach seiner Übersiedlung nach Paris unter ungeklärten Umständen.

Ebenso unter den großen Unsterblichen befindet sich **Madame Lamboukas** († 1963), im Volk nur als **›die Piaf‹** bekannt (97. Div.). An ihrem stets blumenüberhäuften Grab findet man bis heute immer wieder ihre treuen Bewunderer, die gern von der Sängerin erzählen. Von dort ist es nicht mehr weit zur **Mur des Fédérés**, der Friedhofsmauer, an der die letzten Kämpfer der Kommune, die sich hier verschanzt hatten, niedergeschos-

Im Père-Lachaise findet man eine Vielzahl der Namen wieder, die im 19. und 20. Jh. in Paris eine Rolle spielten – hier das blumengeschmückte Grab Frédéric Chopins

sen und gleich verscharrt wurden. Dieser Ort ist eine Wallfahrtsstätte der französischen Linken. Ergreifende Mahnmale des Zweiten Weltkriegs und der Konzentrationslager von Sachsenhausen, Auschwitz, Buchenwald und Mauthausen säumen die Avenue Circulaire.

Das Grab von **Oscar Wilde** († 1900) bewacht eine geflügelte Sphinx, ein eigenartiges Werk des Bildhauers Jacob Epstein (89. Div.). Nicht weit vom Colombarium (44. Div.) ruhen **Simone Signoret** († 1985) und **Yves Montand** († 1991).

In Nähe des Friedhofs befindet sich das winzige **Musée Édith-Piaf** (5, rue Crespin-du-Gast, Tel. 01 43 55 52 72, nach Voranmeldung, Mo–Mi 13–18, Do 10–12 Uhr, Juni–Sept. geschl.), eine Privatwohnung voller sentimentaler Erinnerungen an die große Piaf.

104 Belleville

Im Kontrast zum bürgerlich-wohlhabenden Paris steht das einstige Arbeiter- und Handwerkerviertel im Osten der Stadt, das heute Menschen aus aller Welt bewohnen.

20E ARR., Métro 2, 11: Pyrénées oder Belleville

Auch das ist Paris, und es lohnt sich, es kennen zu lernen. Sein **herber Charakter** stellt sich jedoch nicht in touristischen Sehenswürdigkeiten dar, sondern will erst entdeckt werden, mit seinen steil ansteigenden Gassen, düsteren Hinterhöfen und schmalen Passagen, die die Bewohner als ihre Gärten betrachten. Dieses fast provinzielle Belleville findet man im höher gelegenen Teil des Viertels, an der Rue Jouye-Rouve, an der Rue du Transvaal oder der Rue des Cascades, wo Marcel Carnés berühmter Vorkriegsfilm *Quai des Brumes (Hafen im Nebel)* gedreht wurde. Alte, verwinkelte Häuser, viele aus Ziegel, werden dort von hohen Mietskasernen überragt.

Im Zuge des ›Projet de l'Est Parisien‹ wurde der **Parc de Belleville** angelegt. Von hier bietet sich ein herrlicher Ausblick auf die Stadt, fast so schön wie vom Montmartre, der die Anhöhe von Belleville nur um wenige Meter überragt. Wie am Montmartre ist auch der Untergrund von Belleville durchlöchert: Jahrhundertelang baute man hier Gips ab und trieb dafür tiefe Schächte in den Hügel.

Weiter unten, an der Métro-Station Belleville, liegt das kosmopolitische Viertel von Immigranten aller Hautfarben, die sich hier eine Existenz aufzubauen versuchen und sich mit oft unsäglichen Wohnverhältnissen zufrieden geben müssen. Koschere Konditoreien und Couscous-Restaurants existieren hier einträchtig nebeneinander. Fliegende Händler richten sich auf dem Trottoir ein, immer so, dass sie bei Ankunft der in diesem Stadtviertel zahlreich vertretenen ›Flics‹ schnell mit ihrer Ware das Weite suchen können. Große Restaurants der asiatischen Gemeinde locken mit ihren Neonreklamen. **Märkte** gibt es an vielen Wochentagen in verschiedenen Straßen. Am Dienstag und Freitag vormittag findet etwa einer auf dem Boulevard de Belleville statt, ein faszinierender exotischer Basar.

105 Buttes-Chaumont

Ein erstaunlicher Landschaftspark aus dem 19. Jh.

19E ARR., Métro 7b: Buttes-Chaumont

Grotten, Felsen, Wasserfall und Tropfsteinhöhlen: Nicht jeder weiß, dass es all das in Paris gibt. Unter der Leitung von Adolphe Alphand, dem Ingenieur und Landschaftsarchitekten von Napoleon III., entstand 1866/67 dieses künstliche Paradies. Alphand verdankt Paris auch die Parkanlagen des Bois de Vincennes und des Bois de Boulogne. Um das Wohl der arbeitenden Massen besorgt und deren Groll fürchtend, ließ der Kaiser im Zuge der radikalen Stadtsanierung Haussmanns diese grünen Lungen schaffen, von denen Paris noch heute profitiert.

Im Mittelalter war der ›kahle Hügel‹ (›mont chauve‹, daher Chaumont) eine üble Gegend, in der der Balladendichter François Villon und viele zwielichtige Gestalten hausten, und wo der berüchtigte ›Gibet de Montfaucon‹ stand, ein riesiger Galgen.

Die Schöpfer des **Gartens** machten sich das terrassenartige, bewegte Gelände zunutze und ließen eine Anlage in der pittoresken Tradition englischer Landschaftsgärten entstehen, in der kleine Monumente nicht fehlen durften. Das hübscheste darunter, ein rundes **Tivoli-Tempelchen**, steht auf der 50 m hohen Felseninsel in der Mitte eines Sees. Von dort oben blickt man über das Viertel Belleville und den Nordosten der Stadt.

Auf einem der Märkte von Belleville: Exotisches gehört hier, im Immigrantenviertel, zum Straßenbild

Belleville

Die Gemeinde Belleville entstand erst im 18. Jh. Bei seiner Eingemeindung nach Paris 1860 war Belleville – inzwischen zwar rapide angewachsen – immer noch vorwiegend ein **Handwerkerort**, in dem vor allem Schuhe angefertigt wurden (auch heute gibt es noch einige Werkstätten). Wie am Faubourg Saint-Antoine war es die arme, ihres sozialen Standes sehr bewusste Bevölkerungsschicht, die die führende Rolle bei allen Aufständen spielte. Als 1871 Versailler Truppen die **Pariser Kommune** niederschlugen, gab es unter den Aufständischen von Belleville, die als letzte die Waffen niederlegten, Tausende von Opfern. Schon in den 30er-Jahren des 19. Jh. hatte sich eine Gruppe der frühsozialistischen Saint-Simonisten hier angesiedelt.

Gutbürgerliche Pariser rümpfen über Belleville die Nase. Es ist jedoch nachgewiesen, dass viele spezifisch pariserische Ausdrücke aus dem deftigen Argot des alten Belleville entstanden sind. Auch der ›Spatz von Paris‹ stammt aus diesem Viertel: **Edith Piaf** kam »in tiefster Armut auf den Stufen« eines Hauses der Rue Jouye-Rouve zur Welt, wie die Inschrift besagt. Sie wurde in die Welt des Pariser Chansons, der Bals Musettes und des Flon-Flon geradezu hineingeboren, denn Belleville war früher eine traditionelle Gegend der Schenken, Spelunken und populären Tanzlokale.

106 Parc de la Villette

TOP TIPP

Anstelle des alten Schlachthofs und Viehmarkts ist ein futuristischer Freizeitpark entstanden mit einem spannenden Wissenschafts-, Technik- und Industriemuseum sowie einem interessanten Musikzentrum und Musikmuseum.

19E ARR., www.villette.com
Métro 5, 7: Porte de la Villette oder Porte de Pantin

Das 55 ha große Areal im Nordosten der Stadt, das der *Canal de l'Ourcq* durchfließt, ist nicht mehr wiederzuerkennen. Seit dem Second Empire und bis vor 35 Jahren war dort das Gelände des **Schlachthofs** und des **Viehmarkts**, ›la cité du sang‹, die ganz Paris mit Fleisch belieferte. Dazu kamen die kleinen Industrien, die sich entlang des Kanals angesiedelt hatten, und La Villette zu einer wenig anziehenden Gegend machten.

Ende der 1950er-Jahre beschloss man, die baufälligen Hallen des Schlachthofs durch eine moderne Anlage zu ersetzen. Die Beton- und Stahlstruktur für die neuen Hallen war noch nicht vollendet, als 1974 die Arbeiten eingestellt wurden, da sich das Projekt als unrentabel und veraltet erwiesen hatte. Ein Riesenskandal, aus dem schließlich das Bestmögliche gemacht wurde: Aus dem Schlachthofskelett am nördlichen Rand des Parc de la Villette wurde die **Cité des Sciences et de l'Industrie** (30, av. Corentin-Cariou, Tel. 01 40 05 80 00, www.cite-sciences.fr, Di–Sa 10–18, So bis 19 Uhr). Nach den Plänen des Architekten Adrien Fainsilber wurde um die schon bestehende Konstruktion das Museum erbaut, das größte seiner Art weltweit und mehr als dreimal so groß wie das Centre Pompidou. Mit der Géode, der silbrigen Kinokugel, ebenfalls von Fainsilber entworfen, ist sie seit ihrer Eröffnung 1986 die Hauptattraktion des **Freizeit-, Kultur- und Technikparks**. Fainsilber hat für die architektonische Konzeption der Cité drei Hauptelemente gewählt: **Wasser**, **Licht** und **Vegetation**. Wie eine Wasserburg ist das Museum von Gräben umgeben, in denen sich die mächtigen Trägerbalken spiegeln. Zwei drehbare Lichtkuppeln auf dem Dach schicken über ein elektronisch gesteuertes Spiegelsystem das Tageslicht ins Innere. An der Südfassade stellen hohe Gewächshäuser die Verbindung zum angrenzenden Parc de la Villette (s. u.) her.

Die Cité, die dem wachsenden Universum technischer Informationen gerecht werden will, versteht sich nicht als ein herkömmliches Museum, sondern als eine ›Stadt‹, die sich fortwährend weiterentwickelt. Sie lässt den Besucher selbst experimentieren, will Neugierde wecken und Staunen hervorrufen über die Welt, die uns umgibt.

In der bis unters Dach offenen *Eingangshalle* (mit Informationsstand) gleitet der Besucher auf verglasten Rolltreppen nach oben zur ständigen Ausstellung **Explora**, die sich auf der obersten Ebene befindet. Sie ist in drei Ausstellungszonen aufgeteilt: ›Die bedeutenden technologischen und industriellen Bereiche entdecken‹ (Südgalerie), ›Die Welt verstehen und verständlich machen‹ (Nordgalerie), ›Das Universum, die Erde und das Leben erforschen‹ (Nordbalkon und Zwischengeschosse). Auf 30 000 m² ist dies ein faszinierender Experimentierraum, in dem anhand von Multimedia-Vorführungen, Computerbildschirmen und Modellen wissenschaftliche oder technische Sachverhalte spielerisch verständlich gemacht werden.

Das **Planetarium** (2. Ebene, Di–Sa 10–18, So bis 19 Uhr) entwirft über den Köpfen der Zuschauer einen Himmel mit 10 000 Sternen und gibt eine informative, aufregend präsentierte Einführung in unser Sonnensystem.

Die **Cité des Enfants** (Führungen Di–Fr 9.45, 11.30, 13.30, 15.15, Sa/So 10.30, 12.30, 14.30, 16.30 Uhr) ist den Kinder vorbehalten. Es gibt spezielle Bereiche für die Zwei- bis Siebenjährigen und die Fünf- bis Zwölfjährigen. Dort können sie etwa das organisierte Leben eines echten Ameisenhaufens beobachten, lernen, wie ein Computer programmiert wird, entdecken, wie ihr eigener Körper funktioniert, und ihre fünf Sinne erkunden.

La Géode (Ticket-Tel. 01 39 17 10 34, www.lageode.com, Di–So 10.30–20.30 Uhr), die zauberhafte Kugel, in der sich die Wolken spiegeln, ist ein poetisches Symbol des Universums. Sie wirkt so leicht, als könnte sie ein Windstoß davon tragen. Tatsächlich wiegt sie aber 6000 t, und dieses Gewicht ruht auf nur zwei Betonpfeilern von je 3 m² Auflagefläche – eine kühne Konzeption! Die Außenhülle, von dem Ingenieur Chamayou entworfen, besteht aus 6433 rostfreien Stahldreiecken, die sich dank eines speziellen Befestigungssystems je nach Temperatur ausdehnen können. Die Halbkugelleinwand des **Kinosaals** hat eine Oberfläche von 1000 m². Durch das extrem breite Projektionsfeld (180 °) hat der Zuschauer den Eindruck, er wäre mitten im Geschehen des Films. Es werden in der Regel aufwändige Dokumentationsstreifen gezeigt. Es wird empfohlen, Karten für die Vorstellungen vorab zu reservieren.

Cité des Sciences et de l'Industrie: Ozeanforschung mit dem Tiefseetauchboot Nautilus

Allein schon die spiegelnde Kugel ›La Géode‹ ist einen Besuch in La Villette wert. Sie birgt ein Kino mit einer Panoramaleinwand von 1000 m²

Der 35 ha große **Parc de la Villette** (www.villette.com), der größte, der in Paris seit Haussmann angelegt wurde, kombiniert Technik, Kunst und Spiel. Der Schweizer Architekt Bernard Tschumi holte sich seine Inspiration bei den Gärten des 18. Jh. An geradlinigen Alleen platzierte er in regelmäßigen Abständen lustige rote Emailhäuschen in der Art der früheren Lustpavillons (*folies*), alle dem gleichen konstruktivistischen Schema folgend, doch diversen Bestimmungen angepasst, als Café, Aussichtspavillon, Kinderhaus, Ausstellungsraum usw. Ein Wellendach durchzieht den Park der ganzen Länge nach und stellt ein verbindendes Element dar. Das **Parkmobiliar** hat der Erfolgsdesigner Philippe Starck entworfen. Experimenteller Gartenarchitektur wurde viel Raum gegeben: Ein gewundener Pfad verbindet Spalier- und Wassergarten und einen Bambuswald, den eine grau-weiße Streifenkomposition begrenzt. Für Kinder sind natürlich viele Vergnügungen vorgesehen, u. a. gibt es einen originellen Drachen zum Klettern mit einer langen Rutschbahnzunge.

Le Zénith (www.zenith-paris.com), ein Zeltdach im Osten des Gartens, bietet 6300 Zuschauern für Konzerte Platz. Die einzige Halle, die von den alten Schlachthöfen erhalten blieb, ist die schöne **Grande Halle**, ein graziöses, doch immenses Gusseisen- und Glasgebilde von 1867, das ursprünglich als Viehverkaufshalle diente und das man nun zu einer Mehrzweckhalle umgestaltet hat. Davor steht noch die **Fontaine aux Lions de Nubie** (1811), eine exotische Viehtränke mit blauen Löwen.

Die **Cité de la Musique** (221, avenue Jean-Jaurès, Tel. 0144 84 45 00, www.cite-musique.fr, Di–Sa 12–18, So 10–18 Uhr) zu beiden Seiten des Südeingangs bildet den architektonischen Abschluss des Parks. Christian de Portzamparc entwarf dieses Musikzentrum, das dem Pariser Konservatorium Räume zur Verfügung stellt (im Westgebäude) und u. a. einen großen Konzertsaal und das **Musée de la Musique** (im Ostgebäude) beherbergt. Dieses Museum besitzt eine der weltgrößten Instrumentensammlungen.

Grüne Lungen – Parks, Villen und Residenzen

Am Parc Monceau: Das Stadtviertel liegt abseits der lebhaften Boulevards der Rive Droite. Den Park umgeben Architekturfantasien im Stil von Neorenaissance und Neobarock, Residenzen von Bankiers, Industriellen und Günstlingen des Second Empire. Von ihren Privatgärten haben viele Villen direkten Zugang zum Park. Es herrscht elegante Langeweile. Fast meint man, dem Schatten Marcel Prousts zu begegnen. Das literarische und persönliche Universum des Schriftstellers ist eng mit diesem Viertel verbunden.

Bois de Boulogne, Auteuil und Passy: Die beiden Viertel des reichen 16. Arrondissements, Auteuil und Passy, haben trotz aller Eleganz ihren dörflichen Ursprung nicht vergessen. Es genügt, über die Place de Passy zu gehen oder die kleinen Privatgärten von Auteuil, *Les Hameaux*, ausfindig zu machen, um diese Vergangenheit wieder zu entdecken. Nach Passy ging man schon vor Jahrhunderten zur Trinkkur, Auteuil war Sommerfrische der besten Gesellschaft. In den ruhigen, residenziellen Straßen von Auteuil, am Rand des Bois de Boulogne, wohnt das wohlhabende Pariser Bürgertum. Hier ist ein Repertoire der architektonischen Avantgarde aus dem 1. Viertel des 20. Jh. zu entdecken, von den Art-Nouveau-Schöpfungen **Hector Guimards** bis zu den puristischen Villen von **Le Corbusier** oder **Mallet-Stevens**. Die noblen Palais der Avenue Foch, der breitesten, teuersten aller Avenuen liegen hinter Baumreihen und Vorgärten versteckt. Ein weniger erlesenes Publikum profitiert nachts vom Halbdunkel der parkähnlichen Avenue.

Wegweisend für eine neue Ästhetik in der Architektur: Hector Guimards Castel Béranger in der Rue La-Fontaine

Vincennes, Bercy: Der **Wald** von Vincennes ist nicht nur der größte, sondern auch populärste Park von Paris. Eine mittelalterliche *Festung*, romantische Seen aus dem 19. Jh. und der 1969 an-gelegte *Botanische Garten* gehören zu seinen Attraktionen. 1931 diente der Bois de Vincennes als Veranstaltungsort für die Kolonialausstellung; aus dieser Zeit stammen der *Zoologische Garten* und das *Palais de la Porte Dorée*. In Bercy hat immerhin das französische Finanzministerium seinen Sitz und am **Parc de Bercy** lockt die weite Welt der Stars bei einem der Konzerte im **Palais Omnisports** und der Kinohelden in der **Cinémathèque Française,** die 2005 das ehemalige amerikanische Kulturzentrum bezogen hat.

107 Parc Monceau

TOP TIPP *Großbürgerlicher Landschaftsgarten aus dem 19. Jh.*

8E ARR., Métro 2: Monceau

Seit der Zeit von Marcel Proust, der mit Vorliebe hier promenierte, hat sich kaum etwas verändert. Der Park hat immer noch etwas sehr Vornehmes. Weiße Monumente und einige Ruinen geben ihm eine melancholische Note. Brautpaare lassen sich gern an dem romantischen kleinen **See** vor der korinthischen Kolonnade fotografieren. Vergoldete Tore prunken an den Eingängen.

Zum Teil stammt dieses Dekor aus der Zeit vor der Revolution, als Philippe d'Orléans sich in der Nähe des Dorfes Monceau von dem Maler und Dichter Carmontelle einen *Jardin d'Illusion* komponieren ließ, mit Grotten, Windmühlen, Tempelchen und Pagoden. Adolphe Alphand gestaltete 1862 den Park neu. Damals war dieses elegante, einheitliche Viertel gerade am Entstehen. Die **Rotunde** am Nordeingang ist eines der 54 unpopulären Zoll- und Wachhäuser, die 1785–89 von Claude-Nicolas Ledoux an der Stadtgrenze errichtet wurden. Nur vier blieben erhalten, Zeugnisse des klaren, vereinfachten Architekturstils am Vorabend der Revolution.

108 Musée Cernuschi

Ein wenig bekanntes Museum chinesischer Kunst, das besonders schöne Stücke aus der archaischen Zeit besitzt.

7, avenue Vélasquez, 8E ARR.
Tel. 01 53 96 21 50
www.cernuschi.paris.fr
Di–So 10–18 Uhr
Métro 2, 3: Monceau oder Villiers

Die meisten der Kunstgegenstände stammen von einer Fernost-Reise, die der Politiker, Financier und Gelehrte **Henri Cernuschi** in den 70er-Jahren des 19. Jh. unternahm. 1896 vermachte er die Sammlung zusammen mit seiner Villa der Stadt Paris.

Gefäße aus der Jungsteinzeit (3.–2. Jahrtausend v. Chr.) und archaische Bronzen (14.–12. Jh. v. Chr.) dokumentieren die frühe chinesische Zeremonialkunst. Von erstaunlicher Vielfalt sind die kleinen **Grabfiguren** aus gebranntem Ton (3.–8. Jh.). Unter den **Malereien** die Seidenrolle der

Eine Oase der Stille ist der vornehme, etwas verträumte Parc Monceau

Pferde mit ihren Stallmeistern. Man schreibt sie dem Hofkünstler Han Kan zu (8. Jh.). Die buddhistische Kunst drückt sich vor allem in der Skulptur aus. Der *Sitzende Bodhisattwa* von Yunkang (Ende 5. Jh.) ist eine der schönsten. Von der Lebenskraft der traditionellen Malerei im zeitgenössischen China zeugt die Sammlung Kuo Yu-shou.

109 Musée Nissim de Camondo

›L'Art de Vivre‹ – französische Einrichtungskunst des 18. Jh., aufs Schönste präsentiert in einem Petit Trianon am Rande des Parc Monceau.

63, rue de Monceau, 8E ARR.
Tel. 01 53 89 06 50
www.lesartsdecoratifs.fr
Mi–So 10–17.30 Uhr
Métro 2, 3: Monceau oder Villiers

Für seine erlesene Sammlung von Kunstgegenständen aus dem 18. Jh. ließ der Bankier **Moïse de Camondo** 1911 ein Palais ›nach Maß‹ errichten. Als Vorbild diente der Petit Trianon von Versailles. Die Räume des *Hôtel Camondo* sind speziell für das Mobiliar geplant, die Kunstgegenstände für einen bestimmten Platz gekauft. In Erinnerung an seinen im Ersten Weltkrieg gefallenen Sohn Nissim vermachte Moïse 1935 das Palais *Les Arts Décoratifs* dem Pariser Kunstgewerbemuseum.

Die mit den Wandvertäfelungen abgestimmten **Möbel** sind von den besten

Kunsthandwerkern der Zeit geschaffen; die Namen der Ebenisten Weisweiler, Oeben und Saunier stehen für allerhöchste Qualität. Im **Grand Salon** sind u. a. ein eleganter Tisch von Riesener und das zierliche Bureau aus Rosenholz von Martin Carlin zu bewundern. Einige der Möbel stammen aus Versailles, andere aus den Schlössern von Montreuil und Saint-Cloud. Die **Teppiche** wurden in der Savonnerie, die Wandteppiche in Beauvais und Aubusson gefertigt. Unter den **Gemälden** befinden sich Werke von Oudry, Guardi, Madame Vigée-Lebrun und Hubert Robert. Einer der Salons ist nach Jean-Baptiste Huet benannt, der die bukolischen Schäferszenen malte. Sehr schön ist auch das mit Vögeln bemalte **Tafelgeschirr** aus der Manufaktur von Sèvres, ›Service du Buffon‹ genannt, und das **Silber** im Esszimmer, das Katharina II. um 1770 bei Nicolas Roettiers bestellte.

110 Musée Jacquemart-André

Eine erlesene private Kunstsammlung in einem eleganten Palais aus dem Second Empire. Glanzstücke der Ausstellung sind Werke der italienischen Renaissance und französische Gemälde und Plastiken des 18. Jh.

158, boulevard Haussmann, 8E ARR.
Tel. 01 45 62 11 59
www.musee-jacquemart-andre.com
tgl. 10–18 Uhr
Métro 9: Miromesnil oder Saint-Philippe-du-Roule

Edouard André und seine Frau, die Porträtistin **Nélie Jacquemart**, vermachten 1912 Vermögen, Sammlung und Villa dem Institut de France, das das Museum von Grund auf renovieren ließ. Zum prächtigen Innendekor gehören **Wandvertäfelungen** aus der Zeit von Ludwig XV., Gobelins, Tapisserien der Manufaktur von Beauvais und effektvolle **Deckengemälde** von Tiepolo, die aus der venezianischen Villa Contarini stammen. Im 1. Stock wurde ein Renaissancedekor mit einem vornehmen Deckenschmuck in blau-goldenem Camaïeu rekonstruiert.

Die **französische Schule** des 18. Jh. zeigt sich hier in ihren charmantesten Facetten. Unter den Plastiken sind besonders das fast barocke Porträt des Architekten Jacques-Ange Gabriel von Coysevox sowie die Büsten von Houdon und

Schmuckstück des Musée Jacquemart-André: Paolo Uccellos Meisterwerk ›Der hl. Georg im Kampf mit dem Drachen‹ aus den 30er-Jahren des 15. Jh.

Lemoyne hervorzuheben. Das Museum besitzt auch zwei Hauptwerke von Fragonard, *Les Débuts du Modèle*, ein frivoles Thema delikat behandelt, und das lebhafte *Portrait d'un Vieillard*. Daneben Zeichnungen von Watteau, Stillleben von Chardin und eine Reihe von Porträts.

Die **niederländische Malerei** ist u. a. mit Rembrandt, van Dyck, Frans Hals und Ruysdael vertreten. Genannt seien nur *Die Jünger von Emmaus*, Rembrandts berühmtes Jugendwerk (um 1630).

Die Werke der **italienischen Renaissance**, vom Ehepaar André in Florenz erstanden, sind heute von unschätzbarem Wert: unter den Gemälden Mantegnas *Madonna mit drei Heiligen*, Uccellos *Der hl. Georg im Kampf mit dem Drachen*, Werke von Carpaccio, Crivelli, Pontormo. Von Donatello das expressive Relief mit dem *Martyrium des hl. Sebastian* und von dem bedeutenden florentinischen Architekten Leon Battista Alberti ein *Porträt des Herzogs von Gonzaga*.

111 Bois de Boulogne

Großes Waldgebiet mit eleganten Parkanlagen, Seen, Rennbahnen, Restaurants und Wegen für Reiter, Radfahrer und Spaziergänger. Traditionelles und nach wie vor sehr beliebtes Ausflugsziel der Pariser.

16E ARR., Métro 1, 2, 10 und
RER C: Les Sablons, Porte Maillot, Porte Dauphine oder Porte d'Auteuil

Mit seinen 856 ha bildet der Bois de Boulogne eine der grünen Lungen der Stadt.

Er war einst **Jagddomäne** der Könige, reich an kräftigen Steineichen und vielerlei Wild. 1531 ließ Franz I. dort ein großes Schloss im neuen italienischen Stil bauen, ›le Château de Madrid‹, das man nur noch von Stichen kennt. Schon immer war der Wald ein Ort galanter Abenteuer. Diane de Poitiers, die Favoritin Heinrichs II., logierte hier, er diente auch den Extravaganzen des Comte d'Artois und wurde im 18. Jh. zum Treffpunkt der feinen Welt. Heute ist allgemein bekannt, dass bei Einbruch der Dunkelheit das Unterholz, trotz aller tugendhaften Bemühungen der Polizei, zum Jagdgebiet der Damen ›à la petite vertue‹ wird. Auch Herren und Schöne zweideutigen Geschlechts haben dort ihre Domäne. Schon Ludwig XIV. hatte den Wald allen zugänglich gemacht. Aber erst Napoleon III., der ›Erfinder‹ der großen öffentlichen Parks von Paris, ließ ihn von seinem Garteningenieur Adolphe Alphand in ein abwechslungsreiches, viel besuchtes **Erholungsgebiet** verwandeln, ganz im Stil der englischen Landschaftsgärten, an denen der Kaiser während seines Londoner Exils Geschmack gefunden hatte. Malerische Chalets in der Art von Schweizer Berghöfen entstanden auf besonderen Wunsch von Kaiserin Eugénie, die die Aufenthalte im Park sehr liebte.

Zur Palette der Attraktionen des Bois de Boulogne gehört im Norden der **Jardin d'Acclimatation** (Métro: Les Sablons), ein Spaß für Kinder, die hier Spielplätze, einen Zoo und ein Museum vorfinden.

Auf jeden Fall sollte man durch das prächtige Tor in den wunderschönen, gepflegten **Parc de Bagatelle** (Sommer tgl. 9.30–20, Winter 9.30–17 Uhr, *Schloss*: April–Okt. Sa/So 15 und 16.30 Uhr) eintreten, der, von Mauern umgeben, im Waldgebiet eine Enklave bildet. Bagatelle ist eine Folie, die sich der Comte d'Artois, der zukünftige Karl X., leistete – ›folie‹ bedeutet ›Lustschloss‹ und ›Verrücktheit‹ zugleich. Er wettete 1775 mit seiner Schwägerin Marie-Antoinette, dass er ein Schlösschen mit Garten in nur zwei Monaten bauen lassen könne. Und er gewann. Bélanger hat den Plan für dieses verschwenderische kleine Luxusbauwerk gezeichnet, das verständlicherweise den Unmut der darbenden Bevölkerung erregte. Die Gärten von Bagatelle sind zu jeder Jahreszeit eine Augenweide. Im zierlichen Rosengarten sind im Frühsommer an die 1000 Arten zu bewundern; vom *Kiosque de l'Impératrice* aus kann man ihn schön überblicken.

Weitere Anziehungspunkte des Bois de Boulogne sind die beiden Seen, der **Lac Supérieur** und der größere **Lac Inférieur**, auf dem Ruderboote fahren und auf dessen Insel das *Chalet des Îles* einst für Napoleon III. und Eugénie reserviert war (heute Restaurant). Mit einer Fähre kann man übersetzen. Im **Pré Catelan**, einem Park, benannt nach dem provenzalischen Troubadour Armand Catelan, der zur Zeit Philipps des Schönen hier ermordet wurde, steht einer der ältesten Bäume des Waldes, eine 200-jährige majes-

Im bezaubernden Bagatelle-Park, einem Teil des Bois de Boulogne, lädt ein Restaurant mit großem, schattigem Garten zum Verweilen ein

tätische Rotbuche. Für die **Grande Cascade** schaffte man Felsen aus dem Wald von Fontainebleau heran. Vor dem Wasserfall erschoss die Gestapo im August 1944 insgesamt 35 junge französische Widerstandskämpfer.

Die weltberühmten Pferderennplätze von **Auteuil** und **Longchamp** gehören immer noch zum mondänen Pariser Leben. Anlässlich eines Grand Prix' führen die Damen ihre raffinierten Hutkreationen aus. Ganz im Süden des Waldes liegt **Roland-Garros**, wo die Tennisturniere ausgetragen werden.

112 Musée Marmottan Monet

Für Impressionismus-Freunde gehört das Museum am Rand des Bois de Boulogne zum unverzichtbaren Besuchsprogramm.

2, rue Louis-Boilly, 16E ARR.
Tel. 01 44 96 50 33
www.marmottan.com
Mi–So 11–18, Di 11–21 Uhr
Métro 9: La Muette

Das Musée Marmottan Monet besitzt so berühmte Werke wie Monets *Impression, Soleil Levant* (1872), das dem Impressionismus seinen Namen gab und das vor einigen Jahren Schlagzeilen machte, als es zusammen mit anderen Bildern gestohlen wurde. Sie alle sind inzwischen unversehrt zurückgekehrt. Auch Gemälde aus Monets Serie der *Cathédrales de Rouen* (1894), *Le Pont de l'Europe à la Gare Saint-Lazare* (1877) und *Le Parlement* (1905) sind Meisterwerke des **Impressionismus**, der Flüchtigkeit des Eindrucks verschrieben. Ein großer Teil der Bilder stammt aus Monets letzten Jahren in Giverny: die Studien zu den *Nymphéas* und die fast abstrakten *Ponts Japonais*. Daneben Bilder von Renoir, Pissarro, Sisley, Berthe Morisot und Caillebotte, die aus Monets Besitz stammen.

Musée Marmottan Monet: Das Porträt ihrer Tochter Julie Manet schuf Berthe Morisot, die Schwägerin Edouard Manets, im Jahr 1893

Jules und **Paul Marmottan** vermachten 1934 dem Institut de France ihre Villa und die kostbare Sammlung von Kunstgegenständen aus dem Empire, die im Erdgeschoss ausgestellt ist. Aber erst die Schenkungen von Donop de Monchy 1950 und von Monets Sohn Michel 1966 machten aus dem bis dahin wenig besuchten Museum einen Wallfahrtsort für Freunde des Impressionismus. 1980 kam eine bemerkenswerte Sammlung europäischer **Illuminierkunst** dazu. Die Villa (19. Jh.) liegt sehr reizvoll zwischen dem Bois de Boulogne und dem Jardin du Ranelagh, wo früher, wie im Londoner Ranelagh, getanzt wurde.

113 Fondation Le Corbusier

Die schön geschwungene, klare Maison La Roche ist eine Umsetzung von Le Corbusiers architektonischen Theorien der 20er-Jahre des 20. Jh. Sie und die angrenzende, streng rechtwinklige Maison Jeanneret beherbergen die Le-Corbusier-Stiftung.

8–10, square du Docteur-Blanche, 16E ARR.
Tel. 01 42 88 41 53
www.fondationlecorbusier.asso.fr
Mo 13.30–18, Di–Do 10–12.30, 13.30–18, Fr 10–12.30, 13.30–17 , Sa 10–17 Uhr
Métro 9: Jasmin

Die **Maison La Roche**, 1925 vollendet, stammt aus der Zeit, als Le Corbusier noch Charles-Edouard Jeanneret hieß. Das Haus, im rechten Winkel in eine versteckte Sackgasse von Auteuil eingefügt, gehört zu den ersten ›weißen Villen‹, die Le Corbusier zwischen 1922 und 1929 zusammen mit seinem Cousin Pierre Jeanneret entwarf. *Raoul La Roche*, ein junger Bankier und Mäzen, war der Bauherr. Er

Die Gemäldegalerie der Maison La Roche ist ein Meisterwerk dynamischer Raumgestaltung, eine »malerisch bewegte Komposition«, wie Le Corbusier notierte

Le Corbusier in Paris

Seine großen städtebaulichen Projekte für Paris kamen zwar nicht zur Ausführung, doch konnte Le Corbusier außer der Maison La Roche und der benachbarten Maison Jeanneret einige weitere Gebäude realisieren: Ebenfalls im 16E ARR., 24, rue Nungesser-et-Coli, **Le Corbusiers Wohnhaus** (1933); die **Pavillons der Schweiz** (1930–32) und **Brasiliens** (1959) in der Cité Universitaire; die **Cité de Refuge** der Heilsarmee (1932/33), 12, rue Cantagrel, 13. Arr., die bereits an die späteren ›Wohnmaschinen‹ denken lässt. Und die berühmte **Villa Savoye** (1929) in Poissy, Chemin de Villiers (im Nordwesten von Paris).

wünschte sich einen angemessenen Rahmen für seine **Kunstsammlung**, zu der kubistische Gemälde von Picasso, Braque, Léger, Gris und puristische Werke von Ozenfant und von Jeanneret-Le Corbusier selbst gehörten. Der Auftrag ist bezeichnend: Nur die soziale und kulturelle Elite, meist reiche Kunstsammler, zeigten sich damals für Le Corbusiers experimentelle Architektur aufgeschlossen. An offizielle Aufträge war noch nicht zu denken.

Die Gemäldegalerie – mit Le Corbusiers erster geschwungener Fassade, auf frei stehenden Stützen ruhend – bildet mit dem kubischen Hauptgebäude eine Einheit, was sich vor allem in der Kommunikation der Innenräume zeigt. Um eine hohe Eingangshalle, auf die sich alle drei Etagen öffnen, artikuliert sich ein komplexes Zirkulationssystem: Treppen, eine sanft ansteigende Rampe und ein Verbindungssteg erlauben verschiedene Wegkombinationen, die immer neue Perspektiven und Raumempfindungen entdecken lassen. Große Fensterfronten und Fensterbänder lassen das Innen und Außen miteinander verschmelzen. In diesen hellen Räumen zeigt die Stiftung Le Corbusiers Gemälde und Zeichnungen. Nebenan, in der eher rigiden **Maison Jeanneret** (nur nach telefonsicher Vereinbarung), die Le Corbusier für seinen Bruder Albert entworfen hat, befinden sich Bibliothek und Archiv.

114 Castel Béranger

Das berühmteste Pariser Art-Nouveau-Haus, Hector Guimards Aushängeschild und Manifest einer neuen Ästhetik.

14, rue La-Fontaine, 16E ARR.
Métro 9: Jasmin

Faszinierend, was sich an den skurrilen Fassaden dieser drei, um einen engen Hof gruppierten Häuser aus den Jahren 1894–98 alles tut: verschiedene Fenster-

Romantisches Plätzchen: der kleine Garten vor der Maison de Balzac in Passy mit einer Büste des Schriftstellers von René Carvillani

formen, Erker, Giebel, Balkönchen, vorspringende Fassadenteile setzen sich über alle traditionellen Regeln der Symmetrie und Einheitlichkeit hinweg. Das skulptural umrahmte **Eisenblechtor** ist ein Musterbeispiel für die geschwungene, asymmetrische Ornamentik des Art Nouveau. **Hector Guimard** (1867–1942) hat auch die Innenausstattung im Detail entworfen, Türgriffe, Tapeten und sogar die Kücheneinrichtung: ein wirkliches Gesamtkunstwerk.

So erstaunlich es bei diesem qualitätvollen, reichen Dekor erscheint, das Castel Béranger ist als **Wohnungsbau** mit niedrigen Mietpreisen konzipiert. Ein interessantes Experiment, das durch die Verwendung von bescheidenen Materialien wie Haustein und Ziegel und standardisierten Dekorationselementen möglich wurde. Guimard bewohnte selbst ein Apartment in diesem Haus, das sein erster bedeutender Bauauftrag war. Er gewann damit den städtischen Wettbewerb für die schönste *Fassade*. Seit 1992 steht das Castel Béranger unter Denkmalschutz. Es ist immer noch ein Mietshaus und kann im Inneren daher leider nicht besichtigt werden.

In der **Rue La-Fontaine** sind noch einige andere Häuser des Architekten erhalten (Nr. 17, 19, 21). Sie alle zeigen Guimards virtuose Kunst der bewegten Fassadengestaltung. Das Haus **Avenue Mozart Nr. 18** aus dem Jahr 1926 ist dagegen schon deutlich vom Art Déco beeinflusst. Das Pariser Straßenbild prägte Guimard aber vor allem durch die Gestaltung der **Métro-Zugänge**. Etliche der zwischen 1900 und 1913 entstandenen gusseisernen Eingänge, für deren weiche, organische Formen der Pariser Volksmund den Ausdruck *Style Nouille* (Nudelstil) fand, blieben erhalten; die beiden einzigen mit verglasten Überdachungen, die sich wie Insektenflügel spannen, finden sich an den Stationen **Porte Dauphine** (16E ARR.) und **Abbesses** (Montmartre, 18E ARR.).

115 Maison de Balzac

Balzac bewohnte das kleine romantische Haus von 1840 bis 1847. Persönliche Erinnerungsstücke, Schriftdokumente, Gemälde und Karikaturen bewahren die Atmosphäre, in der seine letzten Romane entstanden.

47, rue Raynouard, 16E ARR.
Tel. 01 55 74 41 80
www.paris.fr/musees
Di–So 10–18 Uhr
Métro 6: Passy

Das bescheidene Haus, von **Honoré de Balzac** (1799–1850) liebevoll ›la Cabane de Passy‹ genannt, scheint ein wenig klein für eine so imposante Persönlichkeit. Es klammert sich an den steilen Abhang des Hochufers von Passy. Man steigt eine eiserne Treppe hinab zum sonnigen Garten und zum Eingang des Museums. Die Besichtigung führt nochmals enge Stiegen treppab, mit Blick auf das moderne Passy und auf eine Gasse, die Rue Breton, die noch aussieht wie zu Balzacs Zeiten. Das Haus gehörte früher zu einem *Hôtel Particulier* und ist einer der letzten Überreste des damals ländlichen Vororts von Paris. Das übrige Passy mit seinen hohen Häuserfronten über dem Seine-Ufer nimmt sich heute wie eine Bastion des reichen Bürgertums aus.

Von seinen Gläubigern verfolgt, flüchtete sich Balzac hierher und mietete unter falschem Namen ein Fünf-Zimmer-Apartment im 1. Stock. Im Arbeitszimmer stehen noch seine Möbel. Gekleidet in eine Mönchskutte arbeitete er an dem einfachen Tisch wie ein Besessener, korrigierte die Tausenden von Seiten der *Comédie Humaine*, brachte mehrere Romane zu Papier und schrieb unzählige

Briefe an **Madame Hanska**, die Liebesepisteln, Roman und Tagebuch in einem sind. Einer der Räume ist dieser wichtigsten Frau im Leben Balzacs gewidmet. Er heiratete sie fünf Monate vor seinem Tod. Die berühmte Kaffeekanne erinnert an Balzacs unmäßigen Genuss dieses ›excitant moderne‹. Besucher können außerdem den originellen Spazierstock bewundern, für den die Karikaturisten eine Vorliebe hatten. Die **Bibliothek**, ein Zentrum der Balzac-Forschung, umfasst eine bemerkenswerte Sammlung von Erstausgaben, Manuskripten und Fotos.

116 Château de Vincennes

Der Wohnturm der Burg ist ein schönes Beispiel mittelalterlicher Festungsbaukunst des 14. Jh. Wie aus dem Bilderbuch wirkt auch die spätgotische Schlosskapelle.

Av. de Paris, Vincennes
Tel. 01 48 08 31 20
www.chateau-vincennes.fr
Mai–Aug. tgl. 10–18,
Sept.–April 10–17 Uhr
Métro 1: Château de Vincennes

Seit dem Mittelalter war das riesige Waldgebiet vor den Toren der Stadt Jagdrevier der Könige. Ludwig IX., der Heilige, soll unter einer Eiche, dem charakteristischen Baum des Bois de Vincennes, Recht gesprochen haben. Ein Jagdhaus bestand schon im 12. Jh. Während des Hundertjährigen Krieges wurde es zur Festung ausgebaut, in der sich der König sicherer fühlte als im Palais de la Cité oder im Hôtel Saint-Pol. Das Château de Vincennes nahm Form an mit dem Bau des **Donjon**, dem mächtigen Wohnturm, der 1369 unter Karl V. fertiggestellt und in eine türmestrotzende Festungsanlage einbezogen wurde. Sie gehörte damals zu den größten und modernsten Europas, eine befestigte Stadt für sich, die den gesamten Hofstaat aufnehmen konnte.

Der Donjon ist mit Zugbrücke, tiefem Graben, Wehrgang, Pechnasen und Zinnen ausgestattet. Er birgt in seinen 3 m dicken Mauern die Gemächer des Königs und seines Gefolges. Die vielen bemerkenswerten **Sockelskulpturen** sind nur noch Reste der einst prächtigen Ausstattung. Alle Etagen sind gleich angelegt. Ihre Gewölbe ruhen auf einem schön gearbeiteten Mittelpfeiler, der die Raumachse bildet. Im 16. Jh., als Vincennes zum Gefängnis wurde, nutzte man die kleinen Räume der vier Ecktürme als Zellen. Der zukünftige Heinrich IV., von Katharina von Medici eingesperrt, der zu ehrgeizige Finanzminister Fouquet, Diderot, Mirabeau und der Marquis de Sade befanden sich unter den ›distinguierten Häftlingen‹, für die Vincennes ausdrücklich reserviert war. Die **Hofkapelle**, ein zierliches Schmuckstück im Style Flamboyant, wurde 1379 nach dem Muster der Sainte-Chapelle begonnen, aber erst unter Heinrich II. von dem Renaissancearchitekten Philibert de l'Orme vollendet, der sich hier ganz der gotischen Ästhetik zu beugen wusste. Nur die Glasmalereien in der Apsis sind vom Geist der Renaissance berührt.

Von den neun Türmen der mittelalterlichen Anlage steht nur noch der nördliche **Mittelturm** (Tour du Village), die anderen wurden unter Napoleon bis auf Mauerhöhe abgetragen. Der südliche Teil wurde zur Zeit von Maria von Medici durch Le Vau umgebaut (ab 1654). Es entstanden die beiden **Pavillons** der königlichen Familie und die beiden sie verbindenden **Galerien**. Louis-Philippe ließ die

Der einstige Wohnturm des Château de Vincennes mit den königlichen Gemächern war im 14. Jh. das Herzstück einer der größten Befestigungsanlagen Europas

Sommerfrische im Bois de Vincennes: Ruderboot-Ausflüge auf dem Lac Daumesnil zählen zu den schönsten Ideen für einen faulen sonnigen Pariser Sonntag ▷

Festung in die Verteidigungseinrichtungen von Paris einbeziehen. Im Zweiten Weltkrieg wurde das Schloss von der deutschen Armee besetzt, die kurz vor ihrem Abzug einen Teil der Anlage sprengte. In den Ruinen kam das **südliche Tor**, von Le Vau triumphbogenartig gestaltet und seit 130 Jahren in Vergessenheit geraten, wieder zum Vorschein.

Die 1738 in Vincennes gegründete **Porzellanmanufaktur** war für ihre von Meissen und China beeinflusste Produktion bekannt. 1752 entstand daraus die Königliche Manufaktur, die, 1756 nach Sèvres verlegt, mit dem typischen Style Rocaille weltberühmt wurde.

117 Bois de Vincennes

995 ha Waldfläche mit Sport- und Spielplätzen und einer berühmten Trabrennbahn.

12E ARR., Métro 8: Porte Dorée

Zur Beliebtheit des Parks trägt u. a. der **Lac Daumesnil** bei, auf dem an sonnigen Tagen unzählige Ruderboote gondeln. Dieser künstliche See mit seinen zwei über Brücken erreichbaren Inseln wurde, wie der Lac des Minimes weiter östlich, von Alphand angelegt, dem Gartenarchitekten Napoleons III. An den See grenzt der von Hagenbeck eingerichtete **Zoo de Vincennes** (bis etwa 2012/13 geschl.). Weil der zur Kolonialausstellung von 1931 eröffnete Zoo nicht mehr den Ansprüchen des 21. Jahrhunderts genügte, ist er derzeit zwecks umfangreicher Sanierungen geschlossen.

Sehr schön ist auch der weiter östlich gelegene **Parc Floral** (Sommer tgl. 9.30–20, sonst bis 17 Uhr), ein großer botanischer Garten (Métro: Château de Vincennes). An seinem Rand befindet sich die **Cartoucherie de Vincennes**, eine ehemalige Pulverfabrik, die den Freunden des modernen Theaters ein Begriff ist, seitdem Ariane Mnouchkine dort 1970 ihr alternatives **Théâtre du Soleil** (Tel. 01 43 74 24 08, www.theatre-du-soleil.fr) mit einer international bunt gemischten Schauspielertruppe einrichtete.

118 Palais de la Porte Dorée

Das anlässlich der Kolonialausstellung 1931 errichtete Gebäude beherbergt inzwischen ein Museum über die Geschichte der Immigration.

293, avenue Daumesnil, 12E ARR.
Métro 8: Porte Dorée

Das Gebäude am westlichen Eingang zum Bois de Vincennes wurde 1931 als Museum für afrikanische und ozeanische Künste errichtet. Mit seiner Pfeilerreihung vor einem Monumentalrelief ist es ein typisches Architekturbeispiel der 1930er-Jahre. Die riesige güldene *Minerva*, die damals auf den Stufen die zivilisatorische Rolle Frankreichs darstellen sollte, steht heute an der Place de la Porte Dorée. Die Sammlungen des einstigen *Musée National des Arts d'Afrique et d'Océanie* befinden sich nun im Musée du Quai Branly [Nr. 49].

Hier eröffnete im Oktober 2007 die **Cité Nationale de l'Histoire de l'Immigration** (Tel. 01 53 59 58 60, www.histoire-immigration.fr, Di–Fr 10–17.30, Sa/So 10–19 Uhr). Die modern konzipierte Dauerausstellung dokumentiert mit Hilfe von Gegen-

ständen, Werken und persönlichen Erzählungen die Geschichte der französischen Einwanderung.

Noch aus der Zeit der Kolonialausstellung stammt das **Aquarium Tropical** (Tel. 01 53 59 58 60, www.aquarium-portedoree.fr, Di–Fr 10–17.15, Sa/So 10–19 Uhr) im Untergeschoss. Lebende Fossilien, d. h. primitive Fische, die schon vor 300 Mio. Jahren exis-tierten, Amphibien, Muränen, Haie, Rochen und Krokodile gibt es zu sehen.

119 Cinémathèque Française

Die Institution der Cineasten residiert in einem sehenswerten Bau des Architekten Frank O. Gehry.

51, rue de Bercy, 12E ARR.
Tel. 01 71 19 33 33
www.cinematheque.fr
Mo/Mi/Fr–Sa 12–19, Do 12–22,
So 10–20 Uhr
Métro 6, 14: Bercy

Gegründet wurde die Cinémathèque Française 1936 von Henri Langlois, heute ist sie mit etwa 40 000 Filmen die größte derartige Sammlung der Welt, ein Mekka der Cineasten. Seit 2005 hat sie ihren Sitz im ehemaligen ›American Center‹, einem zu Beginn der 1990er-Jahre vom amerikanischen Stararchitekten Frank O. Gehry errichteten Gebäude.

Die typische dekonstruktivistische Formensprache seiner Architektur griff *Dominique Brard* auch bei der Umgestaltung des Inneren auf, die nötig war, um den Bau den Bedürfnissen der Cinémathèque anzupassen. Die Vielzahl an unterschiedlichen, miteinander verknüpften Ebenen bietet neben drei Kinosälen genügend Platz für die ständige Ausstellung ›Passion Cinéma‹. Sie umfasst Dokumente und Apparate aus der Filmgeschichte, einige tausend Objekte vom Kostüm bis zur Requisite, Fotografien und ferner persönliche Erinnerungen von Filmschaffenden und Künstlern. Wechselausstellungen zur Filmgeschichte oder zu zeitgenössischen Produktionen runden das Angebot ab. Zudem gibt es eine umfassende Bibliothek (Tel. 01 71 19 32 33, Mo–Fr 10–19, Sa 13–18.30 Uhr), die dem Besucher offensteht. Zu den Hauptaufgaben der Cinémathèque Française gehören außerdem die Archivierung und Restaurierung historischer Filmrollen.

In der Umgebung – eine Stadt zieht ihre Kreise

Auch außerhalb von Paris bilden imposante Architekturmonumente Anziehungspunkte für Besucher – und das nicht erst seit der Errichtung der Meilensteine moderner Baukunst in **La Défense** nordwestlich des Bois de Boulogne. Zu den größten Attraktionen zählt zweifellos das majestätische Schloss **Versailles** mit seinem opulenten Park südwestlich der Stadt. Aber auch die Abteikirche **Saint-Denis**, Inbegriff der Gotik, mit ihren Königsgrabmälern und Skulpturen offenbart außerordentliche künstlerische Leistungen. Einen spannenden Glanzpunkt des modernen Städtebaus wiederum bilden im Osten sehenswerte Trabantenstädte wie Noisy-le-Grand. Dem fröhlichen Spiel – auch mit Baustilen – hingegeben ist schließlich das kunterbunte **Disneyland Paris** mit seiner Fantasie- und Vergnügungswelt.

120 Château de Versailles

Das viel bewunderte Schloss mit seinen wunderschönen Gärten hat über drei Jahrhunderte nichts von seinem Zauber verloren.

Tel. 01 30 83 78 00
www.chateauversailles.fr
RER C: Versailles–Rive-Gauche
SNCF: Gare Montparnasse oder Gare Saint-Lazare
Autobahn A 13 (Ausfahrt Versailles), Parkplatz: vor dem Schloss, Place d'Armes

Versailles-au-Val-de-Galie war ein verlorenes Dorf inmitten von Wäldern und Mooren, als **Ludwig XIII.** hier 1631 ein anmutiges kleines *Jagdschloss* bauen ließ (Architekt: Philibert Le Roy). Der junge **Ludwig XIV.** soll schon 1651 nach Versailles zur Jagd gekommen sein. Zehn Jahre später, als er nach Mazarins Tod endlich selbst Herr im Reich war, beschloss er – entrüstet über den unerhörten Prunk, mit dem sich sein Finanzminister Fouquet in *Vaux-le-Vicomte* umgab –, Versailles so glanzvoll auszustatten, dass Fouquets Schloss daneben verblassen sollte. Der Günstling Mazarins verschwand wegen Veruntreuung von Staatsgeldern im Gefängnis; die drei Künstler, die Vaux-le-Vicomte geschaffen hatten, **Le Vau, Le Brun** und **Le Nôtre**, wurden von Ludwig XIV. engagiert. Versailles war nun bevorzugter Aufenthaltsort des Königs und seiner Maîtresse, Mademoiselle de La Vallière. Mit dem militärischen und politischen Erfolg des Herrschers wuchs auch das Schloss: 1668 (Frieden von Aachen) baute Le Vau die *Grands Appartements* des Königs und der Königin. 1679 (Frieden von Nimwegen) begann **Hardouin-Mansart** mit dem Bau der *Spiegelgalerie*. 1682 beschloss der König, Regierung und Hofstaat von Paris nach Versailles zu verlegen. Hinzu kamen ein weiterer *Nord- und Südflügel*, ebenso die Orangerie und die Stallungen. Versailles war zur größten, prächtigsten Residenz, Frankreich zum mächtigsten Staat Europas geworden. Über 36 000 Arbeiter und 6000 Pferde arbeiteten zeitweise auf der Baustelle. 1690 beliefen sich die Kosten auf fast 88 Mio. Livres. Nach dem Frieden von Rijswijk 1697 verwirklichte Ludwig XIV. seinen letzten Traum: die *Schlosskapelle* – von Hardouin-Mansart begonnen und von dessen Schwager Robert de Cotte 1710 vollendet.

Nach dem Tod Ludwigs XIV. im Jahr 1715 zog der Hofstaat unter der Regentschaft von Philippe d'Orléans nach Paris. Sieben Jahre später regierte **Ludwig XV.** wieder in Versailles, ließ ab 1736 die *Petits*

Appartements einrichten und 1769 die Oper, die zur Hochzeit seines Enkels, dem künftigen Ludwig XVI., eingeweiht wurde. **Marie-Antoinette**, die sich nie recht mit der Hofetikette abfinden konnte, machte das *Petit Trianon*, einen Pavillon im Schlosspark, zu ihrem Hauptwohnsitz und ließ unter dem Einfluss der Rousseauschen Ideen ein *kleines Bauerndorf* anlegen, ›Le Hameau‹, wo sie sich kurz vor der Revolution mit ihren Kindern und Hofdamen der Illusion des glücklichen Landlebens hingab. Das aufgebrachte Volk erzwang 1789 die Rückkehr der Königsfamilie nach Paris. Ab 1792 wurden die Möbel versteigert und in alle Himmelsrichtungen zerstreut. Um den Palast wieder mit Leben zu erfüllen, richtete man unter dem Bürgerkönig **Louis-Philippe** das *Musée de l'Histoire de France* und die *Schlachtengalerie* ein.

Könige residierten nun nicht mehr in Versailles, doch wurde am 18. Januar 1871 im Spiegelsaal ein Kaiser gekrönt: Wilhelm I., Kaiser des triumphierenden Deutschlands. Ein halbes Jahrhundert später, am 28. Juni 1919, wurde hier der **Friedensvertrag des Ersten Weltkriegs** unterzeichnet. Dank einer Stiftung von J. D. Rockefeller konnte das Schloss von Grund auf restauriert werden. Es gelang, einen Teil der während der Revolution versteigerten Möbel zurückzukaufen und die Räume zusätzlich mit qualitätvollen Möbeln aus anderen Königsschlössern auszustatten.

Trotz ihrer Regelmäßigkeit wirkt die beeindruckend breite Gartenfront von Schloss Versailles nicht monoton

Zur riesigen **Place d'Armes** bietet das **Schloss** eine uneinheitliche Fassade, Resultat seiner langen Baugeschichte. Im Zentrum steht das **Reiterstandbild von Ludwig XIV.**, das Louis-Philippe von Cartellier fertigen ließ. Der rechts vorspringende Flügel stammt von Gabriel, der linke wurde im 19. Jh. identisch ergänzt. Wie bescheiden wirkt die Dreiflügelanlage des alten Jagdschlosses, das die **Cour de Marbre** umgibt. Seine Fassaden erhielten ihren plastischen Schmuck unter Ludwig XIV. Hinter den drei Mittelfenstern im *1. Stock* verbirgt sich das ›Allerheiligste‹, das Schlafzimmer des Königs, Zentrum der gesamten Schlossanlage. Im Nordflügel befand sich die berühmte **Escalier des Ambassadeurs**, die Gesandtentreppe, die zum Grand Appartement des Königs führte. 1752 wurde sie abgerissen, eine originalgetreue Kopie befindet sich jedoch noch heute auf Herrenchiemsee, dem Klein-Versailles des Architekturenthusiasten König Ludwig II. von Bayern.

An der **Gartenfassade** wird die strenge Rationalität des symmetrisch geordneten, hierarchischen Gesamtplans besonders deutlich: Die Sockelzone mit dem waagerechten Steinschnitt, das von Pilastern und Säulen gegliederte königliche Hauptgeschoss, darüber ein niedriges Attikageschoss mit flachem ›italienischem‹ Dach bestimmen die 669 m breite Front. Zentrum ist die Spiegelgalerie.

Zur **Orientierung** erhält man an den Eingängen Übersichtspläne. In der Hochsaison sollte man wegen langer Wartezeiten erst einen Spaziergang oder eine -fahrt durch die Gärten machen und die Schloss-

besichtigung auf den Nachmittag verlegen. Nördlich der Schlossterrasse fahren alle 20 Min. kleine Züge ab. Es gibt auch Pferdekutschen, einen Fahrrad- und Bootsverleih. Wenn man an einer **Führung** teilnehmen will, sollte man sich gleich bei der Ankunft an einem der Informationsstände erkundigen und Karten reservieren.

Der Besuch der **Grands Appartements** (April–Okt. Di–So 9–18.30, Nov.–März 9–17.30 Uhr) beginnt in der **Schlosskapelle**, einem lichten Raum, dem die hohe Kolonnade Majestät verleiht. Ludwig XIV. wohnte auf der Tribüne der zweistöckigen Palastkapelle täglich der Messe bei. François Couperin spielte die Orgel. Die meisterlichen Inkrustationen des Marmorbodens, die Deckengemälde und der goldene Altar setzen farbige Akzente in dem eleganten, weißen Raum. Charles de Lafosse, Antoine Coypel und Jean-Baptiste Jouvenet schufen die Gemälde.

Der **Salon d'Hercule**, 1710 begonnen, sollte eine Verbindung zwischen den Grands Appartements und der Kapelle herstellen. Der Raum wurde speziell für Veroneses *Repas chez Simon*, ein Geschenk der Stadt Venedig, entworfen. Über das gesamte Gewölbe spannt sich das riesige Deckengemälde von Lemoyne, *L'Apothéose d'Hercule*. Der Salon wurde erst 1736, lange nach dem Tod Ludwigs XIV., vollendet, in einem Stil, der bereits das Rokoko ankündigt.

Mit dem **Salon de l'Abondance** betritt man die eigentlichen Grands Appartements. Hier gab Ludwig XIV. dreimal wöchentlich einen Empfang für seinen Hofstaat. Bis zur Fertigstellung des Appartement du Roi waren dies auch die Wohnräume des Königs. Jeder angemessen gekleidete Besucher hatte zu den offiziellen Räumen Zutritt. Vom morgendlichen ›Lever‹ bis zum abendlichen ›Coucher‹ des Königs – immer in Anwesenheit des Hofes – war der Ablauf des täglichen Lebens durch ein strenges Protokoll geregelt. Zum Zeitvertreib wurde musiziert, Billard gespielt, Menuett getanzt und intrigiert.

Für den **Salon de Vénus** und den **Salon de Diane** waren italienische Palazzi Vorbild: Wandverkleidungen aus farbigem Marmor, illusionistische Malereien, reich geschmückte Decken mit mythologischen Szenen. Die schwungvolle Büste des jungen Königs im Venus-Salon ist ein Meisterwerk Berninis (1665). Der **Salon d'Apollon** war einst Thronsaal. Die Sonnengottsymbolik dieses Raums ist auch sonst überall in Versailles gegenwärtig.

In der Spiegelgalerie und ihren beiden Ecksalons, dem Salon de la Guerre und dem Salon de la Paix, ist die höchste Prachtentfaltung erreicht. Das Deckengemälde von Le Brun im **Salon de la Guerre** zeigt eine Allegorie des siegreichen Frankreich. In einem Flachrelief hat Coysevox den Triumph Ludwigs XIV. über seine Feinde dargestellt. Die 17 Fenster der **Spiegelgalerie** öffnen sich auf die herrliche, perspektivisch gestaltete Parkanlage, die von 17 großen Spiegeln ins Endlose vervielfacht wird. In dem lichtdurchfluteten Raum fanden Hochzeitsbälle und Empfänge für ausländische Gesandte statt. Die Deckengemälde von Le Brun feiern – natürlich –die Großtaten Ludwigs XIV. Am anderen Ende der Spiegelgalerie, im **Salon de la Paix**, hat François Lemoyne den 19-jährigen Ludwig XV. dargestellt, wie er Europa den Frieden bringt.

Das **Grand Appartement der Königin** ist von seinen verschiedenen Bewohnerinnen immer wieder verändert worden. Das **Schlafzimmer** des königlichen Ehepaares konnte detailgetreu, wie es Marie-Antoinette hinterlassen hatte, rekonstruiert werden – gold- und seideschimmernd. Es folgen der **Salon des Nobles** und ein Vorzimmer mit dem berühmten Porträt, das Madame Vigée-Lebrun von Marie-Antoinette und ihren Kindern gefertigt hat. Daran schließt sich die Gemäldegalerie mit dem so genannten **Krönungssaal** an, der nach Davids Darstellung der Kaiserkrönung Napoleons benannt ist (*Le Sacre de Napoléon I*, zweite Fassung, die erste hängt im Louvre).

Die **Gemächer des Königs**, die Ludwig XIV. ab 1683 im 1. Stock der Cour de Marbre einrichten ließ, entsprachen ganz seinem Bedürfnis nach mehr Zurückgezogenheit. Im **Salon de l'Œil-de-bœuf** (nach der ovalen Lukarne benannt, die ihn erhellt) nimmt man erstaunt einen verspielten Kinderfries wahr – ein für königliche Gemächer ungewöhnlicher Schmuck. Ludwig XIV. wollte bei dieser Innenausstattung ausdrücklich »mehr Jugendlichkeit«. Im Zentrum des Cour de Marbre liegt das **Schlafzimmer des Königs** mit seinem opulenten Skulpturendekor. Hier starb Ludwig XIV. am 1. September 1715. Im **Cabinet du Conseil** wurden 100 Jahre lang alle wichtigen politischen Entscheidungen getroffen.

Der Spiegelsaal – prächtigster der Versailler Repräsentationsräume Ludwigs XIV.

Die **Gemächer von Ludwig XV.** wurden vom Hofarchitekten Jacques-Ange Gabriel entworfen. Die Boiserien stammen fast alle von Verberckt und sind Meisterwerke der Dekorationskunst. Viele der Räume sind heute wieder mit ihren kostbaren Originalmöbeln ausgestattet. Besonders schön ist die geräumige Bibliothek des Königs.

Die **Gemächer von Marie-Antoinette**, intim und vornehm, befinden sich hinter den Grands Appartements. Sie zeugen vom ausgezeichneten Geschmack der Königin. U. a. sind dort Badezimmer, Boudoir und das Cabinet Doré mit seinen *schönen Wandvertäfelungen* im pompejanischen Stil zu sehen. Im angrenzenden Raum ließ Marie-Antoinette Boiserien aus der Zeit Ludwigs XV. anbringen. Ihr zarter Dekor zeigt ländliche Szenen. Die Gemächer des Thronfolgers (unter dem Grand Appartement der Königin) und die Gemächer der Töchter Ludwigs XV. (unter dem Grand Appartement des Königs) wurden 1986 sorgfältig restauriert.

Die **Oper** (Reservierungen für Konzerte: Tel. 01 39 20 78 10), die Gabriel zwischen 1769 und 1770 im Nordflügel errichtete, war damals als die schönste Europas bekannt. Ganz aus Holz, besitzt der Saal eine *erstklassige Akustik*. Eine raffinierte Technik erlaubte es, den Raum in einen großen Ballsaal zu verwandeln.

Der **Park von Versailles** (April–Okt. tgl. 8–20.30 Uhr, Nov.–März 8–18 Uhr; Musik und Wasserspiele: ›Grandes Eaux Musicales‹ und ›Grandes Fêtes de Nuit‹, Tel. 01 30 83 78 89) ist das perfekte Modell französischer Gartenkunst: symmetrische Parterres, Skulpturengruppen, schnurgerade Alleen, geradlinig abgegrenzte Wasserflächen, die sich in der Weite der Landschaft verlieren. Diese majestätische Ordnung regierte schon den Park, den Philibert Le Roy vor dem Jagdschloss Ludwigs XIII. angelegt hatte. Le Nôtre gab der Gartenschöpfung dann ihre Weite und symbolische Bedeutung. Sie wurde 1661 begonnen, noch bevor Le Vau das Schloss vergrößerte.

Ludwig XIV. selbst hat eine Art **Führer** durch den Park verfasst: *La Manière de monter les Jardins de Versailles*. Folgen wir dem Rat des Königs und bewundern wir zunächst die Parterres, die sich vor der Schlossfassade der Strenge der Architektur beugen und deren Linien fortführen. Herrliche Bronzen, Flussgötter, Nymphen und Putti bevölkern die Wasserbecken. Von dieser Terrasse schweift der Blick ins Unendliche, über das silbrige Band des **Grand Canal** hinweg. Links vor dem Schloss liegt das **Parterre du Midi** mit seinen gepflegten Broderien und unterhalb die **Orangerie**. Rechter Hand begrenzt das **Bassin de Neptun** Garten und Blick.

Le Hameau: Romantische Kulisse des Landlebens, wie Marie-Antoinette es sich erträumte

Der **Latona-Brunnen**, eine zauberhafte Komposition an den Stufen zum Schloss, war für Ludwig XIV. ein Höhepunkt des Parkerlebnisses. Ein weiterer *Point de vue* ist das **Bassin d'Apollon** mit seiner grandiosen Skulpturengruppe von Jean Baptiste Tuby, eine Allegorie der absolutistischen Monarchie: Stürmische Rösser und Delphine tauchen aus dem Wasser, von Apoll-Ludwig XIV. fest an den Zügeln gehalten. Zu beiden Seiten der Hauptachse schließlich die **Boskette**, Rahmen höfischer Vergnügungen: le Bosquet des Rocailles, einst als ›Ballsaal‹ genutzt und ganz mit Muscheln ausgekleidet, eine romantische Grotte, Bosquet des Bains d'Apollon genannt, und die elegante **Kolonnade** von Hardouin-Mansart mit einer berühmten Skulptur von Girardon im Zentrum.

Le Grand Trianon (April–Okt. tgl. 12–18.30, sonst bis 17.30 Uhr), dessen zwei Wohnflügel ein Peristyl aus rosa Marmor verbindet, ist ein Werk von seltener Grazie. Es wurde 1687 von Hardouin-Mansart für Ludwig XIV. und seine neue Favoritin, Madame de Maintenon, errichtet. Die meisten Räume besitzen noch ihre ursprünglichen Boiserien und sind mit Empire-Möbeln ausgestattet, eine glückliche Stilkombination. **Le Petit Trianon** (April–Okt. tgl. 12–18.30, sonst bis 17.30 Uhr) wurde 1763–67 von Gabriel gebaut. Madame du Barry und später Marie-Antoinette schätzten diesen nüchternen Pavillon, dessen Parkfassade ein klassizistisches Meisterwerk ist. Im englischen Garten nördlich des Petit Trianon stehen verstreut einige Tempelchen, wie sie die Zeitgenossen von Jean-Jacques Rousseau so sehr liebten. Vor dem **Hameau**, einem künstlich angelegten ›Dörfchen‹, das Hubert Robert entworfen hat, grasten einst Ziegen und Schafe.

121 La Défense

TOP TIPP

Das Pariser Manhattan: Über 30 Wolkenkratzer sind seit den 60er-Jahren des 20. Jh. im Westen von Paris aus dem Boden geschossen. Den architektonischen Höhepunkt bildet die 1989 eingeweihte Grande Arche.

www.ladefense.fr
Métro 1, RER A: La Défense – Grande Arche

Mit dem Bau des monumentalen, offenen Kubus Grande Arche hat die jahrzehntelange Diskussion über die architektonische Gestaltung des Schlusspunktes der **historischen Achse**, die vom Louvre über den Arc de Triomphe bis zur Défense führt, endlich ein Ende gefunden. Um zu vermeiden, dass das Zentrum von Büros vereinnahmt würde, fasste man 1958 den Beschluss zur Errichtung eines **Geschäftsviertels** außerhalb der Stadtgrenze nach amerikanischem Muster. Ein gigantisches Projekt, zu dem schon in den 1930er-Jahren Pläne von Le Corbusier, Mallet-Stevens und André Granet entwickelt worden waren. So wie es heute besteht, ist La Défense die Verwirklichung der von **Le Corbusier** geforderten Prinzipien: Die Büro- und Wohnräume gehen in die Vertikale, das Verkehrsnetz ist in den Untergrund verlegt, die Freiflächen gehören den Fußgängern und sind mit Skulpturen, Brunnen und Gärten gestaltet. Es ist jedoch erschreckend, wie leer man die große Esplanade vorfinden kann, besonders außerhalb der Geschäftszeiten und am Wochenende. Nur 20 000 Menschen leben hier, 100 000 dagegen kommen täglich oft quer durch die Stadt zur Arbeit angefahren. Die extravagante *Grande Arche*, die seit ihrer Eröffnung ein wahrer Publikumsliebling ist, brachte schon zu Beginn Leben in dieses unterkühlte futuristische Universum.

Während der **Wirtschaftskrise** in den 1970er-Jahren kam der Bauelan fast zum Erliegen. Damals offenbarten sich auch die Nachteile der Hochhäuser: enorme Unterhaltskosten und fehlende menschliche Atmosphäre. Die Kritik an den Wolkenkratzern wurde lauter. Die **1980er-**

Der Große Bogen

La Grande Arche, ein gigantischer weißer Torbau aus Carrara-Marmor, Glas und Beton, war eines der **Prestigeprojekte** des früheren Staatspräsidenten François Mitterrand, von Schwindel erregenden Dimensionen. In der Toröffnung, die so breit ist wie die Champs-Élysées, hätte Notre-Dame mit ihren Türmen Platz. Hier spannt sich ein Zeltdach, die ›Wolke‹ – Schutz vor Regen und Wind und ein poetischer Kontrast zur Gigantik der sie umgebenden Architektur. In transparenten Aufzügen, die in einem frei stehenden Gerüst zirkulieren, schwebt der Besucher über die monumentale Treppe und die Wolke hinweg zur obersten Etage. Das Werk des zuvor wenig bekannten dänischen Architekten **Johann Otto von Spreckelsen** (1929–1987) ist eine beeindruckende technische Hochleistung. Ohne Fugen, aus einem Guss geschaffen, ruht der 30 000 t schwere Kubus (110 m hoch, 106 m breit) auf zwölf wuchtigen Pfeilern, die tief im Boden verankert sind. Vier Balken von 70 m Länge tragen die Brücke. Ein Gerüst aus einem eigens entwickelten hyperresistenten Stahlbeton bildet die Megastruktur, an der die einzelnen Etagen aufgehängt sind.

Jahre aber brachten eine Renaissance. Ursprünglich waren 300 000 m^2 Bürofläche geplant, jetzt wurde das Fünffache angesetzt. Mit der Verlängerung der *Métrolinie 1* bis zur Grande Arche und dem Ausbau der Zug- und Autobahnverbindungen wurde das Viertel für Unternehmen und Anwohner attraktiver. In den vergangenen Jahren entstanden neue Türme, die sich in ihren schlankeren, gebrochenen Formen und in ihrer Raumgestaltung von den Modellen der 1960er-Jahre unterscheiden. Auch gegenwärtig wird weitergebaut, Firmenlogos verschwinden, andere erstrahlen neu.

La Grande Arche (Tel. 01 49 07 27 55, www.grandearche.com, April–Aug. tgl. 10–20, sonst bis 19 Uhr), zur 200-Jahr-Feier der Französischen Revolution eingeweiht, ist als universelles Symbol gedacht, ähnlich wie 100 Jahre zuvor der Eiffelturm. Mit einer leichten Abweichung von der historischen Achse will sie den Unterschied zu den traditionellen Triumphbögen hervorheben. Unter diesem Bogen soll nicht marschiert werden, er soll ein ›Triumphbogen der Menschheit‹ und ein ›Fenster zur Welt‹ sein. Vom Dach blickt man auf die berühmte Achse, die Türme und das nicht allzu weit entfernte

Paris. Links neben der Grande Arche das Schalendach des **CNIT** (Centre National des Industries et des Techniques) – Ende der 1950er-Jahre eine technische Bravourleistung, mit der die Bebauung der Défense begann. Das Betongewölbe ruht auf nur drei Punkten; es ist das größte der Welt (Architekten: Zehrfuss, Camelot, de Mailly, Prouvé). Dahinter: der elegante 46 Etagen hohe **Areva** von Saubot, Jullien und der New Yorker Agentur Skidmore 1974 entworfen. Gegenüber: **Le Élysées la Défense**, ein Einkaufszentrum, dessen eingebuchtete Fassaden eine natürliche Beleuchtung des Inneren erlauben. Auf der **Esplanade** zur Seine kann man die Türme, die der Défense mit verschiedenen Formen und Materialien eine abwechslungsreiche Silhouette geben, aus der Nähe betrachten. Der **Initiale** wurde 1966 von de Mailly, Depussé und Prouvé errichtet. Mit einem tragenden Betonkern im Inneren, dem Mantel aus Glaswänden (*curtain-walls*) und den abgerundeten Ecken erinnert er an die amerikanischen Hochhäuser Mies van der Rohes. **Le Michelet** oder auch **Michelet Total** sind typisch für die schlanken, spiegelnden Wolkenkratzer der 1980er-Jahre.

An die 50 **Skulpturen** machen die Défense zu einem amüsanten Freilichtmuseum. Darunter sind Werke von Calder, Miró, César, Silva, Venet, Takis, Agam. Auf der Esplanade steht auch das Monument von Louis-Etienne Barrias, *La Défense de Paris* (1883), das dem Viertel seinen Namen gab. Heldenhaft anachronistisch erinnert es daran, dass es vor 120 Jahren hier einmal darum ging, Paris gegen die Preußen zu verteidigen.

122 Cathédrale Saint-Denis

TOP TIPP

Ein Bauwerk von überragender Bedeutung: Hier nahm die Gotik ihren Anfang, hier ließen sich Frankreichs Könige bestatten. Die Grabmäler geben einen Überblick über die Entwicklung der französischen Skulptur.

Rue de la Légion
d'Honneur, Saint-Denis
Tel. 01 48 09 83 54
www.saint-denis.monuments-nationaux.fr
April–Sept. Mo–Sa 10–18.15, So 12–18.15,
Okt.–März Mo–Sa 10–17, So 12–17.15
Métro 13: Basilique de Saint-Denis

11 km nördlich von Paris gelegen, ist Saint-Denis eine der *Industriestädte* der Peripherie. Von den traurigen Orten der Banlieue unterscheidet sich das traditionell kommunistische Saint-Denis durch seine unkonventionelle Universität, die auch Nichtabiturienten offen steht und für geistige Bewegung sorgt.

Beeindruckende Grabmalskunst der Renaissance für Ludwig XII. und Anne de Bretagne

Auch das Stadion **Le Stade de France** (Métro: Saint-Denis-Porte-de-Paris, RER: La Plaine-Stade-de-France) mit 80 000 Plätzen, einer der Austragungsorte der Fußballweltmeisterschaft 1998, hat Saint-Denis aufgewertet.

Wenige Schritte vom modernistisch gestalteten Stadtzentrum steht die Abteikirche *Cathédrale Saint-Denis*, Inbegriff einer großen Vergangenheit. Der Legende nach soll der Märtyrer **Dionysius**, der erste Bischof von Lutetia, der um 250 auf Montmartre enthauptet worden war, mit seinem Kopf unter dem Arm hierher gewandert sein, um begraben zu werden. Tatsächlich gab es schon seit dem 1. Jh. eine gallo-römische Siedlung, auf deren Friedhof Dionysius möglicherweise heimlich von der verfolgten christlichen Gemeinde beerdigt wurde. Im 5. Jh. errichtete man eine Kirche, die bald zum *Wallfahrtsort* wurde. König Dagobert I. ließ sich im 7. Jh. in der von ihm gegründeten großen Kirche der nun dort entstandenen Benediktinerabtei bestatten. Hugues Capet († 996) und fast alle seine Nachfolger taten es ihm gleich. Der Einfluss, den das Kloster im Königreich ausübte, war außerordentlich. Vor allem **Abt Suger** (1081–1151), eine der hervorragenden, universalen Persönlichkeiten des Mittelalters, prägte die Geschichte des Klosters. Er leitete als Regent die Geschicke Frankreichs, als 1147 Ludwig VII. den zweiten Kreuzzug unternahm. 1136 begann Suger den Bau der heutigen Kirche, deren revolutionäre Architektur und deren Skulpturenprogramm offensichtlich bis ins Detail von ihm beeinflusst wurden. Ein Jahrhundert später vollendete **Pierre de Montreuil** die Konstruktion und ersetzte das karolingische Langhaus, das Sugers Westfassade und Chor verband.

Während der Revolution wurde die Abteikirche als Symbol der Monarchie schwer in Mitleidenschaft gezogen. In den 60er-Jahren des 19. Jh. unternahm **Viollet-le-Duc** ihre Restaurierung.

Die **Westfassade** ist leider stark verstümmelt. Obwohl sie noch romanisch-wehrhaft und ein wenig schwerfällig wirkt, weist sie ihr systematischer Aufbau, dem die Ziffer 3 zugrunde liegt, als Prototyp der gotischen Fassade aus. Das Figurenprogramm der Portale, das Altes und Neues Testament in Verbindung bringt, wurde an vielen anderen Kathedralen wieder aufgenommen, zum Beispiel schon wenig später bei dem berühmten Gotteshaus in Chartres.

Während die **Vorhalle** noch die ursprünglichen Gewölbe von Sugers Kirche zeigt, ist in dem herrlich strahlenden **Langhaus** und im **Querschiff** schon der Höhepunkt gotischer Raumdurchlichtung erreicht. Pierre de Montreuil hat hier sogar die Triforiumszone zum ersten Mal mit Fenstern durchbrochen.

Sugers zierlicher **Chor** (1140–43) ist der kunstgeschichtliche Ausgangspunkt für diese Entfaltung: Hier wurden erstmals Spitzbogen, Kreuzrippengewölbe und Dienste konsequent so eingesetzt, dass die Last der Gewölbe nicht mehr von einer Wand, sondern von Säulen und Pfeilern getragen wird. Große Öffnungen für leuchtend bunte Fenster waren nun möglich. Den lichtdurchfluteten Raum verstand Suger als irdisches Abbild des *Himmlischen Jerusalem*, so wie es in den Schriften des Dionysios Pseudo-Areopagita stand, einem der ersten Mystiker der Ostkirche, den man seit dem frühen Mittelalter mit dem hl. Dionysius von Paris gleichsetzte.

Die Scheitelkapelle des Chors besitzt die am besten erhaltenen Fenster mit einer Darstellung der Wurzel Jesse. Rechts am Choreingang befindet sich eine geschnitzte romanische Muttergottes.

Die **Königsgräber** stehen seit der Revolution leer, seit 1817 sind die sterblichen Überreste der Herrscher in der Krypta aus dem 9. und 12. Jh. untergebracht. Von der einfachen gravierten Platte bis zum triumphbogenartigen Mausoleum der Renaissance bilden die Grabmäler eine beeindruckende Reihe.

Besonders schön sind die Grabplatten aus dem 12. und 13. Jh. für **Chlodwig I.** (Clovis I., † 511) und seinen Sohn **Childebert I.** [**1**] († 558) sowie die mit Einlegearbeiten geschmückte Platte für **Frédégonde** [**2**] († 597). Aus dem 13. Jh. stammen die idealisierten, einfachen Liegefiguren von **Karl Martell** [**3**] († 741) und **Pippin dem Kurzen** [**4**] (Pépin le Bref, † 768). Diese und einige andere sind von Ludwig dem Heiligen für seine Vorgänger in Auftrag gegeben worden. Ebenfalls aus dem 13. Jh. ist das monumentale Grabmal von **Dagobert I.** [**5**] († 638), das Viollet-le-Duc stark restaurierte. Zu Be-

Cathédrale Saint-Denis (Ostteil)

Grabmäler:
1 Chlodwig I. und Childebert I.
2 Frédégonde
3 Karl Martell
4 Pippin der Kurze
5 Dagobert I.
6 Philipp der Kühne
7 Karl V.
8 Ludwig XII. und Anne de Bretagne
9 Franz I., Claude de France und deren Kinder
10 Heinrich II. und Katharina von Medici

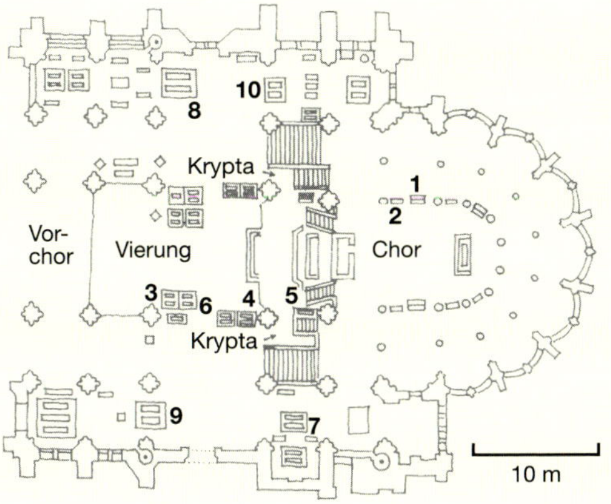

ginn des 14. Jh. entstanden die ersten individualisierten Bildnisse: das von **Philipp dem Kühnen** [6] (Philippe le Hardi, † 1285) wurde zwischen 1298 und 1307 geschaffen, das für **Karl V.** [7] († 1380) schon zu dessen Lebzeiten gefertigt. Zu den prächtigsten Mausoleen der Renaissance zählt das Grabmal von **Ludwig XII.** († 1515) und **Anne de Bretagne** [8] († 1514): unten unerbittlich realistisch die nackten Leichname, über der Arkatur das Paar im Ornat. Ein Meisterwerk ist das Monument von Philibert de l'Orme für **Franz I.** († 1547), **Claude de France** [9] († 1524) und ihre Kinder. Das letzte große Grabmal ist das von Primaticcio für **Heinrich II.** († 1559) und **Katharina von Medici** [10] († 1589) entworfene. Später zog man es vor, den Herrschern Standbilder auf den Königsplätzen der Hauptstadt zu errichten.

123 Noisy-le-Grand

Zentrum der vor zwei Jahrzehnten aus dem Nichts entstandenen Trabantenstadt Marne-la-Vallée, 20 km östlich von Paris. Ein urbanistisches Experiment, das der Monotonie der üblichen ›grands ensembles‹ mit spektakulären Wohnanlagen wie die der Erfolgsarchitekten Ricardo Bofill und Manolo Nuñez zu entgehen sucht.

RER A 4: Noisy-le-Grand

Aus den baulichen Verfehlungen der 1950er-Jahre, den Wohnkasernen und Trabantenstädten hat man gelernt: Die **Villes Nouvelles**, die seit den 1960er-Jahren konzipiert werden und Paris von seiner Wohnungsnot befreien sollen, sind als autonome, menschenwürdige Zentren geplant, mit allen städtischen Einrichtungen, einem ausreichenden Angebot an Arbeitsplätzen und kultureller Unterhaltung. **Marne-la-Vallée** ist die jüngste dieser Satellitenstädte der Région Parisienne, eine großflächig angelegte, vielförmige Agglomeration, eineinhalbmal so groß wie Paris intra muros. Lebensader ist die regionale Schnell-Métro, die RER. Nach den zögerlichen Anfängen hat die neue Stadt in den 1980er-Jahren endlich den erhofften Aufschwung genommen, zu dem das Großprojekt des benachbarten Disneyland Paris [Nr. 124] sicher beigetragen hat. Marne-la-Vallée zählt heute etwa 265 000 Einwohner, darunter viele Schwarzafrikaner, Araber und andere Bewohner der einstigen Pariser Arbeiter-

Die gigantische Kulisse der ›Arènes de Picasso‹ in Noisy-le-Grand

viertel. *Noisy-le-Grand*, von Paris aus in einer halben Stunde zu erreichen, bildet das wichtigste Verdichtungszentrum von Marne-la-Vallée. Der RER setzt den Ankommenden bezeichnenderweise gleich im Bereich des riesigen Einkaufszentrums ab, das das lebendige Zentrum der Stadt zu sein scheint.

Man verlässt das Einkaufszentrum auf der Seite äußerst unattraktiver Parkdecks und steht unvermittelt vor einer überdimensionalen, pathetischen Triumphbogenarchitektur, hinter der sich ein riesiges Amphitheater auftut. **Palacio d'Abraxas** heißt das Bauwerk, benannt nach dem gnostischen Magier und – abrakadabra – von **Ricardo Bofill** in dieses Niemandsland gesetzt (1978–83). Kannelierte Säulen, Kapitelle, Giebel, Balustraden, Portiken, Bossierungen, alles in enormen Proportionen: Das klassische Baurepertoire wird zitiert und parodiert. Bofills Gebäude sind aus Beton, aus standardisierten Fertigbauteilen zusammengesetzt. Der Triumphbogen birgt Sozialwohnungen, das Amphitheater – mit seinen spiegelnden Fenstersäulen sichtbar nobler – enthält Eigentumswohnungen, insgesamt an die 600 Apartments. Ricardo Bofill versucht, dem sozialen Wohnungsbau Würde zu verleihen.

Auch der andere katalanische Demiurg, **Manolo Nuñez**, will nichts von ärmlichen, funktionalistischen Wohnmaschinen wissen. Seine **Arènes de Picasso**, eine gigantische Arena, von graziös geschwungenen Arkaden gesäumt und von zwei 14-stöckigen Wohntrommeln überragt, sieht aus, als wäre sie zu Ehren eines Ramses oder einer aztekischen Gottheit gebaut (1980–85). Die von den Bewohnern respektlos ›Camembert‹ genannten Wohnscheiben findet man auf der anderen Seite des Einkaufszentrums, jenseits der Schnellstraße. Jeglicher Bezug zu historischen Formen ist vermieden, es ist ein abstraktes, ungewöhnliches Gebilde, dessen Bewohner wie winzige Statisten in einer überdimensionalen Kulisse agieren. Auch hier wurden die vielfältigen Möglichkeiten des Betons im kostensparenden Fertigbausystem angewendet.

Nicht uninteressant sind auch die anderen Wohnensembles, durchsetzt von schnittigen Bürogebäuden mit spiegelnden Fassaden, Parkanlagen, Plätzen und Skulpturen – angestrengte Versuche, die Stadt abwechslungsreich zu gestalten.

124 Disneyland Paris

Künstliches Freizeitparadies, Nonstopvergnügen aller Freunde von Mickymaus, Peter Pan und Buffalo Bill.

Marne-la-Vallée
www.disneylandparis.com
tgl. 10–19, an Wochenenden und während der Ferienzeit länger
RER A 4: Marne-la-Vallée – Chessy
VEA-Bus-Verbindung direkt von den Flugplätzen Roissy und Orly

In den Rübenfeldern der Brie, 32 km von Paris entfernt, hat Mickymaus seit 1992 ihre Bleibe auf europäischem Boden, ein rund 1950 ha großes Areal, das nach den in Kalifornien, Florida und Japan erprobten Erfolgsrezepten gestaltet wurde. *Adventureland, Fantasyland, Frontierland, Discoveryland* heißen die Provinzen dieses Zauberreiches mit dem graziösen **Dornröschenschloss** in der Mitte. Das Knusperschlösschen ist von den Miniaturen der *Très Riches Heures* des Herzogs von Berry inspiriert.

Immer wieder locken neue Attraktionen und der Besucher hat die Qual der Wahl. Er kann in der **Buffalo Bill's Wild West Show** bei einem Abendessen nach Western Art spannende Vorführungen von Cowboys, Indianern und Buffalo Bill erleben, Postkutschenwagen und eine Herde Büffel bestaunen. Im Rückwärtsgang kann man durch den berüchtigten Tempel des Todes von **Indiana Jones** rasen – Achtung, für heftige Eindrücke ist hier gesorgt! Auch ein Abenteuer-Spielplatz **Pirates' Beach** samt Käpt'n Hook, Scooter-, Ballon- und Karussellfahrten werden geboten. Paraden mit Mickey und all seinen Freunden sowie atemberaubende Stunt-Shows dürfen natürlich auch nicht fehlen. Der Walt Disney Studios Park direkt neben dem Disneyland Park bietet eine Mischung aus Informationen, Unterhaltung und Interaktion rund ums Kino.

In zahlreichen *Geschäften* ist vom Plüsch-Micky bis zum indianischen Federschmuck alles zu haben, was zum Disney-Universum gehört. In *Restaurants* mit Saloonatmosphäre gibt es Steaks und Hamburger. Das *Agrabah Café* wartet mit orientalischen Köstlichkeiten auf. Ein ganzes Heer von stilecht kostümiertem Personal gehört zu dieser perfekt funktionierenden Freizeitmaschinerie.

Mittlerweile sind sieben *Hotels* hier angesiedelt, ein ›High Noon‹-Remake, mexikanischer Pueblostil, viktorianische Palastarchitektur, Klein-Manhattan mit Central Park ... – ein ganzes Panorama amerikanischer Architektur. Der Besucher wandelt darin wie in einer riesigen Filmkulisse.

Märchenschloss im Disneyland – Freizeitspaß made in USA

273
217

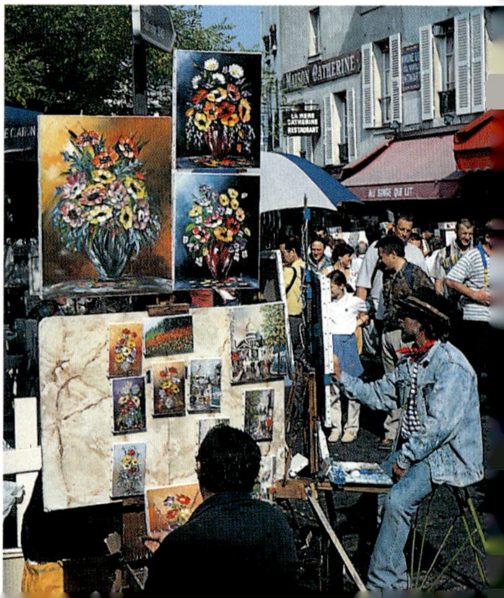
MAISON CATHERINE

Paris aktuell A bis Z

Vor Reiseantritt

ADAC Info-Service:
Tel. 018 05/10 11 12 (0,14 €/Min.)

Über diese Nummer oder bei den ADAC-Geschäftsstellen können ADAC-Mitglieder kostenlos umfangreiches Informations- und Kartenmaterial anfordern.

ADAC im Internet:
www.adac.de
www.adac.de/reisefuehrer

Paris im Internet:
www.nouveau-paris-ile-de-france.fr
www.parisinfo.com

Atout France, www.franceguide.com, Französische Tourismuszentrale:

Deutschland
Zeppelinallee 37, 60325 Frankfurt/Main, Tel. 09 00/157 00 25 (0,49 €/Min.), info.de@franceguide.com

Österreich
Lugeck 1–2 /Stg. 1/Top 7, 1010 Wien, Tel. 09 00/25 00 15 (max. 0,68 €/Min.), info.at@franceguide.com

Schweiz
Rennweg 42, 8021 Zürich, Tel. 044/217 46 00, info.ch@franceguide.com

Allgemeine Informationen

Reisedokumente

Gültiger Personalausweis oder Reisepass, für Kinder unter 16 Jahren Kinderausweis oder Eintrag im Pass der Eltern.

Kfz-Papiere

Führerschein, Zulassungsbescheinigung Teil 1 (ehem. Fahrzeugschein) und Internationale Grüne Versicherungskarte.

Krankenversicherung

Die Europäische Krankenversicherungskarte ist in die übliche Versicherungskarte integriert. Sie wird in ganz EU-Europa anerkannt und garantiert die medizinische Versorgung. Sicherheitshalber empfiehlt sich jedoch der Abschluss einer Reisekranken- und Rückholversicherung.

Hund und Katze

Für Hunde und Katzen ist bei Reisen innerhalb der EU ein gültiger, vom Tierarzt ausgestellter EU Heimtierausweis vorgeschrieben sowie die Kennzeichnung durch Tätowierung oder Mikrochip. Bis zum Jahr 2011 gelten Übergangsregelungen.

Zollbestimmungen

Waren für den persönlichen Bedarf dürfen innerhalb der EU unbegrenzt mitgeführt werden. Als Richtmengen gelten: 800 Zigaretten, 400 Zigarillos, 200 Zigarren, 1 kg Tabak, 10 l Spirituosen, 20 l Zwischenerzeugnisse, 90 l Wein (davon max. 60 l Schaumwein), 110 l Bier.

Reisende aus Drittländern (Schweiz) dürfen abgabenfrei mitführen: 200 Zigaretten oder 100 Zigarillos oder 50 Zigarren oder 250 g Tabak, 1 l Spirituosen und 2 l Wein.

Geld

Die gängigen **Kreditkarten** werden in Banken, Hotels und vielen Geschäften akzeptiert. An zahlreichen EC-/Maestro-Geldautomaten kann man rund um die Uhr Bargeld abheben.

Tourismusämter

Office du Tourisme et des Congrès de Paris, 25, rue des Pyramides, 75001 Paris, Tel. 08 92 68 30 00 (0,34 €/Min.), www.parisinfo.com, RER A: Auber, Métro 7-14: Pyramides, Juni–Okt. tgl. 9–19, Nov.–Mai Mo–Sa 10–19, So 11–19 Uhr

Bureau d'accueil du Carrousel du Louvre (Île-de-France), 99, rue de Rivoli, 75001 Paris, Métro 1, 7: Palais Royal – Musée du Louvre, tgl. 10–18 Uhr

◁ *Savoir-vivre in Paris: Schnäppchenlust auf dem Straßenmarkt, Kaffeegenuss im Quartier Latin (***oben***), Kunstfreude mit Niki de Saint Phalle am Strawinsky-Brunnen (***Mitte***), Spannung beim Kellnerwettlauf und Muße auf dem Montmartre (***unten***)*

Bureau d'accueil Clémenceau, avenue des Champs-Élysées/avenue Marigny, 75008 Paris, Métro 1, 13: Champs-Élysées/Clémenceau, April–Mitte Okt. tgl. 9–19 Uhr

Bureau d'accueil Gare du Nord, 18, rue de Dunkerque, 75010 Paris, RER B, D, Métro 4, 5: Gare du Nord, tgl. 8–18 Uhr

Bureau d'accueil Gare de Lyon, 20, boulevard Diderot, 75012 Paris, Métro 1–14, RER A–D: Gare de Lyon, Mo–Sa 8–18 Uhr

Bureau d'accueil Paris Expo, 1, place de la Porte de Versailles, 75015 Paris, Métro 12: Porte de Versailles, zur Messezeit tgl. 11–19 Uhr

Bureau d'accueil Anvers, 72, boulevard Rochechouart, 75018 Paris, Métro 2: Anvers, tgl. 10–18 Uhr

Syndicat d'Initiative de Montmartre, 21, place du Tertre, 75018 Paris, Métro 12: Abbesses, tgl. 10–19 Uhr

Notrufnummern

Notruf: Tel. 112 (EU-weit, auch mobil: Polizei, Unfallrettung, Feuerwehr)

AIT Assistance: Tel. 08 00 08 92 22 (Pannennotruf, 24 Std., auch deutsch)

ADAC-Notrufstation Frankreich: Tel. 08 25 80 08 22 (24 Std.)

ADAC-Notrufzentrale München: Tel. 00 49/(0)89/22 22 22 (24 Std.)

ADAC-Ambulanzdienst München: Tel. 00 49/(0)89/76 76 76 (24 Std.)

Österreichischer Automobil-, Motorrad-, und Touring-Club
ÖAMTC Schutzbrief-Nothilfe: Tel. 00 43/(0)1/251 20 00, www.oemtc.at

Touring Club Schweiz
TCS Zentrale Hilfsstelle: Tel. 00 41/(0)2 24 17 22 20, www.tcs.ch

Fundbüro

Préfecture de Police, Service des Objets Trouvés, 36, rue des Morillons, 75015 Paris, Tel. 08 21 00 25 25 (0,12 €/Min.), Métro 12: Convention. Mo–Do 8.30–17, Fr bis 16.30 Uhr

Ärztliche Versorgung

Ärztlicher Notdienst

SOS Médecins: Tel. 01 47 07 77 77

Zahnärztlicher Notdienst

SOS Dentaire: Tel. 01 43 37 51 00

Apotheken mit Nachtdienst

Pharmacie Dhéry, 84, av. des Champs-Élysées, 75008 Paris, Tel. 01 45 62 02 41, Métro 1: George-V., tgl. rund um die Uhr

Pharmacie Internationale Place Pigalle, 5, place Pigalle, 75009 Paris, Tel. 01 48 78 38 12, Métro 2, 12: Pigalle, tgl. 8–1 Uhr

Diplomatische Vertretungen

Deutsche Botschaft, 13-15, av. Franklin D. Roosevelt, 75008 Paris, Tel. 01 53 83 45 00, www.paris.diplo.de, Métro 1, 9: Franklin D. Roosevelt

Österreichische Botschaft, 6, rue Fabert, 75007 Paris, Tel. 01 40 63 30 63, www.bmeia.gv.at/botschaft/paris, Métro 8, 13, RER C: Invalides

Schweizer Botschaft, 142, rue de Grenelle, 75007 Paris, Tel. 01 49 55 67 00, www.eda.admin.ch/paris, Métro 13: Varenne

Besondere Verkehrsbestimmungen

Tempolimits (in km/h): Für Pkw, Motorräder und Wohnmobile bis 3,5 t innerorts 50, außerhalb 80, auf Landstraßen 90 (bei Nässe 80), auf Autobahnen 130 (bei Nässe 110). Wer seinen Führerschein noch keine zwei Jahre besitzt, darf höchstens 80, auf Autobahnen 110 fahren.

Promillegrenze: 0,5.

Im Falle einer Panne oder eines Unfalls außerhalb geschlossener Ortschaften muss eine reflektierende *Warnweste* bereits vor dem Verlassen des Fahrzeugs angelegt werden. Sie sollte stets griffbereit sein. Für *Radfahrer* besteht die Tragepflicht für Warnwesten nachts sowie tagsüber bei schlechter Sicht außerhalb von Ortschaften.

Abblendlicht ist bei Regen- und Schneefällen sowie in Tunnels und Galerien vorgeschrieben.

Im Kreisverkehr haben dank entsprechender Beschilderung meist die Vorfahrt, die sich im Kreis befinden. Vorfahrtstraßen enden an den Ortsschildern. Straßenbahnen haben Vorfahrt.

Das **Parken** auf der Straße ist im allgemeinen Mo–Sa 9–19 Uhr gebührenpflichtig, nachts und So kostenlos. Im Stadtgebiet gelten meist Kurzparkzonen *(Zone Bleue)*. *Parktickets* zieht man an Automaten. Generell gilt, je weiter im Zentrum desto teurer. Gelbe Streifen am Fahrbahnrand bedeuten *Parkverbot* – ebenso rote Linien. im Übrigen gibt es zahllose Parkhäuser und Tiefgaragen, die 24 Std. geöffnet sind.

Adressen finden

Das Pariser Stadtgebiet ist in 20 Arrondissements aufgeteilt, deren jeweilige Nummer bei den meisten Adressen (z.B. 4E ARR.= 4.Arrondissement) oder in den Postleitzahlen (75004) zu finden ist. Als Orientierungshilfe ist diese Angabe oft sehr nützlich.

Anreise

Auto

Die schnellste Verbindung nach Paris bietet die A4 von Saarbrücken oder Straßburg. Die französischen Autobahnen sind zumeist **mautpflichtig** (Péage), man kann die Gebühren bar oder mit Kreditkarte zahlen. In den ADAC Geschäftsstellen erhalten Mitglieder eine Liste der mautpflichtigen Autobahnen mit aktuellen Preisangaben.

Bleifreies Benzin (*Essence sans Plomb*), auch als Super, erhält man ebenso wie Diesel *(Gazole)* an allen Tankstellen. Seit April 2009 bieten zahlreiche Tankstellen Bleifrei Super (95 Oktan) mit einem Bioethanol-Anteil von max 10 % als Ersatz für das herkömmliche Bleifrei Super an. Die Autohersteller erteilen Auskunft, ob der neue Biokraftstoff (Sp95-E10) für das jeweilige Fahrzeug geeignet ist. Als Alternative ist nur noch Bleifrei Super Plus mit 98 Oktan erhältlich.

Es empfiehlt sich, das Auto nach der Ankunft in einer Parkgarage zu lassen und für Stadtbesichtigungen die öffentlichen Verkehrsmittel zu benutzen.

Bahn

Die Züge aus Süddeutschland, Österreich und der Schweiz kommen an der Gare de l'Est an, die aus Norddeutschland an der Gare du Nord. Beide Bahnhöfe verfügen über direkten Métro-Anschluss.

Fahrplanauskunft:

Deutschland

Deutsche Bahn, Tel. 018 05/99 66 33 (0,14 €/Min.), Tel. 08 00/150 70 90 (sprachgesteuert, gebührenfrei), www.bahn.de

Österreich

Österreichische Bundesbahn, Tel. 05 17 17, www.oebb.at

Schweiz

Schweizerische Bundesbahnen, Tel. 09 00 30 03 00 (max. 0,68 €/Min.), www.sbb.ch

Bus

Deutsche Touring, Am Römerhof 17, 60486 Frankfurt/M., Tel. 069/790 35 01, www.touring.de

Flugzeug

Vom **Aéroport Roissy/Charles-de-Gaulle** (23 km nördlich von Paris) kann man mit RER, Linie B in 30 Min. die Stadtmitte (Châtelet) erreichen. Ein kostenloser Pendelbus bringt die Reisenden vom Terminal zur Bahnstation, dort löst man eine Fahrkarte. Es gibt außerdem Taxis, den **Roissybus** zur Opéra und die **Air-France-Busse** (alle 12 Min.) zur Porte Maillot und zum Arc de Triomphe. Die Fahrzeit beträgt je nach Verkehrsdichte mindestens 45–60 Min.

Reisende, die am **Aéroport Orly** ankommen (14 km südlich von Paris), können die RER, Linie B und C oder den **Orlybus** in die Stadt nehmen. Er fährt alle 15 Min. zur Métro-Station Denfert-Rochereau. Die Fahrt vom Flughafen in die Stadt dauert etwa 35 Min.

Infos: www.aeroportsdeparis.fr

Bank, Post, Telefon

Bank

Öffnungszeiten: Mo–Fr oder Di–Sa 9–17 Uhr, manche Filialen sind etwa 12.30–14 Uhr geschl.

Post

Öffnungszeiten: Mo–Fr 8–19, Sa 8–12 Uhr.

Hauptpostamt, 52, rue du Louvre, 75001 Paris, Métro 1: Louvre, tgl. 24 Std. Briefmarken gibt es auch in Cafés-Tabacs.

Telefon

Internationale Vorwahlen:
Frankreich 00 33
Deutschland 00 49
Österreich 00 43
Schweiz 00 41

Es folgt die Vorwahl bzw. Teilnehmernummer ohne die Null.

In Frankreich sind die Telefonnummern zehnstellig und beginnen mit 0. Nur bei Gesprächen vom Ausland fällt nach der Landesvorwahl diese 0 weg.

Die Benutzung von Mobiltelefonen ist in ganz Frankreich möglich. Für die meisten *öffentlichen Telefone* benötigt man eine Telefonkarte (*Télécarte*), die man in Postämtern oder Tabakläden kaufen kann.

Einkaufen

Öffnungszeiten: In der Regel Mo–Sa bzw. Di–Sa 9–19 Uhr. Manche Läden haben etwa 12–14 Uhr geschlossen. Bäckereien machen frühmorgens auf. Kleine Lebensmittelläden sind z.T. von früh bis spät und auch So geöffnet.

In Bezug aufs Schaufensterbummeln und Einkaufen ist Paris ein Paradies. Dem zahlungskräftigen Besucher bietet die Stadt allen erdenklichen Luxus der Welt. Aber man kann schicke Sachen auch günstig erstehen: beim Schlussverkauf *(Soldes)* im Januar und Juli oder in den *Dégriffé*-Läden, die auslaufende Kollektionen großer Marken verkaufen. *Souvenirs* und *Geschenke* findet man z.B. im Souterrain des Louvre (Eingang Carrousel du Louvre), in den Grands Magasins, aber auch in den Boutiquen des Marais (z.B. in der Rue Bourg-Tibourg). Handwerkliches gibt es am Viaduc des Arts (Avenue Daumesnil), Fernöstliches findet man in der Pariser Chinatown (Avenue de Choisy).

Antiquitäten

Paris ist ein Schatzhaus für Antiquitätensammler. Die renommierten Geschäfte sind vor allem am Faubourg Saint-Honoré und im Carré Rive Gauche (Faubourg Saint-Germain) angesiedelt.

Le Louvre des Antiquaires, 2, place du Palais Royal, 75001 Paris, Tel. 01 42 97 27 27, www.louvre-antiquaires.com, Métro 1, 7: Palais Royal – Musée du Louvre. Im früheren Warenhaus Louvre präsentieren 250 Antiquitätenhändler ihre Waren.

Librairie Pinault, 27/36, rue Bonaparte, 75006 Paris, Tel. 01 43 54 89 99, Métro 4: Saint-Germain-des-Prés. Seltene Bücher, Manuskripte und Autographen.

Jean Lupu, 43, rue du Faubourg, St-Honoré, 75008 Paris, Tel. 01 42 65 93 19, www.antiquitesjeanlupu.com, Métro 1, 8, 12: Concorde. Möbel, Porzellan und Kunst.

Süße Verlockung: Das Eis von Berthillon auf der Île Saint-Louis ist berühmt

Galerie Georges-Philippe & Nathalie Vallois, 41, rue de Seine, 75006 Paris, Tel. 01 46 34 61 07, www.galerie-vallois.com, Métro 4: Saint-Germain-des-Prés. Die beste Adresse für Möbel des Art Déco.

Voltaire Antiquités-Vandermeersch, 21, quai Voltaire, 75007 Paris, Tel. 01 42 61 23 10, Métro 12: Rue du Bac. Spezialist für Porzellan und Fayencen.

Buchhandlungen

Fischbacher, 33, rue de Seine, 75006 Paris, Tel. 01 43 26 84 87, www.librairiefischbacher.fr, Métro 10: Mabillon. Fundgrube für französische und anderssprachige Kunstbücher.

FNAC, 136, rue de Rennes, 75006 Paris, Tel. 08 25 02 00 20 (0,15 €/Min.), www.fnac.com, Métro 4: Saint-Placide. Riesige Auswahl, Rabatte auf Bücher, CDs und DVDs.

La Hune, 170, boulevard Saint-Germain, 75006 Paris, Tel. 01 45 48 35 85, Métro 4: Saint-Germain-des-Prés. Die bevorzugte Buchhandlung der Intellektuellen der Rive Gauche.

Joseph Gibert, 26–34 boulevard Saint-Michel, 75006 Paris, Tel. 01 44 41 88 88, www.gibertjoseph.com, Métro 10: Cluny – La Sorbonne. Große Auswahl an Restposten.

Marissal, 42, rue Rambuteau, 75003 Paris, Tel. 01 42 74 37 47, www.marissal.com, Métro 11: Rambuteau. Deutsche Literatur gleich hinter dem Centre Pompidou.

Feinkost

Androuët, 134, rue Mouffetard, 75005 Paris, Tel. 01 45 87 85 05, www.androuet.com, Métro 7: Censier Daubenton. Erste Adresse für Käse.

Fauchon, 24–26, place de la Madeleine, 75008 Paris, Tel. 01 70 39 38 00, www.fauchon.com, Métro 8, 12, 14: Madeleine. Das Feinste vom Feinen aus aller Welt, meisterhaft präsentiert.

Hédiard, 21, place de la Madeleine, 75008 Paris, Tel. 01 43 12 88 88, www.hediard.fr, Métro 8, 12, 14: Madeleine. Die herrlichsten Früchte und Weine der Erde.

Süßes

A l'Étoile d'Or (Denise Acabo), 30, rue Fontaine, 75009 Paris, Tel. 01 48 74 59 55, Métro 2, 12: Pigalle. Pariser Confiserie, eine ausgezeichnete Geschenkidee.

Berthillon, 29–31, rue Saint-Louis-en-l'Île, 75004 Paris, Tel. 01 43 54 31 61, www.berthillon.fr, Métro 7: Pont-Marie. Köstliches Eis.

Dalloyau, 2, place Edmond-Rostand, 75006 Paris, Tel. 01 43 29 31 10, www.dalloyau.fr, RER B: Luxembourg. Himmlische Petits Fours am Jardin du Luxembourg.

Ladurée, 16, rue Royale, 75008 Paris, Tel. 01 42 60 21 79, www.laduree.fr, Métro 1, 8, 12: Concorde, Madeleine. Süße Versuchungen, darunter die besten *Macarons* der Stadt.

Lenôtre, 48, avenue Victor-Hugo, 75016 Paris, Tel. 01 45 02 21 21, www.lenotre.fr, Métro 2: Victor-Hugo. Der weltberühmte Pariser Pâtissier zaubert Pralinen, Eiscreme, Torten und andere Feinköstlichkeiten.

Kaufhäuser

Bon Marché, 24, rue de Sèvres, 75007 Paris, Tel. 01 44 39 80 00, Métro 10, 12: Sèvres-Babylone. Das einzige Grand Magasin der Rive Gauche ist das eleganteste der Stadt.

Galeries Lafayette, 40, boulevard Haussmann, 75009 Paris, Tel. 01 42 82 34 56, www.galerieslafayette.com, Métro 7, 9: Chaussée-d'Antin. Alle großen Marken des Prêt-à-porter sind vertreten. Riesige Parfümabteilung. Von der Dachterrasse kann man die Aussicht genießen.

Printemps, 64, boulevard Haussmann, 75009 Paris, Tel. 01 42 82 57 87, www.printemps.com, Métro 3, 9: Havre-Caumartin. Legendäres Luxuskaufhaus. Unter der herrlichen Glaskuppel im 6. Stock kann man fürstlich brunchen.

Lederwaren

Hermès, 24, rue du Faubourg-Saint-Honoré, 75008 Paris, Tel. 01 40 17 47 17, www.hermes.com, Métro 8, 12, 14: Madeleine. Der ›Sattler von Paris‹ (gegr. 1837) hat mit seinen Lederwaren, Seidentüchern und Parfums Welterfolg.

Lancel, 8, place de l'Opéra, 75009 Paris, Tel. 01 47 42 37 29, www.lancel.com, Métro 3, 7, 8: Opéra. Das berühmte ›L‹ steht für klassische Formen und hohe Qualität.

Louis Vuitton, 22, avenue Montaigne, 75008 Paris, Tel. 08 10 81 00 10, www.louisvuitton.com, Métro 1, 9: Franklin-D.-Roosevelt. 1854 gegründet, weltberühmt, tausendfach kopiert.

Märkte

Flohmärkte

Puces de Montreuil, Avenue de la Porte-de-Montreuil, 75020 Paris, Métro 9: Porte-de-Montreuil. Sa/So/Mo 8–17 Uhr. Der ursprünglichste der Pariser Flohmärkte.

TOP TIPP **Marché aux Puces de Saint-Ouen**, Porte de Clignancourt, 93400 Saint-Ouen, www.parispuces.com, Métro 4: Porte de Clignancourt. Sa/So/Mo 9–17 Uhr. Einer der größten Flohmärkte der Welt. Erst viele afrikanische Straßenhändler, dann die Märkte von Clignancourt: Möbel, Kleider, Kunstgegenstände …

Marché aux Puces de la Porte de Vanves, Avenue Georges Lafenestre/Avenue Marc Sangnier, 75014 Paris, www.pucesdeparis-portedevanves.com, Métro 13: Porte de Vanves. Sa, So 8–13 bzw. 17 Uhr. Kleider, Haushaltswaren, Trödel.

Lebensmittelmärkte

Rue Mouffetard, 75005 Paris, Métro 7: Censier-Daubenton. Tgl. außer Mo [Nr. 83].

Rue Montorgueil, 75001 Paris, Métro 4: Les-Halles. Schöne alte Straße des ehemaligen Hallenviertels.

Rue de Buci, 75006 Paris, Métro 4, 10: Odéon. Hier geht die Rive Gauche einkaufen.

Andere Märkte

TOP TIPP **Marché aux Fleurs et aux Oiseaux**, Place Louis-Lépine, 75004 Paris, Métro 4: Cité. Nicht weit von

Von Kopf bis Fuß auf Mode eingestellt: Pariser Chic zeigt Eleganz und Leichtigkeit

Notre-Dame, ein liebenswertes Fleckchen. Blumenmarkt tgl. 8–19 Uhr, Vogelmarkt nur So 9–19 Uhr.

Marché aux Timbres, Ecke Avenue de Marigny und Gabriel, 75008 Paris, Métro 1, 13: Champs-Élysées – Clemenceau. Do, Sa, So 9–18 Uhr. Philatelisten kennen diesen Briefmarkenmarkt.

Mode

Die großen Modenamen findet man in der Rue du Faubourg-Saint-Honoré, Rue François-Ier, Avenue Montaigne. Meist ist dem Haute-Couture-Haus auch eine Boutique mit Prêt-à-porter und Accessoires angeschlossen. An der Place des Victoires, bei Saint-Sulpice und im Marais ist die junge, freche Mode zu Hause. An der Place Vendôme und in der Rue de la Paix sind die großen Juweliere konzentriert. Das Marais ist ein Dorado für extravaganten Modeschmuck.

Haute Couture

Chanel, 31, rue Cambon, 75001 Paris, Tel. 01 42 86 26 00, www.chanel.com, Métro 1, 8, 12: Concorde. ›Mademoiselle‹ hat mehr geschaffen als Mode: einen Stil. In diesem Sinne führt Karl Lagerfeld das Haus weiter.

Christian Dior, 30, avenue Montaigne, 75008 Paris, Tel. 01 40 73 73 73, www.dior.com, Métro 1, 9: Franklin-D.-Roosevelt. Sein ›New Look‹ war 1947 eine Revolution.

Givenchy, 3, avenue George-V, 75008 Paris, Tel. 01 44 31 51 09, www.givenchy.com, Métro 1: George-V. Schöpfer des eleganten Mädchenlooks für Audrey Hepburn.

Lanvin, 22, rue du Faubourg-St-Honoré, 75008 Paris, Tel. 01 44 71 31 73, www.lanvin.com, Métro 8, 12, 14: Madeleine. Die Geschichte des großen Hauses begann mit den Kleidern, die Jeanne Lanvin für ihr Töchterchen entwarf.

Prêt-à-porter

Emporio Armani, 149, boulevard Saint-Germain-des-Prés, 75006 Paris, Tel. 01 53 63 33 50, www.emporioarmani.com, Métro 4: Saint Germain des Prés. Italienische Eleganz.

Jean Paul Gaultier, 6, rue Vivienne, 75002 Paris, Tel. 01 42 86 05 05, www.jeanpaulgaultier.com, Métro 3: Bourse. ›L'Enfant Terrible‹ der Pariser Modebranche.

Christian Lacroix, 73, rue du Faubourg, Saint-Honoré, 75008 Paris, Tel. 01 42 68 79 00, www.christian-lacroix.fr, Métro 9, 13: Miromesnil. Der Provençale unter den Pariser Modeschöpfern, mit Kleidern, die Farandole tanzen.

Kenzo, 3, place des Victoires, 75001 Paris, Tel. 01 40 39 72 03, www.kenzo.com, Métro 3: Bourse. Fließende Linien, unkonventionell, bunt. Der erste Japaner, der sich mit viel Erfolg auf das Pariser Modepflaster wagte.

Sonia Rykiel, 175, boulevard Saint-Germain, 75007 Paris, Tel. 01 49 54 60 60, www.soniarykiel.com, Métro 4: Saint-Germain-des-Prés. Die Königin der lässigen, schicken Strickmode.

Versace, 41, rue François 1er, 75008 Paris, Tel. 01 47 42 88 02, www.versace.com, Métro 1: George V. Immer eine Spur provozierend und umwerfend teuer.

Yves Saint Laurent, 6, place Saint Sulpice, 75006 Paris, Tel. 01 43 29 43 00, www.ysl.com, Métro 4: Saint-Sulpice. 21-jährig war ›YSL‹ Diors Thronfolger, bis 2002 stand er an der Spitze seines eigenen Luxusimperiums.

Herrenmode

Cerruti ›1881‹, 3, place de la Madeleine, 75008 Paris, Tel. 01 53 30 18 81, www.cerruti.com, Métro 8, 12, 14: Madeleine. Eleganz und hohe Preise haben Tradition.

Pierre Samary, 9, rue des Quatre-Vents, 75006 Paris, Tel. 01 46 33 59 99, Métro 4, 10: Odéon. Das Nonplusultra männlicher Eleganz, vor allem Kaschmir.

Dessous

Princesse Tam-Tam, 53, rue Bonaparte, 75006 Paris, Tel. 01 43 29 01 91, www.

princessetamtam.com, Métro 4: Saint-Germain-des-Prés. Jung, vernünftige Preise.

Sabbia Rosa, 73, rue Saint-Pères, 75006 Paris, Tel. 01 45 48 88 37, Métro 10, 12: Sèvres-Babylone. Traumwäsche, sündhaft teuer.

Die günstige Gelegenheit

Restbestände bekannter Marken (Cacharel, Sonia Rykiel, Régina Rubens) werden z.B. in den ›Stocks‹, 64–122, rue d'Alésia, 75014 Paris, verkauft, manchmal zum halben Preis. Günstige schöne Schuhe gibt es in der Rue Meslay, 75003 Paris, in der Nähe der Place de la République.

L'Annexe des Créateurs, 19, rue Godot-de-Mauroy, 75009 Paris, Tel. 01 42 65 46 40, www.annexedes createurs.com, Métro 8, 12, 14: Madeleine. 30–50 % Nachlass. Auch Accessoires.

Mouton à cinq Pattes, 8, rue St-Placide, 75006 Paris, Tel. 01 45 48 86 26, www.mou tonacinqpattesparis.com, Métro 4: St-Placide. Ausverkauf junger Modemacher. Eher Lagerraum als Geschäft. Kein Zögern, hier muss man wühlen!

TAB Lingerie, 52, rue Chaussée-d'Antin, 75009 Paris, Tel. 01 48 74 41 11, Métro 12: Trinité. Berühmte Dessous-Marken.

Parfümerien

Guerlain, 68, avenue des Champs-Élysées, 75008 Paris, Tel. 01 45 62 52 57, Métro 1: George-V – 29, rue de Sèvres, 75007 Paris, Tel. 01 42 22 46 60, www.guerlain.com, Métro 10, 12: Sèvres-Babylone. Nur in den Guerlain-Geschäften: die exquisiten Parfums.

Paris Look, 16, boulevard Haussmann, 75009 Paris, Tel. 01 44 83 30 45, www.paris-look.com, Métro 8, 9: Richelieu Drouot. Große Marken, gute Preise.

Séphora, 70–72, avenue des Champs-Élysées, 75008 Paris, Tel. 01 53 93 22 50, www.sephora.fr, Métro 1, 9: Franklin D.-Roosevelt. Das Reich der Düfte, immens, vielfarbig, das Neueste vom Neuen.

Essen und Trinken

Das üblicherweise karge **Frühstück** hat in Frankreich Tradition, denn einst wollte man sich nicht den Appetit für das Fünf-Gänge-Menü zum Déjeuner (Mittagessen) verderben. Heutzutage wird dieses aber nur noch an Sonn- und Feiertagen zelebriert. Für Besucher gibt es einen guten Grund, das sonst für den Abend geplante Schlemmen auf den Mittag zu verlegen: Manche Spitzenlokale bieten ein **Déjeuner d'Affaires** zu reduzierten Preisen an, **Mittagsmenüs**, bei denen man Geld *und* Zeit spart.

Ihnen ist etwas unklar? Dann fragen Sie unbeschwert und folgen Sie den **Empfehlungen**. Übrigens: entgegen aller Legenden – nicht alle Pariser Kellner sind arrogant und darauf aus, ihre ausländischen Gäste übers Ohr zu hauen. Überall in der Stadt finden sich Lokale, die preiswerte Menüs anbieten. Wer aber die kulinarische Kultur kennenlernen will, muss schon tiefer in die Tasche greifen.

Luxusrestaurants

Grand Véfour, 17, rue de Beaujolais, 75001 Paris, Tel. 01 42 96 56 27, www.grand-vefour.com, Métro 1, 7: Pyramides oder Palais Royal – Musée du Louvre, Sa/So u. Aug. geschl. Das ehem. ›Café du Palais-Royal‹ hat die längste und nobelste Tradition unter seinesgleichen in der Stadt.

TOP TIPP **Jules Verne**, Tour Eiffel, 2. Etage, 75007 Paris, Tel. 01 45 55 61 44, www.lejulesverne-paris.com. Métro 6: Bir Hakeim. Luxuriös ist hier auf jeden Fall die Lage hoch über der Stadt und der prachtvolle Ausblick. Alain Ducasse bereitet hier kreative Speisen zu.

Maxim's, 3, rue Royale, 75008 Paris, Tel. 01 42 65 27 94, www.maxims-de-paris.com, Métro 1, 8, 12: Concorde, Sa mittags, So/Mo geschl. Geblieben sind allemal ein großer Name und das atemberaubend schwülstige Belle-Epoque-Dekor. Dabei wird immer noch gut gekocht (traditionell natürlich).

Plaza Athénée, 25, avenue Montaigne, 75008 Paris, Tel. 01 53 67 65 00, www.plaza-athenee-paris.com, Métro 9: Alma Marceau, Sa/So geschl. Alain Ducasse, Sterne-Koch aus Monte-Carlo, sorgt für Spezialitäten aus ganz Frankreich auf höchstem Niveau.

Pré Catelan, Bois de Boulogne, Route de Suresnes, 75016 Paris, Tel. 01 44 14 41 14, www.restaurant-precatelan.com, Métro 2: Porte Dauphine. So, Mo und Aug. geschl. Die herrliche Lage im Bois, der schöne Belle-Epoque-Saal, die Orangerie, der Blumengarten zeichnen das Lokal und seine exzellente Küche zusätzlich aus. Spezialitäten: Bretonischer Hummer, Lammnüsschen mit schwarzen Trüffeln.

Senderens, 9, place de la Madeleine, 75008 Paris, Tel. 01 42 65 22 90, www.senderens.fr, Métro 8, 12, 14: Madeleine. Leicht unterkühlte Atmosphäre, gelegentlich etwas herablassender Service. Dafür bietet Alain Senderens auch ein ›preiswertes‹ Mittagsmenü, z.B. Poschierte Foie Gras im Wirsingblatt oder Apicius-Ente mit Honig.

Taillevent, 15, rue Lamennais, 75008 Paris, Tel. 01 44 95 15 01, www.taillevent.com, Métro 1: George-V, Sa/So und Aug. geschl. Einer der großen Klassiker der Pariser Gastronomie in einem prachtvollen Stadtpalais mit Originalausstattung. Einer der besten Weinkeller von Paris.

Tour d'Argent, 15–17, quai de la Tournelle, 75005 Paris, Tel. 01 43 54 23 31, www.tourdargent.com, Métro 10: Cardinal Lemoine, So/Mo und Aug. geschl. Berühmter Blick (wenn man die richtigen Plätze hat) über die Seine auf Notre-Dame, berühmtes Entengericht (Canard Pressé) mit Zertifikat. Die Qualität der Speisen schwankt. Phänomenaler Weinkeller.

Gourmettempel

Apicius, 20, rue d'Artois, 75008 Paris, Tel.01 43 80 19 66, www.restaurant-apicius.com, Métro 1: George-V, Sa/So und Aug. geschl. Speisekarte und Service folgen der Devise ›Mehr Sein als Schein‹. Hier kann man auch bürgerlich essen – aber auf welchem Niveau!

Arpège, 84, rue Varenne, 75007 Paris, Tel.01 47 05 09 06, www.alain-passard.com, Métro 13: Varenne, Sa/So geschl. Alain Passard experimentiert leidenschaftlich gern. Dabei gelingen ihm oft fantastische Gerichte. Wenn Sie auch mal was riskieren wollen, ist das die richtige Adresse (sehr teuer).

Carré des Feuillants, 14, rue de Castiglione, 75001 Paris, Tel. 01 42 86 82 82, www.carredesfeuillants.fr, Métro 1, 8, 12: Concorde oder Tuileries, Sa mittags, So und Aug. geschl. Exzellente Küche mit Gascogne-Einschlag. Unbedingt probieren: Kaninchenragout mit Backpflaumen oder das Rebhuhn im Kohlblatt mit Haselnüssen und Stopfleberscheiben.

TOP TIPP **Guy Savoy**, 18, rue Troyon, 75017 Paris, Tel.01 43 80 40 61, www.guysavoy.com, Métro 1, 2, 6: Étoile, Sa mittags, So/Mo geschl. Für entdeckungsfreudige Gourmets eines der interessantesten Lokale, denn der charmante Savoy ist immer für Überraschungen gut, z.B. die Linsencrème mit Langustinen, die Austern *en nage glacée* oder der Sankt-Peters-Fisch in Koriandersaft.

Le Divellec, 107, rue de l'Université, 75007 Paris, Tel. 01 45 51 91 96, www.le-divellec.com, Métro 8, 13: Invalides, Sa mittags, So geschl. Wenn irgendwo in der Stadt, dann speist man hier die frischesten Fischgerichte und Meeresfrüchte.

Michel Rostang, 20, rue Rennequin, 75017 Paris, Tel. 01 47 63 40 77, www.michelrostang.com, Métro 2: Ternes. Sa, Mo mittags, So geschl. Ein schönes Restaurant, eine virtuose Küche und sanfte Perfektion in allen Bereichen schaffen eine Atmosphäre kulinarischer Euphorie. Probieren Sie unbedingt die Gerichte mit Bresse-Geflügel (Ente, Perlhuhn).

Gehobene Preisklasse

Au Trou Gascon, 40, rue Taine, 75012 Paris, Tel. 01 43 44 34 26, www.autrougascon.fr, Métro 6, 8: Daumesnil, Sa/So und Aug. geschl. Wunderbare Regionalküche des Südwestens, erdnah und aromatisch wie wenige. Etwas abgelegen.

Chez Pauline, 5, rue Villedo, 75001 Paris, Tel.01 42 96 20 70, www.chezpauline.com, Métro 3, 7, 14: Pyramides oder Bourse, Sa mittags, So geschl. Gehört seit vielen Jahren zu den arrivierten Bistros mit bestem Renommée. Auch die Preise sind ansehnlich. Aber man isst vorzüglich und in angenehmer Gesellschaft.

La Table d'Anvers, 2, place d'Anvers, 75009 Paris, Tel. 01 48 78 35 21, www.latabledanvers.com, Métro 2: Anvers. Die experimentierfreudige Küche der Brüder Conticini lässt bei aufgeschlossenen Gästen Freude aufkommen.

TOP TIPP **Le Train Bleu**, Pl. Louis Armand, 1.Stock, 75012 Paris, Tel. 01 43 43 09 06, www.le-train-bleu.com, Métro 1, 14: Gare-de-Lyon. Das prachtvollste Bahnhofsrestaurant der Welt, ein Museum des Fin-de-Siècle-Stils. Die Küche ist weniger eindrucksvoll, sie folgt den TGV-Zügen, die unten in der Halle gen Midi starten.

Pierre au Palais Royal, 10, rue Richelieu, 75001 Paris, Tel. 01 42 96 09 17, www.pierreaupalaisroyal.com, Métro 1, 7: Palais Royal – Musée du Louvre, Sa mittags, So geschl. Seit Jahrzehnten gleich bleibend zuverlässig und sympathisch. Traditionelle Küche in bester Form. Gute Weinauswahl zu maßvollen Preisen.

Bistros

Aux Crus de Bourgogne, 3, rue Bachaumont, 75002 Paris, Tel. 01 42 33 48 24, Métro 3, 4: Les Halles oder Sentier, Sa/So geschl. Freundliche, gemütliche Atmosphäre. Traditionelle Spezialität: Languste mit Mayonnaise.

Bistrot de l'Étoile Niel, 75, avenue Niel, 75017 Paris, Tel. 01 42 27 88 44, www.bistrotetoile.com, Métro 3, RER C: Péreire, Sa mittags, So geschl. Guy Savoy im Hintergrund garantiert ausgezeichnete Küchenleistungen, vorzugsweise in der Art des Lyonnais, aber leichter. Angemessene Preise.

Lescure, 7, rue de Mondovi, 75001 Paris, Tel. 01 42 60 18 91, Métro 1, 8, 12: Concorde, Sa/So geschl. In beschaulich rustikalem Ambiente genießt man Spezialitäten wie Boeuf bourguignon oder Enten-Confit.

Moissonnier, 28, rue Fossés-Saint-Bernard, 75005 Paris, Tel. 01 43 29 87 65, Métro 10: Cardinal-Lemoine, So/Mo und Aug. geschl. Familiäres Bistro, einfach eingerichtet, sehr gute Küche (Lyonnais, Jura), preiswert.

Brasserien und Cafés

TOP TIPP **Brasserie Bofinger**, 5-7, rue de la Bastille, 75004 Paris, Tel. 01 42 72 87 82, www.bofingerparis.com, Métro 1, 5, 8: Bastille. Älteste Brasserie der Stadt und eine der schönsten in der Nähe der Bastille-Oper und anderer Kultureinrichtungen. Frische Austern und Meeresfrüchte stehen immer auf der Karte. Zum selben Gastro-Imperium gehören Flo, Julien und La Coupole.

Brasserie Flo, 7, cour des Petites-Ecuries, 75010 Paris, Tel. 01 47 70 13 59, www.flopa ris.com, Métro 5: Château-d'Eau, Zugang über die Rue Saint-Denis. Aufwendig und schick im Stil um 1900 rekonstruiert.

Brasserie Julien, 16, rue du Faubourg Saint-Denis, 75010 Paris, Tel. 01 47 70 12 06, www.julienparis.com, Métro 4, 8, 9: Strasbourg – Saint-Denis. Schönstes Belle-Epoque-Dekor.

Brasserie Lipp, 151, boulevard Saint-Germain, 75006 Paris, Tel. 01 45 48 53 91, Métro 4: Saint-Germain-des-Prés. Als Institution weltberühmt, ohne dass man genau sagen könnte, warum. Am schönsten sitzt man im Erdgeschoss.

Café Beaubourg, 100, rue Saint-Martin, 75004 Paris, Tel. 01 48 87 63 96, Métro 1, 11: Hôtel-de-Ville. Ans Centre Pompidou angepasstes Zeitgeist-Café mit überwiegend jugendlich gestyltem Publikum.

Café Les Deux Magots, 6, place Saint-Germain-des-Prés, 75006 Paris, Tel. 01 45 48 55 25, www.lesdeuxmagots.fr, Métro 4: Saint-Germain-des-Prés. Einst berühmtes Intellektuellen- und Literaten-Café.

Kong, 1, rue du Pont Neuf, 75001 Paris, Tel. 01 40 39 09 00, www.kong.fr, Métro 7: Pont Neuf. Ultramodernes Ambiente mit Stühlen von Philippe Starck, dazu umwerfender Blick auf die Seine.

La Coupole, 102, boulevard Montparnasse, 75014 Paris, Tel. 01 43 20 14 20, www.lacoupoleparis.com, Métro 4: Vavin. Von außen wenig einladend, doch im Innern ein filmreifes Prachtexemplar im Stil der 1920er-Jahre.

Le Dôme, 108, boulevard Montparnasse, 75014 Paris, Tel. 01 43 35 25 81, Métro 4: Vavin. Wenige Schritte von der Coupole entfernt, nicht so schön wie diese, aber die Küche ist besser. Man isst hier Meeresfrüchte und sehr guten Fisch.

Le Flore, 172, boulevard Saint-Germain, 75006 Paris, Tel. 01 45 48 55 26, www.cafe-de-flore.com, Métro 4: Saint-Germain-des-Prés. Traditionelle Konkurrenz zum benachbarten Café Les Deux Magots.

Le Pain Quotidien, 2, rue des Petits Carreaux, 75002 Paris, Tel. 01 42 21 14 50, www.lepainquotidien.com, Métro 3: Seniter. Hell, freundlich und es kommen nur Bio-Produkte auf die einfachen Holztische. Phänomenale Auswahl zum Brunch, besonders die *Tartines* sind zu empfehlen.

Le Soummam, 3, rue de Bièvre, 75005 Paris, Tel. 01 43 26 39 37, Métro 10: Maubert-Mutualité. Marokkanische Spezialitäten. Unbedingt probieren: *Couscous Royal* mit verschiedenen Fleischspezilitäten vom Grill.

Feiertage

1. Januar *(Jour de l'An)*, Ostermontag *(Lundi de Pâques)*, 1. Mai *(Fête du Travail)*, 8. Mai *(Fête de la Libération/Kriegsende 1945)*,

Bei der Fête de la Musique werden die Straßen von Paris zum abendlichen Konzertereignis

Christi Himmelfahrt *(Ascension)*, Pfingstmontag *(Lundi de Pentecôte)*, 14. Juli *(Fête Nationale/Nationalfeiertag: Erstürmung der Bastille 1789)*, 15. August *(Assomption/ Mariä Himmelfahrt)*, 1. November *(Toussaint/Allerheiligen)*, 11. November *(Armistice/Waffenstillstand 1918)*, 25. Dezember *(Noël)*.

Festivals und Events

Januar

Prix d'Amérique: Pferderennen im Hippodrom von Vincennes (www.prix-amerique.com).

März

Banlieues Bleues: fünf Wochen lang Jazz, Soul, Funk und Blues in Seine-Saint-Denise (www.banlieuesbleues.org).

Festival Chorus: beste französische Musik von bekannten Künstlern und jungen Talenten (www.festival-chorus.fr).

Salon du Livre: Buchmesse, Porte de Versailles (www.salondulivreparis.com).

Musicora: Salon der klassischen Musik, Carrousel du Louvre (www.musicora.net).

April

Foire du Trône: größter Jahrmarkt von Paris im Bois de Vincennes von April bis Mai (www.foiredutrone.com).

Marathon de Paris: Beim Lauf durch die Stadt ist Ausdauer gefragt, Start und Ziel ist der Arc de Triomphe (www.parismarathon.com).

Mai

Foire de Paris: Pariser Messe. Eigentlich sind es mehrere Messen in einer: Tourismus, Kunst, Folklore, Sport, Freizeit u.a. im Parc des Expositions (www.foiredeparis.fr).

Internationaux de France de Tennis: das berühmte Tennisturnier in Roland-Garros (Ticket-Tel. 01 47 43 52 52, www.rolandgarros.com).

Rencontres Chorégraphiques Internationales de Seine-Saint-Denis: zeitgenössischer Tanz von internationalen Ensembles aufregend in Szene gesetzt (www.rencontreschoregraphiques.com).

La Nuit des Musées: Zu nächtlicher Stunde öffnen die Pariser Museen ihre Türen, mit Musik- und Theaterperformances (www.nuitdesmusees.culture.fr).

Juni

Fête de la Musique: das sympathischste der Pariser Feste, der große Tag der Amateurmusiker. Überall in der Stadt wird bis spät in die Nacht Musik gemacht (Tel. 01 40 03 94 70, www.fetedelamusique.culture.fr).

Festival de Saint-Denis: fünf Wochen Klassik vom Feinsten (www.festival-saint-denis.com).

Juli

14 Juillet: Die Veranstaltungen zum Nationalfeiertag beginnen schon am Vorabend: Musik und Tanz auf Straßen und Plätzen. Ball an der Place de la Bastille. Am 14. Juli: vormittags Militärparade auf den Champs-Élysées, um Mitternacht Feuerwerk am Trocadéro.

Festival Paris Cinéma: Pariser Kinotage. Mit einer einzigen Kinokarte hat man Zutritt zu allen Filmen. Großer Ansturm (www.pariscinema.org).

Arrivée du Tour de France: viel beklatschter Endspurt der Tour de France auf den Champs-Élysées (www.letour.fr).

Juli/August

Paris Quartier d'Été: Sommerfestival von Mitte Juli bis Mitte August mit Musik, Theater, Tanz, Bällen und Freiluft-Kino (Tel. 01 44 94 98 00, www.quartierdete.com).

August

Rock en Seine: Ende August heizen die Top-Bands ihren Fans mit gekonnten Gitarrenriffs ordentlich ein (www.rockenseine.com).

September

Journées du Patrimoine: Tag der offenen Tür bei 300 Monumenten. Am 3. Wochenende im Sept. ist oft die einzige Gelegenheit, viele Palais von innen zu sehen (www.journeesdupatrimoine.culture.fr).

Festival d'Automne: Herbstfestival von Mitte September bis Ende Dezember mit vielseitigem, meist zeitgenössischem internationalem Theater-, Konzert- und Ballettprogramm (www.festival-automne.com).

Jazz à la Villette: Internationale Jazzkünstler begeistern im Parc de la Villette ihr Publikum (www.jazzalavillette.com).

Oktober

Nuit Blanche: Zahlreiche Veranstaltungsorte mit Ausstellungen, Installationen und Performances sorgen für eine lange Nacht der zeitgenössischen Kunst (www.paris.fr).

Prix de l'Arc de Triomphe: weltberühmtes, mondänes Pferderennen im Hippodrom von Longchamp, Bois de Boulogne (Tel. 01 49 10 20 30, www.prixarcdetriomphe.com).

FIAC: internationale Messe zeitgenössischer Kunst, Porte de Versailles, (Tel. 01 47 56 64 21, www.fiac.com).

November

Le nouveau Beaujolais est arrivé: Weinfest in den Bars, Cafés und Bistros (3. Do im Nov.).

Kultur live

Das **Veranstaltungsprogramm** findet man in der Tagespresse sowie in *Pariscope* und *L'Officiel des Spectacles*. Infos bietet auch das *Office du Tourisme et des Congrès de Paris*, Tel. 08 92 68 30 00 (0,34 €/Min.), www.parisinfo.com.

Vorverkaufsstellen:

FNAC Montparnasse, 136, rue de Rennes, 75006 Paris, Métro 4: Montparnasse

FNAC Forum (Châtelet les Halles), 1–7 rue Pierre Lescot, 75001 Paris, Métro 4: Forum des Halles

FNAC Champs-Élysées, 74, avenue des Champs-Élysées, 75008 Paris, Métro 1, 9: Champs-Élysées

FNAC Ternes, 26–30, avenue des Ternes, 75017 Paris, Métro 2: Ternes

Virgin Mégastore, 52, avenue des Champs-Élysées, 75008 Paris, Métro 1, 9: Champs-Élysées, sowie anderen Virgin-Fialen.

Kino

Paris ist eine Filmstadt. Die Vielzahl der Kinos, das außerordentlich reiche Programm und die langen Besucherschlangen sind gleichermaßen beeindruckend. Programmwechsel ist jeden Mittwoch. An diesem Tag sind alle Vorstellungen ermäßigt. Französischkenntnisse sind nicht unbedingt nötig, da ausländische Filme meist in der Originalsprache (v.o. = version original) mit Untertiteln gezeigt werden.

Cinémathèque Française, 51, rue de Bercy, 75012 Paris, Tel. 01 71 19 33 33, www.cinematheque.fr, Métro 6, 14: Bercy, Di geschl. [Nr. 119]

La Géode, 26, avenue Corentin-Cariou, 75019 Paris, Reservierung: Tel. 01 40 05 12 12, www.lageode.fr, Métro 7: Porte de la Villette [s. S. 135]

Le Grand Rex, 1, boulevard Poissonnière, 75002 Paris, Tel. 08 92 68 05 96 (0,34 €/Min.), www.legrandrex.com, Métro 8, 9: Bonne-Nouvelle. Prächtiger Kinopalast aus den 1920er-Jahren, 2650 Plätze.

La Pagode, 57 bis, rue de Babylone, 75007 Paris, Tel. 01 45 55 48 48, Métro 13: Saint-François-Xavier. Eine echte japanische Pagode, Ende des 19. Jh. nach Paris transportiert für Lustbarkeiten nach dem Geschmack der Zeit. Seit 1931 Kino.

Saint-André-des-Arts, 30, rue Saint-André-des-Arts, 75006 Paris, Tel. 01 43 26 48 18, Métro 4: Saint-Michel. Stets sehr gutes Programm.

Studio des Ursulines, 10, rue des Ursulines, 75005 Paris, Tel. 01 43 26 19 09, www.studiodesursulines.com, RER B: Gare de

Luxembourg. 1926 gegr., noch immer ausgezeichnetes Programmkino.

Paris im Film

Dokumentationen, Reportagen und Spielfilme über Paris und die Banlieues zeigen:

Forum des Images, Forum des Halles, Porte Saint-Eustache, 75001 Paris, Tel. 01 44 76 63 00, www.forumdesimages.fr, Di–Fr 12.30–23.30, Sa/So 14–23.30 Uhr, Métro 4: Les Halles.

Pavillon de l'Arsenale, 21, bvd. Morland, 75004 Paris, Tel. 01 42 76 33 97, www.pavillon-arsenal.com, Di–Sa 10.30–18.30, So 11–19 Uhr, Métro 7: Sully Morland.

Konzerte

Besonders im September während des Festival d'Automne [s.S. 169] hat der Musikliebhaber die Qual der Wahl. Auch viele Kirchen veranstalten regelmäßig Konzerte (meist Eintritt frei). Die Orgelkonzerte von Saint-Sulpice und von Saint-Eustache sind berühmt.

Konzertsäle

La Cité de la Musique, 221, avenue Jean-Jaurès, 75019 Paris, www.cite-musique.fr, Tel. 01 44 84 44 84, Métro 5: Porte-de-Pantin

Salle Gaveau, 45, rue La Boétie, 75008 Paris, Tel. 01 49 53 05 07, www.sallegaveau.com, Métro 9, 13: Miromesnil

Salle Pleyel, 252, rue du Faubourg-Saint-Honoré, 75008 Paris, Tel. 01 42 56 13 13, www.sallepleyel.fr, Métro 2: Ternes

Théâtre des Champs-Élysées, 15, avenue Montaigne, 75008 Paris, Tel. 01 49 52 50 50, www.theatrechampselysees.fr, Métro 9: Alma-Marceau [Nr. 45]

Music-Halls, Rockkonzerte

Casino de Paris, 16, rue de Clichy, 75009 Paris, Tel. 01 49 95 22 22, www.casinodeparis.fr, Métro 12: Trinité. Eine Pariser Institution seit Ende des 19. Jh. Die Mistinguette und Maurice Chevalier feierten hier Triumphe.

La Cigale, 120, boulevard Rochechouart, 75018 Paris, Tel. 01 49 25 81 75, www.lacigale.fr, Métro 2, 4: Barbès-Rochechouart. Rock und Pop.

L'Olympia, 28, boulevard des Capucines, 75009 Paris, Tel. 01 55 27 10 00, www.olympiahall.com, Métro 7, 8: Opéra. Wer hier auftritt, ist mit einem Schlag berühmt. Edith Piaf, Jacques Brel, Gilbert Bécaud – alle Großen des französischen Chansons haben hier gesungen.

Le Zénith, 211, avenue Jean-Jaurès, 75019 Paris, www.zenith-paris.com, Métro 5: Porte de Pantin. Riesenhalle für Rockkonzerte im Parc de la Villette.

Oper und Theater

Der **Vorverkauf** findet außer bei FNAC [s.S. 169] auch an den Theaterkassen statt, ferner telefonisch oder online, meist zwei Wochen im Voraus. Karten für Vorstellungen am selben Tag gibt es zum halben Preis bei:

Kiosque-Théâtre, 15, place de la Madeleine), 75008 Paris, www.kiosquetheatre.com, Métro 8, 12, 14: Madeleine

Esplanade de la Tour Montparnasse, 75014 Paris, Métro 4, 6, 12, 13: Montparnasse.

Bühnen

Athénée – Théâtre Louis Jouvet, Square de l'Opéra Louis-Jouvet, 7, rue Boudreau, 75009 Paris, Tel. 01 53 05 19 19, www.athenee-theatre.com, Métro 3: Havre Caumartin. In diesem pompösen Dekor spielte einst der große Jouvet. Hervorragende Inszenierungen.

Comédie-Française Salle Richelieu, 1, place Colette, 75001 Paris, Tel. 01 44 58 15 15, www.comedie-francaise.fr, Métro 1, 7: Palais Royal – Musée du Louvre [Nr. 11]

L'Odéon – Théâtre de l'Europe, 6, place de l'Odéon, 75006 Paris, Tel. 01 44 85 40 00, www.theatre-odeon.fr, Métro 4, 12: Odéon, RER B: Luxembourg [Nr. 65]

Opéra Comique, 1, place Boieldieu, 75002 Paris, Tel. 01 42 44 45 40, www.opera-comique.com, Métro 8, 9: Richelieu-Drouot [Nr. 87]

Opéra National de Paris – Bastille, place de la Bastille, 75012 Paris, Tel. 01 71 25 24 23, www.operadeparis.fr, Métro 1, 5, 8: Bastille [Nr. 36]

Opéra National de Paris – Palais Garnier, 8, rue Scribe, 75009 Paris, Tel. 01 71 25 24 23, www.operadeparis.fr, Métro 3, 7, 8: Opéra [Nr. 86]

Théâtre de la Huchette, 23 rue de la Huchette, 75005 Paris, Tel. 01 43 26 38 99, www.theatre-huchette.com, Métro 4, 10: Saint-Michel. Seit 1957 jeden Abend: Ionescos Kahle Sängerin.

Théâtre de la Ville, 2, place du Châtelet, 75004 Paris, Tel. 01 42 74 22 77, www.

theatredelaville-paris.com, Métro: 1, 7, 11, 14: Châtelet [Nr. 24]

Théâtre Nanterre-Amandiers, 7, avenue Pablo-Picasso, 92022 Nanterre, Tel. 01 46 14 70 00, www.nanterre-amandiers.com, RER A: Nanterre-Préfecture, dann Theaterbus. Spannendes Banlieue-Theater.

Théâtre des Bouffes du Nord, 37 bis, boulevard de la Chapelle, 75010 Paris, Tel. 01 46 07 34 50, www.bouffesdunord.com, Métro 2: La Chapelle. Experimentiertheater in Belle-Epoque-Pracht. Peter Brook inszeniert hier oft.

Théâtre des Champs-Élysées, 15, avenue Montaigne, 75008 Paris, Tel. 01 49 52 50 50, www.theatrechampselysees.fr, Métro 9: Alma-Marceau [Nr. 45]

Théâtre du Châtelet, 1, place du Châtelet, 75001 Paris, Tel. 01 40 28 28 40, www.chatelet-theatre.com, Métro 1, 7, 11, 14: Place du Châtelet [Nr. 24]

Théâtre du Palais Royal, 38, rue Montpensier, 75001 Paris, Tel. 01 42 97 40 00, www.theatrepalaisroyal.com, Métro 1, 7: Palais-Royal. Typisches amüsantes Pariser Boulevardtheater.

Théâtre du Soleil, Cartoucherie de Vincennes, Route du Champ-de Manœuvres, 75012 Paris, Tel. 01 43 74 24 08, www.theatre-du-soleil.fr, Métro 1: Château-de-Vincennes, weiter mit dem Theaterbus. In der ehem. Pulverfabrik inszeniert Ariane Mnouchkine ihre pathetischen Fresken [Nr. 117].

Théâtre Marigny, Carré Marigny, 75008 Paris, Tel. 01 53 96 70 00, www.theatremarigny.fr, Métro 1, 13: Champs-Élysées – Clemenceau. Erfolgsstücke. Jean Paul Belmondo spielte hier den Cyrano de Bergerac.

Théâtre National de Chaillot, 1, place du Trocadéro, 75116 Paris, Tel. 01 53 65 30 00, www.theatre-chaillot.fr, Métro 6, 9: Trocadéro [Nr. 47]

Cafés-Théâtres

Dies sind meist winzige Theater, in denen das Publikum mit geistreichen Sketchen und Komödien unterhalten wird. Viele berühmte Schauspieler haben auf diesen Bühnen ihre ersten Sporen verdient. Um alle Wortspiele und Andeutungen zu verstehen, sind gute Französischkenntnisse besonders wichtig.

Le Café de la Gare, 41, rue du Temple, 75004 Paris, Tel. 01 42 78 52 51, www.cdlg.org, Métro 1, 11: Hôtel-de-Ville. Erfolgreiches kleines Theater in einem alten Hof im Marais.

Le Théâtre d'Edgar, 58, boulevard Edgar-Quinet, 75014 Paris, Tel. 01 42 79 97 97, www.edgar.fr, Métro 6: Edgar-Quinet. Berühmtes Café-Théâtre.

Les Blancs Manteaux, 15, rue des Blancs-Manteaux, 75004 Paris, Tel. 01 48 87 15 84, www.blancsmanteaux.fr, Métro 1, 11: Hôtel-de-Ville. Zwei Säle, mehrere Vorstellungen pro Abend. Hier treten junge *Amuseurs* auf.

Museen und Galerien

Museen

Die Museen sind meist 10–17 Uhr geöffnet. Schließtage sind häufig Mo oder Di. Viele haben einen Abend pro Woche länger geöffnet. Die Kassen schließen meist 45 Min. vor Ende. Für die Dauerausstellung der Städtischen Museen (www.paris.fr/musees) ist der Eintritt frei. Ansonsten genießen Kinder und Jugendliche bis 18 Jahren meist freien oder ermäßigten Eintritt – ebenso Schüler und Studenten (mit Ausweis). Bei den großen Museen (z.B. Louvre) empfiehlt es sich Karten im Voraus zu reservieren, um Warteschlangen zu vermeiden.

Der **Paris Museum Pass**, www.parismuseumpass.com, eine 2-, 4- oder 6-Tageskarte (32, 48 bzw. 64 €), umfasst den Eintritt zu über 60 Museen und Sehenswürdigkeiten. Verkauf an den Museumskassen, im Tourismusbüro und bei FNAC [s.S. 169]. Häufig schneller Zutritt über gesonderte Eingänge.

Galerien

Galerie Artcurial, 7, rond-point des Champs-Élysées, 75008 Paris, Tel. 01 42 99 16 16, www.artcurial.com, Métro 1, 9: Franklin D. Roosevelt. Interessante Ausstellungen des renommierten Auktionshauses im Hôtel Marcel Dassault.

Galerie B. C. Beaubourg, 23, rue Renard, 75004 Paris, Tel. 01 44 59 27 27, www.bernardceysson.com, Métro 1, 11: Hôtel de Ville. Innovative Werke junger europäischer Künstler.

Galerie Denise René, 196, boulevard Saint-Germain, 75007 Paris, Tel. 01 42 22 77 57, www.deniserene.com, Métro 4: Saint-Germain-des-Prés. Geometrische Abstraktion, kinetische Kunst.

Eine Filiale gibt es im Marais, 22, rue Charlot, 75003 Paris.

Galerie Jeanne Bucher, 53, rue de Seine, 75006 Paris, Tel. 01 44 41 69 65, www.jeanne-bucher.com, Métro 4: Saint-Germain-des-Prés. Eine traditionsreiche, angesehene Galerie. Dubuffet, Bissière, Veira de Silva, Nicolas de Staël.

Galerie Lelong, 13, rue de Téhéran, 75008 Paris, Tel. 01 45 63 13 19, www.galerie-lelong.com, Métro 9, 13: Miromesnil. Zeitgenössische Kunst (James Brown, Chillida, Kounellis, Miró, Tapies), Kunstbücher, Drucke.

Galerie Louise Leiris, 47, rue de Monceau, 75008 Paris, Tel. 01 45 63 20 56, Métro 2: Monceau. Von Daniel-Henry Kahnweiler gegründete, berühmte Galerie.

Nachtleben

Den **Veranstaltungskalender** für Live-Konzerte und Revue-Vorstellungen entnimmt man dem *Pariscope* oder dem *L'Officiel des Spectacles*.

Nachtschwärmer werden in der Seinestadt nicht enttäuscht. Hier kann man die verschiedensten Nuancen des Nachtlebens kennenlernen. Viele Klubs bieten Disco, Livemusik, Themenabende und Restaurantbetrieb unter einem Dach. Dabei geht es sehr snobistisch zu, Eintritts- und Getränkepreise sind hoch. Bei den mondänsten Etablissements wird nur eingelassen, wer dem Zerberus an der Tür gefällt. Meist entsteht erst nach Mitternacht richtig Stimmung.

In-Lokale zieren zzt. die Viertel um Forum des Halles und um die Bastille. Dort hat die Pariser Szene alte **Tanzlokale** wiederentdeckt. In der Rue de Lappe, in der sich die Bourgeois schon in den 1920er-Jahren beim Bal Musette unter das Volk der Vorstädte mischten, wird heute zu heißen Afro-Rhythmen getanzt. Pigalle ist bekanntlich eine Mause- und zuweilen auch eine Touristenfalle. Die Zeit der ›caves‹, der ›Höhlen‹ genannten Kellerschuppen von Saint-Germain-des-Prés, ist zwar längst vorbei, doch hat die Rive Gauche immer noch einige ausgezeichnete **Jazzlokale**. In den Bars und Cafés der Champs-Élysées und am Montparnasse ist die Atmosphäre ›bon chic, bon genre‹.

Cafés und Bars

La Casbah, 18–20, rue de la Forge-Royale, 75011 Paris, Tel. 01 43 71 04 39, www.casbah.fr, Métro 8: Faidherbe Chaligny. Di–Sa 20–2 Uhr. Orientalisch-schwüle Atmosphäre. Zu später Stunde trifft man Fotomodelle und Leute aus der Werbebranche.

Le Fouquet's, 99, avenue des Champs-Élysées, 75008 Paris, Tel. 01 40 69 60 50, www.fouquets-barriere.com, Métro 1: George-V. Bis 2 Uhr früh. Gestylte Menschen aus Film und Presse.

Harry's New York Bar, 5, rue Daunou, 75002 Paris, Tel. 01 42 61 71 14, www.harrysbar.fr, Métro 3, 7, 8: Opéra. Tgl. 10–4 Uhr. Legndärer Treffpunkt der Amerikaner in Paris: Hemingway, Scott Fitzgerald, Gershwin verkehrten hier.

La Palette, 43, rue de Seine, 75006 Paris, Tel. 01 43 26 68 15. Métro 4: Saint-Germain-des-Prés. Mo–Sa 9–2 Uhr. Hübsche Terrasse. Innen noch echt pariserisch mit Gemälden an vergilbten Wänden.

Klubs und Diskotheken

TOP TIPP **Les Bains Douches**, 7, rue du Bourg L'abbé, 75003 Paris, Tel. 01 53 01 40 60, www.lesbainsdouches.net, Métro 4: Etienne-Marcel. In einer früheren Badeanstalt lockt einer der mondänsten Nachtklubs von Paris. Richtig quirlig wird es ab 2 Uhr morgens.

La Loco, 90, boulevard de Clichy, 75018 Paris, Tel. 01 53 41 88 89, www.laloco.com, Métro 2, 13: Place-de-Clichy. Ab 23 Uhr. Ein mehrstöckiger Riesenschuppen. House und Dance Music sowie Livemusik von Rock bis Pop.

TOP TIPP **New Morning**, 7, rue des Petites-Ecuries, 75010 Paris, Tel. 01 45 23 51 41, www.newmorning.com, Métro 4: Château-d'Eau. Tgl. ab 20, Showtime ab 21 Uhr. Das berühmteste Pariser Jazzlokal bringt internationale Größen ebenso auf die Bühne wie vielversprechende Nachwuchsmusiker.

Le Nouveau Casino, 109, rue Oberkampf, 75011 Paris, Tel. 01 43 57 57 40, www.nouveaucasino.net, Métro 3: Parmentier. Ab 19 Uhr. Der Club im angesagten Viertel République bietet Disco und Livemusik.

Le Petit Journal Montparnasse, 13, rue du Commandant Mouchotte, 75014 Paris, Tel. 01 43 21 56 70, www.petitjournalmontparnasse.com, Métro 13: Gaîté. Mo–Sa 20–2 Uhr. Sympathischer Jazzclub mit qualitätvollem Programm.

Le Rex Club, 5, boulevard Poissonnière, 75002 Paris, Tel. 01 42 36 10 96, www.rex

club.com, Métro 8, 9: Bonne Nouvelle. Mi–Sa 23.30–6 Uhr. Techno, House, Acid-Jazz. Riesiger Szenetreff.

Revuen und Cabarets

Frechen French-Cancan mit fliegenden Beinen und schäumenden weißen Rüschen-Dessous, glitzernde Transvestitenshows und erotisch-prickelnde Revuen hoffen viele Besucher zu erleben. Oft halten diese Spektakel jedoch nicht, was sie versprechen. Vor allem ist von den üblichen Dîners-Spectacles abzuraten, die gegen 20/21 Uhr beginnen. Das Essen, das der Revue vorangeht, ist häufig den hohen Preis nicht wert. Wählen Sie lieber die zweite Vorstellung des Abends um 22/23 Uhr. Rechtzeitige Reservierung ist ratsam.

Chez Michou, 80, rue des Martyrs, 75018 Paris, Tel. 01 46 06 16 04, www.michou.com, Métro 2, 12: Pigalle. Unterhaltsame Transvestitenshow, auch beim Pariser Publikum beliebt.

TOP TIPP **Crazy Horse**, 12, avenue George-V, 75008 Paris, Tel. 01 47 23 32 32, www.lecrazyhorseparis.com, Métro 9: Alma-Marceau. Kesser Strip mit tollen Lichteffekten, heiß zu empfehlen.

Folies Bergère, 32, rue Richter, 75009 Paris, Tel. 01 44 79 98 60, www.foliesbergere.com, Métro 7: Cadet. 1869 gegründetes Revuetheater mit wechselndem Programm. Josephine Baker tanzte hier in ihrem legendären Bananenröckchen.

Lapin Agile, 22, rue des Saules, 75018 Paris, Tel. 01 46 06 85 87, www.au-lapin-agile.com, Métro 12: Lamarck-Caulaincourt. Di–So ab 21 Uhr. Montmartrer Cabaret mit langer Tradition [Nr. 97].

Lido, 116 bis, av. des Champs-Élysées, 75008 Paris, Tel. 01 40 76 56 10, www.lido.fr, Métro 1: George-V. Supershows mit grandioser Inszenierung, etwas zu perfekt.

Bal du Moulin Rouge, 82, boulevard de Clichy, 75018 Paris, Tel. 01 53 09 82 82, www.moulinrouge.fr, Métro 2: Blanche. Nur noch ein schwacher Abglanz vom spritzigen, humorvollen ›Bal du Moulin Rouge‹, als die Goulue ihre Beine schwang und Toulouse-Lautrec seine Skizzen machte.

Paradis Latin, 28, rue du Cardinal-Lemoine, 75005 Paris, Tel. 01 43 25 28 28, www.paradislatin.com, Métro 10: Jussieu. Di geschlossen. Ein wunderschönes altes Revuetheater. Die Show ist eine runde Sache.

Sport

Paris ist sicher nicht die Hauptstadt des Sports. Zum Beispiel gibt es sehr wenig Freibäder. Manche schließen ausgerechnet im Sommer und oft sind die Öffnungszeiten kompliziert, da viele Schwimmbäder zu gewissen Zeiten für den Schulsport reserviert sind. Es empfiehlt sich deshalb, vor einem Besuch anzurufen.

Inzwischen gibt es sogar einige Fahrradwege in Paris. Das Office du Tourisme verteilt den Faltplan *Paris à vélo, le bon plan*, der auch im Internet herunter geladen werden kann (www.paris.fr, unter der Rubrik Déplacements). Für Skater-Fans gibt es viele Möglichkeiten und Freunde des Jogging finden sowieso in allen Parks und Squares und zu jeder Tageszeit Gleichgesinnte.

Fitness-Center

Alésia-Club, 143, rue d'Alésia, 75014 Paris, Tel. 01 45 42 91 05, Métro 4: Alésia. Tgl. ab 9 Uhr, Hammam, Sauna, Gymnastik, Fitnessgeräte.

Aquaboulevard, 4, rue Louis-Armand, 75015 Paris, Tel. 01 40 60 10 00, www.aquaboulevard.fr, Métro 8: Balard. Tgl. 9–23 Uhr, Tennisplätze, Squash, Fitness, Aquapark mit Strand, Palmen, Restaurant.

Schwimmbäder

In öffentlichen Bädern ist das Baden mit Bermuda-Shorts o. ä. nicht gestattet.

Piscine d'Auteuil, im Hippodrome, Pte. de Passy, 75016 Paris, Tel. 01 42 24 07 59, Métro 9: Ranelagh. Angenehmes Bad mit einer Sonnenterrasse im Freien.

Piscine de la Butte aux Cailles, 5, place Paul-Verlaine, 75013 Paris, Tel. 01 45 89 60 05, Métro 5, 6, 7: Place d'Italie. Beliebtes Hallenbad und Freibad.

Club Quartier Latin, 19, rue de Pontoise, 75005 Paris, Tel. 01 55 42 77 88, www.clubquartierlatin.com, Métro 10: Maubert-Mutualité. Schönes altes Schwimmbad. Mit Squash- und Fitnessangebot.

Sportstadien

Palais Omnisport Paris Bercy (POPB), 8, boulevard de Bercy, 75012 Paris, Tel. 01 40 02 60 60, www.bercy.fr, Métro 6, 14: Bercy. Superstadion, in dem auch bombastische Opernaufführungen, Varietéspektakel und Konzerte stattfinden.

Parc des Princes, 24, rue du Commandant-Guilbaud, 75016 Paris, Tel. 01 47 43 71 71, www.leparcdesprinces.fr, Métro 9: Porte de Saint-Cloud. Das große Fußballstadion von Roger Taillibert wurde 1972 eingeweiht. Gelegentlich Rock- und Popkonzerte.

Stadtbesichtigung

Führungen

Sauvegarde et Mise en valeur du Paris Historique, 44–46, rue François-Miron, 75004 Paris, Tel. 01 48 87 74 31, www.paris-historique.org, Métro 1: Saint-Paul

Contact Paris, 9, rue Fermat, 75014 Paris, Tel. 01 42 79 92 75, www.contactparis.fr, Métro 13: Gaîté

Paris avec vous, 19, rue Départ, 75014 Paris, Tel. 01 43 20 11 31, www.parisavecvous.com, Métro 4, 6, 12, 13: Montparnasse-Bienvenüe

Infos über thematische Stadtführungen auch bei den Bureaux d'Acceuil [s.S.160], in Pariscope, L'Officiel des Spectacles und in der Tagespresse.

Stadtrundfahrten

Cityrama, 149, rue Saint Honoré, 75001 Paris, Tel. 01 44 55 61 00, www.pariscityrama.com, Métro 1: Louvre Rivoli

Paris Vision, 214, rue de Rivoli, 75001 Paris, Tel. 01 42 60 30 01, www.parisvision.com, Métro 1: Tuileries

Bootsfahrten auf der Seine

Die Bateaux-Mouches sind bei Touristen sehr beliebt. Wirklich eindrucksvoll sind die Seine-Fahrten aber nur bei genügend hohem Wasserstand, wenn die Schiffe nicht zu tief unter den Kaimauern fahren.

Les Bateaux-Mouches, Pont de l'Alma, rechtes Ufer, 75008 Paris, Tel. 01 42 25 96 10, www.bateaux-mouches.fr, Métro 9: Alma-Marceau

Les Bateaux Parisiens, Port de La Bourdonnais (am Eiffelturm), 75007 Paris, Tel. 01 76 64 14 45, www.bateauxparisiens.com, Métro 6: Bir-Hakeim, RER C: Champ-de-Mars

Vedettes de Paris, Port de Suffren (am Eiffelturm), 75007 Paris, Tel. 01 44 18 19 50, www.vedettesdeparis.fr, Métro 6: Bir-Hakeim, RER C: Champ-de-Mars

Vedettes du Pont-Neuf, Square du Vert-Galant, 75001 Paris, Tel. 01 46 33 98 38, www.vedettesdupontneuf.fr, Métro 7: Pont-Neuf

Kanalfahrten

Entdeckungsreisen auf dem Canal Saint-Martin oder dem Canal de l'Ourcq. Reservierung ist ratsam.

Canauxrama, Bassin de la Villette, 13, quai de la Loire, 75019 Paris, Tel. 01 42 39 15 00, www.canauxrama.com, Métro: 2, 5, 7bis: Jaurès. Tgl. Fahrten auf dem *Canal Saint-Martin*: vom Bassin de la Villette (Abfahrt 9.45 und 14.45 Uhr) zur Bastille oder umgekehrt (Abfahrt 9.45 und 14.30 Uhr).

Paris Canal, Bassin de la Villette, 21, quai de la Loire, 75019 Paris, Tel. 01 42 40 96 97, www.pariscanal.com, Métro: 2, 5, 7bis: Jaurès. Fahrten auf dem *Canal Saint-Martin*: vom Musée d'Orsay, Quai Anatole-France (Abfahrt April–Mitte Nov. tgl. 9.30 Uhr) zum Parc de la Villette und vom Parc de la Villette (Abfahrt 14.30 Uhr) zum Musée d'Orsay (Ankunft 17 Uhr).

Aussichtspunkte

Von den oberen Plattformen der **Tour Eiffel** [Nr.50], der Kuppel von **Sacré-Cœur** [Nr.93] und der 56. Etage der **Tour Montparnasse** (33, avenue du Maine, 75015 Paris, Tel. 01 45 38 52 56, www.tourmontparnasse56.com, Métro 4, 6, 12, 13: Montparnasse-Bienvenue, April–Sept. tgl. 9.30–23.30, Okt.–März So–Do 9.30–22.30, Fr/Sa bis 23 Uhr) bieten sich schöne Panoramen. Nicht ganz so hoch, doch gleichfalls aussichtsreich sind die Plattform des **Arc de Triomphe** [Nr.41] und der Südturm von **Notre-Dame** [Nr.1].

Parks

Die schönen Parks der Innenstadt, von denen jeder seinen eigenen Zauber hat, schließen ihre Tore bei Einbruch der Dunkelheit. Es sind gepflegte, reglementierte Oasen, in denen man sittsam wandelt oder auf Bänken sitzt, sich aber keinesfalls auf den Rasen legt.

Infos: www.paris.fr

Bois de Boulogne, 75016 Paris, Métro 1,2, RER C: Porte Dauphine, Porte Maillot, Les Sablons, Porte d'Auteuil. Ein gelb-rot markierter Weg führt einmal um den Bois, ein gelb-blauer durchquert ihn. Parc de Bagatelle, Métro 1: Pont de Neuilly. Im Sommer tgl. 9.30–20, im Winter tgl. 9.30–17 Uhr. Schlossbesichtigung April–Okt. So 15 Uhr [Nr.111]

Bois de Vincennes, 75012 Paris, Métro 1, 8: Château-de-Vincennes, Porte Dorée, RER A: Vincennes. Ein gelb-rot markierter Wanderweg führt um den Wald herum, ein gelb-blauer quer durch. *Parc Floral*, Tel. 01 43 28 41 59, Métro 1: Château-de-Vincennes, April–Sept. tgl. 9.30–20 Uhr, Febr./März, Okt.–Dez. bis 18 Uhr, Jan. bis 17 Uhr – *Zoo de Vincennes*, Tel. 01 44 75 20 00, Métro 8: Porte Dorée, wegen Renovierungsarbeiten bis voraussichtlich 2012 geschl. [Nr.117]

Jardin des Plantes, Eingang rue Linné oder Place Valhubert, 75005 Paris, Tel. 01 40 79 30 00, Métro 5, 7, 10, RER C: Gare d'Austerlitz oder Jussieu. Tgl. 7.30–19.30 Uhr. Menagerie tgl. 9–18 Uhr, Grande Galerie d'Évolution Mi–Mo 10–18 Uhr [Nr.80]

Parc André-Citroën, rue Balard, rue Leblanc, 75015 Paris, Métro 8, 10: Balard, Javel André-Citroën. Sommer tgl. 9–19, Winter tgl. 9–18 Uhr. Zeitgenössische Gartenkunst der Architekten Alain Provost und Gilles Clément auf dem ehem. Gelände der Citroën-Fabrik im Pariser Südwesten.

Parc de Bercy, 128, quai de Bercy, 75012 Paris, Métro 6, 14: Bercy. Sommer tgl. 9–20.30, Winter tgl. 9–18 Uhr. Neue Pariser Gartenschöpfung im Osten.

Parc de la Villette, 211, av. Jean Jaurès, 75019 Paris, Tel. 01 40 03 75 75, www.villette.com, Métro 5, 7: Porte de Pantin oder Porte de la Villette [Nr.106].

Parc des Buttes-Chaumont, 5, avenue Debidour, 75019 Paris, Métro 7bis: Pré-Saint-Gervais [Nr.105]. Sommer tgl. 9–20.30, Winter tgl. 9–18 Uhr.

Parc Monceau, 35, boulevard Courcelles, 75008 Paris, Métro 2: Monceau [Nr.107]. Sommer tgl. 7–22, Winter tgl. 7–20 Uhr.

Parc Montsouris, 2, rue Gazan, 75014 Paris, RER B: Cité-Universitaire, Sommer tgl. 8–20.30, Winter tgl. 8–18 Uhr. Hügeliger Landschaftsgarten im Süden von Paris mit See, Wasserfall und orientalischem Weltausstellungspavillon von 1867.

Statistik

Bedeutung: Hauptstadt der französischen Republik, wirtschaftliches und kulturelles Zentrum des Landes.

Lage: 2° 20'14" östlicher Länge und 48° 50'11" nördlicher Breite. Meereshöhe bis 130 m (Montmartre).

Klima: Durchschnittstemperatur: 4,2° C (Januar), 19,6° C (Juli), Sonneneinstrahlung: 1798 Std., Regentage: 171 pro Jahr.

Fläche des Stadtgebietes: 105,4 km^2. Waldflächen: Bois de Vincennes 9,95 km^2, Bois de Boulogne 8,46 km^2.

Administrative Aufteilung: 20 Arrondissements (Stadtteile), 80 Quartiers (Viertel).

Einwohnerzahl: Paris 2,18 Mio. Einwohner, Région Parisienne 11,67 Mio. Einwohner. Jeder sechste Franzose lebt in der Région Parisienne.

Bildung und Wissenschaft: Paris besitzt acht Universitäten, u.a. die Sorbonne, mit nahezu 197 000 Studenten. Daneben locken zahlreiche Elite-Schulen, Grand Écoles, z.B. das Institut d'Études Politiques de Paris oder die L'École Normale Supérieure den viel versprechenden Nachwuchs in die Hauptstadt.

Tourismus: Für die rund 28 Mio. Besucher im Jahr stehen über 76 000 Hotelzimmer und 7000 Restaurants bereit.

Unterkunft

Pariser Hotels gehören zu den teuersten der Welt. So leicht es ist, in einem Haus der Luxusklasse 3000 Euro loszuwerden, so schwer tut man sich, unter 100 Euro ein Hotelzimmer zu finden. Aber es gibt solche Hotels, und nicht einmal wenige. Unter 70 Euro muss man meist große Abstriche machen bezüglich Lage, Sauberkeit und Ruhe.

Hotels der mittleren Kategorien in den begehrtesten Lagen sind zumeist ausgebucht. Daher sollte man lange im Voraus anfragen. Pariser Hotelzimmer haben, ob von 1 oder 2 Personen belegt, nur einen Preis. Achten Sie bei der Buchung auf die Betten: **Zimmer à la française**, also mit einem großen Bett (Grand Lit) sind billiger als Zimmer mit getrennten Betten! Versuchen Sie bei der Buchung zu klären, in welcher Etage das Zimmer liegt, ob nach hinten oder vorne hinaus und ob die Zimmer schallisoliert sind. Grundsätzlich ist man mit einem Zimmer in den oberen Etagen am besten dran. (Allerdings haben nicht alle Hotels einen Aufzug.)

Das **Frühstück** ist in vielen Pariser Hotels kärglich, daher ist es meist besser und billiger, man geht ins Café um die Ecke (es ist immer eins in der Nähe).

Luxushotels

Le Crillon, 10, pl. de la Concorde, 75008 Paris, Tel. 01 44 71 15 00, www.crillon.com, Métro 1, 8, 12: Concorde, 90 Zi., 57 App. Das Interieur bleibt hinter der prachtvollen Fassade aus dem 18. Jh. nicht zurück. Zimmer mit Blick auf den schönen Concorde-Platz sind natürlich besonders begehrt. Das Crillon gilt als das ›französischste‹ unter den Pariser Luxushotels.

Plaza-Athénée, 25, avenue Montaigne, 75008 Paris, Tel. 01 53 67 66 65, www.plaza-athenee-paris.fr, Métro 9: Alma-Marceau, 191 Zi., 45 App. In der Hauptstraße der Haute-Couture. Geräumige und schallisolierte Zimmer mit allen denkbaren Luxus-Accessoires. Romantischer Innenhof mit zwei Restaurants.

Ritz, 15, place Vendôme, 75001 Paris, Tel. 01 43 16 30 30, www.ritzparis.com, Métro 3, 7, 8: Opéra, Métro 8, 12, 14: Madeleine, 103 Zi., 56 App. Bezeichnet sich als das bekannteste Hotel der Welt. Kein anderes hat es jedenfalls zu einem eigenen Adjektiv – ›ritzy‹ – gebracht. Hemingway-Bar, prächtiger Pool und die vornehmsten Juweliere von Paris gleich nebenan!

Hotels der gehobenen Preisklasse

TOP TIPP **Abbaye Saint-Germain**, 10, rue Cassette, 75006 Paris, Tel. 01 45 44 38 11, www.abbaye-paris-hotel.com, Métro 4: St-Sulpice, 42 Zi., 4 Suiten. Ruhig, charmant, stilvoll. Die schönsten Zimmer im Erdgeschoss zum Garten.

Best Western Premier Regent's Garden, 6, rue Pierre-Demours, 75017 Paris, Tel. 01 45 74 07 30, www.hotel-paris-garden.com, Métro 2: Ternes, 39 Zi. Im großbürgerlichen Quartier ein Stadthaus im Stil Napoleons III. mit riesigen Zimmern und hohen Stuckdecken. Innengarten.

Duc de Saint-Simon, 14, rue de Saint-Simon, 75007 Paris, Tel. 01 44 39 20 20, www.hotelducdesaintsimon.com, Métro 12: Rue du Bac, 29 Zi., 5 App. Sehr angenehmes Haus, Nähe Musée d'Orsay.

L'Hôtel, 13, rue des Beaux-Arts, 75006 Paris, Tel. 01 44 41 99 00, www.l-hotel.com, Métro 4: St-Germain-des-Prés, 27 Zi./App. Berühmter ›Geheimtipp‹ für arrivierte Kunst- und Show-Leute. Schöne Directoire-Ausstattung. Man gefällt sich in gepflegter Arroganz. Gutes Restaurant.

Jeu de Paume, 54, rue St-Louis-en-l'Île, 75004 Paris, Tel. 01 43 26 14 18, www.jeudepaumehotel.com, Métro 7: Pont Marie, 30 Zi., 2 App. im Stadtpalais (17. Jh.), schick und komfortabel rekonstruiert. Wegen der attraktiven Insellage schnell ausgebucht.

Longchamp Elysées, 68, rue de Longchamp, 75116 Paris, Tel. 01 44 34 24 14, www.hotel-longchamp-paris.com, Métro 6, 9: Trocadéro, 21 Zi. Ruhige Lage in noblem Wohnquartier. Freundlich.

Montalembert, 3, rue de Montalembert, 75007 Paris, Tel. 01 45 49 68 68, www.montalembert.com, Métro 12: Rue du Bac, 51 Zi., 5 App. Elegantes Designer-Hotel am Rand von Saint-Germain-des-Prés. Einrichtung teils modern, teils Biedermeier.

TOP TIPP **Pavillon de la Reine**, 28, place des Vosges, 75003 Paris, Tel. 01 40 29 19 19, www.pavillon-de-la-reine.com, Métro 1, 5, 8: Bastille, 30 Zi., 25 App. Kleines ›Palasthotel‹ in wunderschöner Lage am schönsten Platz der Stadt. Wenige Minuten zur Opéra – Bastille, zum Picasso-Museum und dem Marais.

Le Relais Christine, 3, rue Christine, 75006 Paris, Tel. 01 40 51 60 80, www.relais-christine.com, Métro 4: Saint-Michel, 51 Zi., 15 App. Die Zimmer im ehem. Kloster (13. Jh.) gehen auf einen Garten bzw. Innenhof hinaus.

Saint-Pères, 65, rue des Sts-Pères, 75006 Paris, Tel. 01 45 44 50 00, www.esprit-de-france.com, Métro 4: St-Germain-des-Prés, 39 Zi. Nicht nur bei amerikanischen Intellektuellen beliebtes Traditionshotel mit Garten.

Mittelklassehotels

Agora, 7, rue de la Cossonnerie, 75001 Paris, Tel. 01 42 33 46 02, RER A, B, D: Châtelet – Les Halles, 29 Zi. In der Fußgängerzone der ehem. Markthallen, die Fenster sind schallisoliert.

Collège de France, 7, rue Thénard, 75005 Paris, Tel. 01 43 26 78 36, www.hotel-collegedefrance.com, Métro 10: Maubert-Mutualité, 29 Zi. Beliebte Akademiker-Unterkunft. Für Aufsteiger gibt es auch zwei Apartments mit mehr Komfort.

Du Cygne, 3–5, rue du Cygne, 75001 Paris, Tel. 01 42 60 14 16, www.cygne-hotel-paris.com, Métro 4: Etienne Marcel, RER A, B, D: Châtelet-Les Halles, 20 Zi. Hübsches Fachwerkhaus im alten Hallenviertel. Man wählt zwischen mehr und weniger Komfort.

Esméralda, 4, rue St-Julien-le-Pauvre, 75005 Paris, Tel. 01 43 54 19 20, Métro 4: Saint-Michel, 19 Zi. Originelles Bohème-Hotel, nur die Zimmer nach vorn (mit Blick auf Notre-Dame) kommen in Frage.

Lys, 23, rue Serpente, 75006 Paris, Tel. 01 43 26 97 57, Métro 4, 10: Odéon, 22 Zi. Altes Gemäuer im Quartier Latin, überraschend ruhig.

TOP TIPP **Marronniers**, 21, rue Jacob, 75006 Paris, Tel. 01 43 25 30 60, www.hotel-marronniers.com, Métro 4: Saint-Germain-des-Prés, 37 Zi. Ruhig und angenehm, kleiner Garten mit den namengebenden Kastanien.

Paname Hôtel Bastille, 64, rue Crozatier, 75012 Paris, Tel. 01 43 44 22 50, www.panamehotel.com, Métro 8: Ledru Rollin, 34 Zi. Kleine, komfortable, ziemlich ruhige Zimmer nahe der Place d'Aligre. Terrasse im 5. Stock.

Prima-Lepic, 29, rue Lepic, 75018 Paris, Tel. 01 46 06 44 64, www.hotel-prima-lepic.com, Métro 2: Blanche, 38 Zi. Ringsum pulsiert der Montmartre, fast rund um die Uhr. Wem das gefällt, der kann sich außerdem über die niedrigen Preise freuen.

TOP TIPP **Récamier**, 3 bis, place St-Sulpice, 75006 Paris, Tel. 01 43 26 04 89, www.hotelrecamier.com, Métro 4: Saint-Sulpice, Mabillon, 24 Zi. Versteckt im hintersten Winkel des Platzes. Auch die nach vorn gelegenen Zimmer sind ruhig.

TOP TIPP **Timhôtel Montmartre**, 11, rue Ravignan, 75018 Paris, Tel. 01 42 55 74 79, www.timhotel.com, Métro 12: Abbesses, 59 Zi. Am hübschesten Platz Montmartres, dem Place Emile-Goudeau, neben dem berühmten Bateau-Lavoir. In diesem Quartier etwas Besonderes!

Jugendhotels

Auberge de Jeunesse, 8, boulevard Jules-Ferry, 75011 Paris, Tel. 01 43 57 55 60, www.fuaj.org, Métro 3, 5, 8, 9, 11: République. Jugendherberge

Foyer International d'Accueil de Paris (FIAP) Jean Monnet, 30, rue Cabanis, 75014 Paris, Tel. 01 43 13 17 17, www.fiap.asso.fr, Métro 6: Glacière. Freundliche Unterkünfte, auch für mehrere Personen.

Privatzimmer

Eine Möglichkeit, in Paris günstiger zu übernachten und gleichzeitig vielleicht die Pariser besser kennenzulernen, bieten private Fremdenzimmer. Unter dem Titel ›**Hôtes Qualité Paris**‹ (www.hotesqualiteparis.fr) werden bestimmte Qualitätsstandards garantiert.

Alcôve & Agapes, Bed-and-Breakfast in Paris, Tel. 01 44 85 06 05, www.bed-and-breakfast-in-paris.com. Spezialist für niveauvolle, charmante Zimmer mitten in Paris.

France Lodge Locations, 2, rue Meissonier, 75017 Paris, Tel. 01 56 33 85 85, www.francelodge.fr, Métro 3: Wagram. Das älteste Gästezimmernetz vermittelt über 200 Unterkünfte.

Verkehrsmittel

Auto

Dem Parisbesucher ist dringend zu raten, sein Auto in einer Parkgarage abzustellen und die öffentlichen Verkehrsmittel zu benutzen. Paris ist bekannt für seine Verkehrsstaus. Parkplätze sind meist gebührenpflichtig und rar, auch die zahlreichen Parkhäuser und Tiefgaragen müssen teuer bezahlt werden.

Parkhäuser

Claridge, Zufahrt 60, rue de Ponthieu, 75008 Paris

Hôtel de Ville, Zufahrt 3, rue de la Tâcherie, 75004 Paris

Marché Saint-Germain, Zufahrt rue Clément, 75006 Paris

Rambuteau, unter dem Forum des Halles, Zufahrt rue de la Coquillère oder rue du Pont Neuf, 75001 Paris

Mietwagen

ADAC-Mitglieder können über die Geschäftsstellen oder die ADAC Autovermietung, Tel. 018 05/31 81 81 (0,14 €/Min), buchen. Zudem sind alle renommierten internationalen Mietwagenfirmen mit Filialen in Paris und an den Flughäfen vertreten.

Métro- und RER-Plan
RER C
C1 Montigny-Beauchamp
C3 Argenteuil
Gabriel Péri
(Asnières-Gennevilliers)
13
St-Ouen
Mairie de Clichy
Porte de Clichy
Guy Môquet
Brochant
La Fourche
Blanche
Place de Clichy
St-Georges
Rome
Trinité
Liège
Gare St-Lazare
14
Hausmann St-Lazare
Europe
St-Lazare
Havre Caumartin
Auber
St-Augustin
Pont de Levallois Bécon
3
Anatole France
Louise Michel
Porte de Champerret
Pereire
Wagram
Malesherbes
Villiers
Monceau
Courcelles
Ternes
RER A
A1 St-Germain-en-Laye
A3 Cergy, A5 Poissy
1
Grande Arche de La Défense
Pont de Neuilly
Esplanade de La Défense
Les Sablons
Porte Maillot
Argentine
Ch. de Gaulle-Etoile
6
St-Philippe du Roule
Miromesnil
Madeleine
Porte Dauphine
2
George V
Kléber
Franklin-D. Roosevelt
Concorde
Tuileries
Avenue Foch
Victor Hugo
Rue de la Pompe
Boissière
Iéna
Alma Marceau
Champs Elysées Clémenceau
Palais Royal
Musée du Louvre
Avenue Henri Martin
Trocadéro
Invalides
Pont de l'Alma
Latour Maubourg
Assemblée Nationale
Musée d'Orsay
La Muette
Passy
Varenne
Solférino
Boulainvilliers
Champ de Mars Tour Eiffel
Rue du Bac
Ranelagh
Bir-Hakeim
Jasmin
Kennedy Radio France
Ecole Militaire
St-François Xavier
Michel-Ange Auteuil
Dupleix
La Motte Picquet Grenelle
Ségur
Vaneau
Sèvres Babylone
Mabillon
Porte d'Auteuil
Eglise d'Auteuil
Charles Michels
Duroc
Rennes
Saint-Sulpice
Boulogne Jean Jaurès
Michel-Ange Molitor
Sèvres Lecourbe
St-Placide
Chardon Lagache
Mirabeau
Javel
Avenue Emile Zola
Cambronne
Falguière
Commerce
Montparnasse Bienvenue
T
2
Boulogne Pont de St-Cloud
10
Exelmans
Félix Faure
Pasteur
Vavin
Volontaires
Boucicaut
Gare Montparnasse
Edgar Quinet
Marcel Sembat
Porte de St-Cloud
Vaugirard
Gaîté
Lourmel
Convention
Bd. Victor
8
Balard
Billancourt
Pont du Garigliano
Porte de Versailles
Pernéty
9
Pont de Sèvres
T 3
Issy Val de Seine
Plaisance
Mouton Duvernet
Corentin Celton
Porte de Vanves
Alésia
T 2
Malakoff Plateau de Vanves
Tramway tarification bus
12
Mairie d'Issy
4
Porte
Issy
Malakoff Rue Etienne Dolet
13
Châtillon-Montrouge
RER C
C5 Versailles Rive Gauche
C7 St-Quentin-en-Yvelines
Robinson B2
RER B
St-Rémy-lès-Chevreuse
♦ Die Bahnhöfe Liège und Rennes sind nach 20⁰⁰ Uhr
und an Sonn- und Feiertagen geschlossen

RER B
B3 Roissy Aéroport Charles de Gaulle
B5 Mitry-Claye
St-Denis-Université
Basilique de St-Denis
St-Denis-Porte de Paris
Stade de France St-Denis
La Corneuve Aubervilliers
Carrefour Pleyel
La Plaine Stade de France
La Courneuve-8 Mai 1945
Fort d'Aubervilliers
Aubervilliers-Pantin 4 Chemins
Bobigny-Pablo Picasso
Pantin
Porte de Clignancourt
Porte de la Chapelle
Simplon
Jules Joffrin
Marcadet Poissonniers
Marx Dormoy
Funiculaire de Montmartre
Château Rouge
Anvers
Barbès Rochechouart
La Chapelle
Gare du Nord
Magenta
Poissonnière
Cadet
Gare de l'Est
Château Landon
Louis Blanc
Porte de la Villette
Corentin Cariou
Crimée
Riquet
Stalingrad
Bobigny-Pantin R. Queneau
RER E
Chelles-Gournay
Tournan
Église de Pantin
Hoche
Porte de Pantin
Ourcq
Laumière
Jaurès
Bolivar
Botzaris
Danube
Pré-St-Gervais
Buttes Chaumont
Télégraphe
Place des Fêtes
Colonel Fabien
Jourdain
Pyrénées
Mairie des Lilas
Porte des Lilas
Saint-Fargeau
Pelleport
Grands Boulevards
Château d'Eau
Jacques Bonsergent
Belleville
Goncourt
Couronnes
Bonne Nouvelle
Bourse
Strasbourg St-Denis
République
Temple
Parmentier
Ménilmontant
Gambetta
Porte de Bagnolet
Gallieni
Sentier
Arts et Métiers
Saint-Maur
Père Lachaise
Mairie de Montreuil
Filles du Calvaire
Oberkampf
Étienne Marcel
Les Halles
Rambuteau
St-Sébastien Froissart
Saint-Ambroise
Philippe Auguste
Croix de Chavaux
Voltaire
Châtelet Les Halles
Chemin Vert
Richard Lenoir
Charonne
Alexandre Dumas
Robespierre
Pte de Montreuil
Hôtel de Ville
Bréguet Sabin
Boulets Montreuil
Avron
Maraîchers
St-Paul
Pont Marie
Ledru-Rollin
Nation
Buzenval
Porte de Vincennes
St-Michel Notre-Dame
Sully Morland
Bastille
RER A
A2 Boissy-St-Léger
A4 Marne-la-Vallée
Chessy (Disneyland Paris)
Faidherbe Chaligny
Vincennes
Maubert Mutualité
Quai de la Rapée
Reuilly Diderot
Picpus
St-Mandé Tourelle
Bérault
Château de Vincennes
Cardinal Lemoine
Jussieu
Montgallet
Bel Air
Luxembourg
Place Monge
Gare d'Austerlitz
Gare de Lyon
Daumesnil
Michel Bizot
Censier Daubenton
St-Marcel
Bercy
Dugommier
Porte Dorée
Quai de la Gare
Cour St-Émilion
Porte de Charenton
Les Gobelins
Campo Formio
Chevaleret
Liberté
Glacière
Nationale
Bd. Masséna
Charenton-Écoles
Corvisart
Olympiades
Bibliothèque François Mitterand
École Vétérinaire de Maisons-Alfort
Place d'Italie
Porte d'Ivry
Tolbiac
Pierre Curie
Maisons-Alfort Stade
Ivry sur-Seine
Maison Blanche
Porte de Choisy
Maisons-Alfort Les Juilliottes
Porte d'Italie
Mairie d'Ivry
Créteil-L'Échat
Le Kremlin-Bicêtre
Créteil Université
Villejuif-Léo Lagrange
Vitry sur-Seine
Créteil-Préfecture
Villejuif Paul Vaillant-Couturier
Orly Sud
RER C
C2 Massy-Palaiseau
C4 Dourdan-la-Forêt
C6 St-Martin d'Etampes
C8 Versailles-Chantiers
RER D
D2 Melun
D4 Malesherbes
Orly
Villejuif-Louis Aragon
Port Royal

Öffentliche Verkehrsmittel

RATP, Transports en Île-de-France, Tel. 08 92 69 32 46 (0,34 €/Min.), www.ratp.fr [Métro-Plan s. S. 178/179]

Tickets

Im Stadtbereich sind die Tickets gültig für Métro, Bus, Tram und RER (Expresszüge). Tickets gibt es in den Métro-Stationen, an den Endstationen der Buslinien oder in Café-Tabacs. Günstiger als Einzelfahrscheine sind *Carnet* (10 Fahrscheine) oder Zeitkarten:

Mobilis: Die *Tageskarte* erlaubt für einen Tag beliebig viele Fahrten in den gewählten Zonen: Die Zonen 1 und 2 umfassen das Stadtgebiet, die Zonen 1–6 schließen die Vororte mit ein. Versailles und der Flughafen Orly etwa liegen in der Tarifzone 4, Disneyland Paris und der Flughafen Charles de Gaulle in Tarifzone 5.

Paris Visite: Diese *Mehrtageskarte* gilt an 1, 2, 3 oder 5 aufeinanderfolgenden Tagen je nach Wahl in den Zonen 1–3 oder 1–6 und bietet zudem Ermäßigungen in einigen Museen, Restaurants u. ä.

Für Wochen- oder Monatskarten *(Carte Orange)* braucht man ein Passfoto.

Métro

Die Métro ist das schnellste Verkersmittel der Stadt. Während der Rush Hours morgens und abends fahren die Züge im Minutentakt, sind dann aber meist überfüllt. Die erste Metro fährt um etwa 6 Uhr, die letzte um etwa 1 Uhr. Nach 21 Uhr sollte man vor allem in der Gegend um Forum des Halles und in Richtung der östlichen Stadtteile statt mit der Métro lieber mit dem Taxi fahren.

RER

Die Schnellbahn Réseau Express Régional (RER) besteht aus vier Linien, die die Stadt durchqueren und die Verbindung zu den Vororten herstellen. An jeder Station gibt es Fahrkartenautomaten.

Tram

Es bestehen drei Tramlinien, die durch Anschlüsse vor allem mit dem Busnetz koordiniert sind.

Bus

Die Busse verkehren Mo–Sa 7–20.30 Uhr. An Sonn- und Feiertagen sind nur bestimmte Linien in Betrieb. Zwischen 0.30 und 5.30 Uhr morgens verkehren zahlreiche Nachtbusse *Noctilien*. Einzelfahrscheine erhält man beim Schaffner. Am Tag kommen die Busse im dichten Verkehr oft schlecht voran, doch auf diese Weise kann man preiswert die Stadt besichtigen. Einige schöne Busstrecken:

Linie 27: Jardin du Luxembourg (Rue Gay-Lussac), den Boulevard Saint-Michel hinunter, an der Seine entlang zum Louvre und dann zur Oper.

Linie 63: vom Quartier Latin (Rue de l'École-de-Médecine), vorbei an Saint-Sulpice, über den Boulevard Saint-Germain, zum Hôtel National des Invalides und dem Palais de Chaillot bis nach Passy.

Montmartrobus: von der Place Pigalle auf einer kurvigen Strecke über die Butte Montmartre.

Linie 72: am rechten Seineufer vom Pont Mirabeau im Westen (Métro 10: Mirabeau) bis zum Hôtel de Ville.

Linie 73: vom Musée d'Orsay über Place de la Concorde und Champs-Élysées vorbei am Arc de Triomphe bis zur Grande Arche de La Défense.

Batobus

Compagnie des Batobus, Port de la Bourdonnais, 75007 Paris, Tel. 08 25 05 01 01 (0,15 €/Min.), www.batobus.com

Die Linienschiffe für Touristen verkehren Febr.–Mitte März, Nov. tgl. 10.30–16.30, Mitte März–Mai, Sept./Okt. tgl. 10–19, Juni–Aug. tgl. 10–21.30 Uhr alle 15–30 Min. Man kann die Fahrt beliebig oft unterbrechen. Es gibt acht *Anlegestellen*: Port de la Bourdonnais (Eiffelturm), Port de Solférino (Musée d'Orsay), Quai Malaquai (Saint-Germain-des-Prés), Quai de Montebello (Notre-Dame), Quai Saint-Bernard (Jardin des Plantes), Quai de l'Hôtel de Ville, Quai du Louvre und Port des Champs Elysées.

Taxi

Höhere Taxitarife gelten Mo–Sa 19.30–7 Uhr, So und bei Fahrten aus dem Stadtbereich hinaus. Aufpreise gelten für eine vierte Person, für Gepäckstücke und für Hunde. Trinkgelder (rund 10 % vom Fahrpreis) sind üblich.

Alpha Taxi: Tel. 01 45 85 85 85

Abeille Radio Taxis: Tel. 01 45 83 59 33

G 7 Taxi: Tel. 01 47 39 47 39

Taxis Bleu: Tel. 01 49 36 10 10

Aéro Taxi: Tel. 06 07 79 37 91. Für Fahrten zum Flughafen.

Sprachführer

Französisch für die Reise

Das Wichtigste in Kürze

Ja/Nein	*Oui/Non*
Bitte/Danke	*S'il vous plaît/Merci*
In Ordnung./Einverstanden.	*Très bien./D'accord.*
Entschuldigung!	*Pardon!/Excuse(z)-moi!*
Wie bitte?	*Comment?/Vous dites?*
Ich verstehe Sie nicht.	*Je ne vous comprends pas.*
Ich spreche nur wenig Französisch.	*Je ne parle que peu le français.*
Können Sie mir bitte helfen?	*Pourriez-vous m'aider, s'il vous plaît?*
Das gefällt mir (nicht).	*Cela (ne) me plaît (pas).*
Ich möchte ...	*Je voudrais ...*
Haben Sie ...?	*Avez-vous ...?*
Gibt es ...?	*Y a-t-il ...?*
Wie viel kostet das?	*Cela coûte combien?*
Kann ich mit Kreditkarte bezahlen?	*Puis-je régler avec une carte de crédit?*
Wie viel Uhr ist es?	*Quelle heure est-il?*
Guten Morgen!/Guten Tag!	*Bonjour!*
Guten Abend!	*Bonsoir!*
Gute Nacht!	*Bonne nuit!*
Hallo!/Tschüs!	*Salut!*
Mein Name ist ...	*Je m'appelle ...*
Wie ist Ihr Name, bitte?	*Quel est votre nom, s'il vous plaît?*
Wie geht es Ihnen?	*Comment allez-vous?*
Auf Wiedersehen!	*Au revoir!*
Bis bald!	*À bientôt!*
Bis morgen!	*À demain!*
gestern/heute/morgen	*hier/aujourd'hui/demain*
am Vormittag/am Nachmittag	*le matin/l'après-midi*
am Abend/in der Nacht	*le soir/la nuit*
um 1 Uhr/2 Uhr ...	*à une heure/à deux heures ...*
um Viertel vor/nach ...	*à ... moins le quart/et quart*
um ... Uhr 30	*à ... heure(s) trente*
Minute(n)/Stunde(n)	*minute(s)/heure(s)*
Tag(e)/Woche(n)	*jour(s)/semaine(s)*
Monat(e)/Jahr(e)	*mois/an(s)/année(s)*

Zahlen

0	*zéro*	19	*dix-neuf*
1	*un*	20	*vingt*
2	*deux*	21	*vingt-et-un*
3	*trois*	22	*vingt-deux*
4	*quatre*	30	*trente*
5	*cinq*	40	*quarante*
6	*six*	50	*cinquante*
7	*sept*	60	*soixante*
8	*huit*	70	*soixante-dix*
9	*neuf*	80	*quatre-vingt*
10	*dix*	90	*quatre-vingt-dix*
11	*onze*	100	*cent*
12	*douze*	200	*deux cents*
13	*treize*	1000	*mille*
14	*quatorze*	2000	*deux mille*
15	*quinze*	10 000	*dix mille*
16	*seize*	100 000	*un million*
17	*dix-sept*	½	*un demi*
18	*dix-huit*	¼	*un quart*

Wochentage

Montag	*lundi*
Dienstag	*mardi*
Mittwoch	*mercredi*
Donnerstag	*jeudi*
Freitag	*vendredi*
Samstag	*samedi*
Sonntag	*dimanche*

Monate

Januar	*janvier*
Februar	*février*
März	*mars*
April	*avril*
Mai	*mai*
Juni	*juin*
Juli	*juillet*
August	*août*
September	*septembre*
Oktober	*octobre*
November	*novembre*
Dezember	*décembre*

Maße

Kilometer	*kilomètre*
Meter	*mètre*
Zentimeter	*centimètre*
Kilogramm	*kilogramme*
Pfund	*livre*
Gramm	*gramme*
Liter	*litre*

Unterwegs

Nord/Süd/West/Ost	*nord/sud/ouest/est*
oben/unten	*en haut/dessous*
geöffnet/geschlossen	*ouvert/fermé*
geradeaus/links/ rechts/zurück	*tout droit/gauche/ droite/ en arrière*
nah/weit	*proche/loin*
Wie weit ist das?	*A quelle distance d'ici se trouve-t-il?*
Wo sind die Toiletten?	*Où sont les toilettes?*
Wo ist die (der) nächste ...	*Où se trouve ...*
Telefonzelle/	*la cabine télé-phonique/*
Bank/	*la banque/*
Post/	*le bureau de poste/*
Polizei/	*le poste de police/*
Geldautomat?	*le distributeur de billets*
	la/le plus proche?
Wo ist ...	*Où se trouve ...*
der Bahnhof/	*la gare/*
die U-Bahn/	*le métro/*
der Flughafen?	*l'aéroport?*
Wo finde ich ...	*Où se trouve ...*
eine Bäckerei/	*une boulangerie/*
ein Fotogeschäft/	*un magasin photographiques/*
ein Kaufhaus/	*un grand magasin/*
ein Lebensmittel-geschäft/	*une épicerie/*
einen Markt?	*un marché?*
Ist das der Weg/ die Straße nach ...?	*Est-ce que c'est le chemin/ la route/ la rue pour ...?*
Gibt es einen anderen Weg?	*Y a-t-il un autre chemin?*
Ich möchte mit dem Zug/Schiff/ Fähre/Flugzeug nach ... fahren.	*Je voudrais prendre le train/le bateau/ le ferry-boat/l'avion pour ...*
Ist der Preis für Hin- und Rückfahrt?	*Est-ce que c'est le prix aller-retour?*
Wie lange gilt	*Pour combien de temps*
das Ticket?	*le ticket sera valide?*
Wo ist das Fremden-verkehrsamt/ Reisebüro?	*Où se trouve l'office de Tourisme/ l'agence de voyages?*
Ich benötige eine Hotelunterkunft.	*J'ai besoin d'un hôtel.*
Wo kann ich mein Gepäck lassen?	*Où puis-je laisser mes bagages?*
Ich habe meinen Koffer verloren.	*J'ai perdu ma valise.*
Ich möchte eine Anzeige erstatten.	*Je voudrais déposer une plainte.*
Man hat mir ...	*On m'a volé ...*
Geld/	*de l'argent/*
meine Tasche /	*mon sac/*
meine Papiere/	*mes papiers/*
die Schlüssel/	*les clés/*
meinen Fotoapparat/	*mon appareil photo/*
meinen Koffer/	*ma valise/*
mein Fahrrad gestohlen.	*ma bicyclette.*

Hinweise zur Aussprache

ai	wie ›ä‹, Bsp.: l**ai**t
au	wie ›o‹, Bsp.: **au**to, g**au**che
eu	wie ›ö‹, Bsp.: p**eu**, d**eu**x
ou	wie ›u‹, Bsp.: r**ou**ge
ue	wie ›ü‹, Bsp.: r**ue**, aven**ue**
c	vor ›e‹ und ›i‹ wie ›s‹, Bsp.: **c**e, **c**ide
c	vor ›a‹ und ›o‹ wie ›k‹, Bsp.: **c**abinet, **c**ompagnie
ch	wie ›sch‹ Bsp.: **ch**ips
h	am Wortanfang ist immer stumm, Bsp.: **h**ommage
g	vor ›e‹ und ›i‹ wie ›dsch‹, Bsp.: **g**entille, **g**ilet
gn	wie ›nj‹, Bsp.: co**gn**ac, a**gn**eau
p, s, t	sind am Wortende meist stumm, Bsp.: tro**p**, trè**s**, mo**t**
-tion	bei dieser Silbe ›t‹ wie ›s‹, Bsp.: na**t**ion
q, qu	wie ›k‹, Bsp.: co**q**, **qu**i
v	wie ›w‹, Bsp.: **v**ie
z	wie ›s‹, Bsp.: **z**éro

Freizeit

Ich möchte ein ...	*Je voudrais louer ...*
Fahrrad/	*une bicyclette/*
Motorrad/	*une moto/*
Surfbrett/	*une planche à voile/*
Mountainbike/ Boot/	*un v.t.t./un bateau/*
Pferd mieten.	*un cheval.*
Gibt es ein(en)	*Y a-t-il ...*
Freizeitpark/	*un parc d'attractions/*
Freibad/	*une piscine/*
Golfplatz/	*un terrain de golf/*
Strand in der Nähe?	*une plage près d'ici?*
Wann hat ... geöffnet?	*Quelles sont les horaires d'ouverture ...?*

Bank, Post, Telefon

Brauchen Sie meinen Ausweis?	*Avez-vous besoin de ma carte d'identité?*
Wo soll ich unterschreiben?	*Où dois-je signer?*

Ich möchte eine Telefonverbindung nach ... | *Je voudrais une communication avec ...*
Wie lautet die Vorwahl für ...? | *Quel est le préfixe pour ...?*
Wo gibt es ... Münzen für den Fernsprecher/ Telefonkarten/ Briefmarken? | *Où peut-on trouver ... des jetons/ des cartes téléphoniques/ des timbres?*

Tankstelle

Wo ist die nächste Tankstelle?	*Où est-ce que se trouve la station d'essence la plus proche?*
Ich möchte ... Liter ...	*Je voudrais ... litres ...*
Super/	*de super/*
Diesel	*de gasoil*
bleifrei/	*sans plomb/*
mit ... Oktan.	*à ... octane.*
Volltanken, bitte.	*Faites le plein, s'il vous plaît.*
Prüfen Sie bitte ...	*Vérifiez s'il vous plaît, ...*
den Reifendruck/	*la pression de gonflage/*
den Ölstand/	*le niveau d'huile/*
den Wasserstand/	*le niveau d'eau/*
das Wasser für die Scheibenwischanlage/	*l'eau pour le système essuieglaces/*
die Batterie.	*la batterie.*
Würden Sie bitte ...	*Pourriez-vous s'il vous plaît ...*
den Ölwechsel vornehmen/	*faire la vidange d'huile/*
den Radwechsel vornehmen/	*effectuer le changement de roue(s)/*
die Sicherung austauschen/	*échanger le fusible/*
die Zündkerzen erneuern/	*échanger les bougies/*
die Zündung nachstellen?	*régler l'allumage?*

Panne

Ich habe eine Panne.	*Je suis en panne.*
Der Motor startet nicht.	*Le moteur ne démarre pas.*
Ich habe die Schlüssel im Wagen gelassen.	*J'ai laissé les clés dans la voiture.*
Ich habe kein Benzin/Diesel.	*Je n'ai plus d'essence/de diesel.*
Gibt es hier in der Nähe eine Werkstatt?	*Est-ce qu'il y a un garage près d'ici?*
Können Sie mein Auto abschleppen?	*Pourriez-vous remorquer ma voiture?*
Können Sie mir einen Abschleppwagen schicken?	*Est-ce que vous pouvez m'envoyer une dépanneuse?*
Können Sie den Wagen reparieren?	*Pouvez-vous réparer la voiture?*
Wann wird er fertig sein?	*Quand sera-t-elle prête?*

Mietwagen

Ich möchte ein Auto mieten.	*Je voudrais louer une voiture.*
Was kostet die Miete ...	*Combien coûte la location ...*
pro Tag/	*par jour/*
pro Woche/	*par semaine/*
mit unbegrenzter km-Zahl/	*avec kilométrage illimité/*
mit Kaskoversicherung/	*avec assurance tous risques/*
mit Kaution?	*avec la caution?*
Wo kann ich den Wagen zurückgeben?	*Où puis-je rendre le véhicule?*

Unfall

Hilfe!	*Au secours!*
Achtung!/Vorsicht!	*Attention!*
Bitte rufen Sie schnell ...	*S'il vous plaît, appelez vite ...*
einen Krankenwagen/	*une ambulance/*
die Polizei/	*la police/*
die Feuerwehr.	*les sapeurs-pompiers.*
Es ist (nicht) meine Schuld.	*C'est (Ce n'est pas) de ma faute.*
Geben Sie mir bitte Ihren Namen und Ihre Adresse.	*Veuillez me donner votre nom et adresse, s'il vous plaît.*
Ich brauche die Angaben zu Ihrer Autoversicherung.	*J'aurais besoin des données de votre assurance automobile.*

Krankheit

Können Sie mir einen guten Deutsch sprechenden Arzt/ Zahnarzt empfehlen?	*Pourriez-vous me conseiller un bon médecin/ dentiste qui parle allemand?*
Wann hat er Sprechstunde?	*Quelles sont ses heures de consultation?*
Wo ist die nächste Apotheke?	*Où est-ce que se trouve la pharmacie la plus proche?*
Ich brauche ein Mittel gegen ...	*J'aurais besoin d'un médicament contre ...*
Durchfall/	*la diarrhée/*

Fieber/	*la fièvre/*
Insektenstiche/	*les piqûres d'insecte/*
Verstopfung/	*la constipation/*
Zahnschmerzen.	*le mal de dents.*

Hotel

Ich habe bei Ihnen ein Zimmer reserviert.	*J'ai réservé une chambre chez vous.*
Haben Sie ein ...	*Auriez-vous ...*
Einzel-/	*une chambre à un lit/une*
Doppelzimmer ...	*chambre à deux lits...*
mit Dusche/	*avec douche/*
mit Bad/WC?	*avec salle de bains/WC?*
für eine Nacht/	*pour une nuit/*
für eine Woche?	*pour une semaine/*
mit Blick aufs Meer?	*avec vue sur la mer?*
Was kostet das Zimmer ...	*Combien coûte la chambre ...*
mit Frühstück/	*avec petit-déjeuner/*
mit Halbpension/	*avec demi-pension/*
mit Vollpension?	*avec pension complète?*
Wie lange gibt es Frühstück?	*Jusqu'à quelle heure peut-on prendre le petit-déjeuner?*
Ich möchte um ... Uhr geweckt werden.	*Je voudrais qu'on me réveille à ... heure(s).*
Ich reise heute Abend/ morgen früh ab.	*Je pars ce soir/ demain matin.*
Haben Sie ein Faxgerät/ Hotelsafe?	*Avez-vous un fax/ un coffre-fort?*
Haben Sie Internet-zugang?	*Disposez-vous d'un accès internet?*

Restaurant

Wo gibt es ein gutes/günstiges Restaurant?	*Pourriez-vous m'indiquer un bon restaurant/un restaurant pas trop cher?*
Die Speisekarte/ Getränkekarte, bitte.	*Je voudrais la carte/ la carte des boissons, s'il vous plaît.*
Ich möchte das Tagesgericht/Menü (zu...)	*Je voudrais le plat du jour/le menu (à ...).*
Welches Gericht können Sie besonders empfehlen?	*Quel plat pourriez-vous recommander particulièrement?*
Ich möchte nur eine Kleinigkeit essen.	*Je voudrais manger qu'un petit quelque chose.*
Haben Sie vegetarische Gerichte?	*Avez-vous des plats végétariens?*
Können Sie mir bitte ...	*Pourriez-vous m'apporter ...*
ein Messer/	*un couteau/*
eine Gabel/	*une fourchette/*
einen Löffel bringen?	*une cuillère, s'il vous plaît?*
Die Rechnung bitte!	*L'addition, s'il vous plaît!*

Essen und Trinken

Apfel	*pomme*
Artischocke	*artichaut*
Austern	*huîtres*
Bier	*bière*
Brot	*pain*
Brötchen	*petit pain*
Butter	*beurre*
Ei	*oeuf*
Eiscreme	*glace*
Erdbeeren	*fraises*
Essig	*vinaigre*
Fisch	*poisson*
Flasche	*bouteille*
Fleisch	*viande*
Fruchtsaft	*jus de fruits*
Gemüse	*légumes*
Glas	*verre*
Hammelfleisch	*mouton*
Hummer	*homard*
Joghurt	*yaourt*
Kaffee mit Milch	*café au lait*
Kaffee, schwarzer	*café noir*
Kalbfleisch	*veau*
Kartoffeln	*pommes de terre*
Käse	*fromage*
Krabben, Garnelen	*crevettes*
Kuchen	*gâteau*
Lammfleisch	*agneau*
Leber	*foie*
Leberpastete	*pâté de foie*
Meeresfrüchte	*fruits de mer*
Milch	*lait*
Mineralwasser (mit/ ohne Kohlensäure)	*l'eau minérale (gazeuse/ non gazeuse)*
Obst	*fruits*
Öl	*huile*
Pfeffer	*poivre*
Reis	*riz*
Rindfleisch	*bœuf*
Salz	*sel*
Schinken	*jambon*
Schweinefleisch	*porc*
Spinat	*épinards*
Suppe	*soupe*
Tomaten	*tomates*
Wein (Weiß/Rot/Rosé)	*vin (blanc/rouge/rosé)*
Zwiebeln	*oignons*

Mehr erleben, besser reisen!

	ADAC Reiseführer (■)	ADAC Reiseführer plus (■)	ADAC Reiseführer Audio (■)
Ägypten	■	■	
Algarve	■		
Allgäu	■	■	
Alpen – Freizeitparadies	■***		
Amsterdam	■	■	■
Andalusien	■	■	
Australien	■	■	
Bali & Lombok	■		
Baltikum	■	■	
Barcelona	■	■	■
Berlin	■	■	■
Berlin englisch edition		■	
Bodensee	■	■	
Brandenburg	■	■	
Brasilien	■		
Bretagne	■	■	
Budapest	■	■	
Bulg. Schwarzmeerküste	■		
Burgund	■		
City Guide Germany	■**		
Costa Brava und Costa Daurada	■		
Côte d'Azur	■	■	
Dänemark	■	■	
Deutschland – Die schönsten Autotouren		■	
Deutschland – Die schönsten Orte und Regionen	■***		
Deutschland – Die schönsten Städtetouren	■***		
Dominikanische Republik	■		
Dresden	■	■	■
Dubai, Vereinigte Arab. Emirate, Oman	■	■	
Elsass	■	■	
Emilia Romagna	■		
Florenz	■	■	■
Florida	■	■	
Franz. Atlantikküste	■	■	
Fuerteventura	■	■	
Gardasee	■	■	
Golf von Neapel	■	■	
Gran Canaria	■	■	
Hamburg	■	■	■
Harz	■	■	
Hongkong & Macau	■		
Ibiza & Formentera	■		
Irland	■	■	
Israel	■		
Istanbul	■	■	
Italien – Die schönsten Orte und Regionen	■***		
Italienische Adria	■	■	
Italienische Riviera	■	■	
Jamaika	■		
Kalifornien	■	■	
Kanada – Der Osten	■	■	
Kanada – Der Westen	■	■	
Karibik	■	■	
Kenia	■	■	
Korfu & Ionische Inseln	■	■	
Kreta	■	■	
Kroatische Küste – Dalmatien	■	■	
Kroatische Küste – Istrien und Kvarner Golf	■	■	
Kuba	■	■	
Kykladen	■		
Lanzarote	■	■	
Leipzig	■	■	■
London	■	■	■
Madeira	■	■	
Mallorca	■	■	
Malta	■	■	
Marokko	■		
Mauritius & Rodrigues	■		
Mecklenburg-Vorpommern	■	■	
Mexiko	■		
München	■	■	■
Neuengland	■		
Neuseeland	■		
New York	■	■	■
Niederlande	■	■	
Norwegen	■	■	
Oberbayern	■	■	
Österreich	■	■	
Paris	■	■	■
Peloponnes	■		
Piemont, Lombardei, Valle d'Aosta	■	■	
Polen	■	■	
Portugal	■	■	
Prag	■	■	■
Provence	■		
Rhodos	■	■	
Rom	■	■	■
Rügen, Hiddensee, Stralsund	■	■	
Salzburg	■	■	■
St. Petersburg	■	■	
Sardinien	■	■	
Schleswig-Holstein	■	■	
Schottland	■	■	
Schwarzwald	■	■	
Schweden	■	■	
Schweiz	■	■	
Sizilien	■	■	
Spanien	■	■	
Südafrika	■	■	
Südengland	■	■	
Südtirol	■	■	
Sylt	■	■	
Teneriffa	■	■	
Tessin	■		
Thailand	■	■	
Thüringen	■	■	
Toskana	■	■	
Tunesien	■	■	
Türkei – Südküste	■	■	
Türkei – Westküste	■	■	
Umbrien	■		
Ungarn	■	■	
USA – Südstaaten	■		
USA – Südwest	■	■	
Usedom	■	■	
Venedig	■	■	■
Venetien & Friaul	■	■	
Wien	■	■	■
Zypern	■	■	

** 6,95 € (D) – 7,15 E (A) – 12,80 sFr
*** 9,95 € (D) – 10,30 € (A) – 18,90 sFr

■ ADAC Reiseführer
144 bzw. 192 Seiten, je Band
6,50 € (D), 6,70 € (A), 12,– sFr.

■ ADAC Reiseführer plus
(mit Extraplan)
144 bzw. 192 Seiten, je Band
8,95 € (D), 9,20 € (A), 16,80 sFr.

■ ADAC Reiseführer Audio
(mit Extraplan und Audio-CD)
144 oder 192 Seiten, je Band
9,95 € (D), 10,30 € (A), 18,90 sFr.

Mehr erleben, besser reisen ... mit ADAC Reiseführern!

Stand: 06/2009

Register

A

B

C

D

E

F

G

H

Bildnachweis

Umschlag-Vorderseite: Blick vom Trocadéro zum Eiffelturm. Foto: IFA-Bilderteam, Ottobrunn
Umschlag-Vorderseite Reiseführer Plus: Glaspyramiden und Wasserspiele im Innenhof des Louvre. Foto: Bildagentur Huber, Garmisch-Partenkirchen (Picture Finders)

Titelseite
Oben: Arc de Triomphe bei Nacht (Wh. von S. 73)
Mitte: Jardin des Tuileries (Wh. von S. 69)
Unten: Strawinsky-Brunnen am Centre Pompidou (Wh. von S. 158)

Gunda Amberg, Gröbenzell: 10 oben, 32 unten – Bavaria, Gauting: 29, 56 (Picture Finders), 40 (Tibor Bognar), 58 (Friemann), Umschlag-Rückseite rechts 1. v. u. (Georg French) – Madelaine Cabos, Stuttgart: 61 – Fridmar Damm, Köln: 5 rechts, 16/17, 77, 121, 157 – Jérôme Darblay, Paris: 122, 132 – F1 Online, Frankfurt am Main: 27 (Tiophoto) – Focus, Hamburg: 4 unten (Sabine Weiß/Rapho) – Fovea, Paris: 67 (Christophe Lepetit) – Huber, Garmisch-Partenkirchen: 137 – Horst von Irmer, München: 152 – IFA-Bilderteam, München: 153 (Nacivet) – Hartmuth Friedrichsmeier, Hamburg: 75, 81, 111 (Michael Pasdzior), 158 oben links, 158 unten rechts – Laif, Köln: 7 unten (James Leynse/R.É.A.), 19, 42, 51, 54, 65, 66, 91, 158 Mitte (Hartmut Krinitz), 117, 146, 151, 158 oben rechts, 158 unten links (Thomas Ebert), 62 (Ludovic Maisant) – Knut Liese, Ottobrunn: 6, 7 oben, 9 oben, 30, 62/63, 68, 72, 118 – Look, München: 8 oben (Rainer Martini), 9 unten, 11 oben, 48, 64, 69, 84, 94, 127, 133, 156, Umschlag-Rückseite links 2. v. o. (Christian Heeb), 36, 43, 71, 80, 99, 116 (Karl Johaentges) – Maison de Balzac, Paris: 144 (Marc Dubroca) – Peter Mertz, Innsbruck: 85, 129, Umschlag-Rückseite links 1. v. u. – Musée Grévin, Paris: 123 (L. Tuchband) – Musée Guimet, Paris: 79 – Musées des Arts Décoratifs, Paris: 38 (Laurent Sully Taulmes) – Musées de la Ville de Paris: 12, 13 (2), 14 oben links (alle Musée Carnavalet), 105 (Jean Michel Marchand), 106 (Musée Zadkine/Karine Maucautel) – Josef H. Neumann (Bucher-Verlag, München): Umschlag-Rückseite links 3.v.o. – Neumeister Photographie, München: 88, 89 – Paris Tourist Office: 21 (David Lefranc), 50 (Fabian Charaffi), 55 (Cathérine Thiebault), 76 (David Lefranc), 86/87 (Barthelemy Ruggeri), 100 (Raymond Mesnildrey), 120 (David Lefranc), 124 (Thomas Sanson), 125 (Marc Verhille), 126 (Cathérine Balet), 130 (David Lefranc), 146/147 (Cathérine Balet), 162 (David Lefranc), 164, 168 (Cathérine Balet) – Pierre Rouchaléou, München: 44 – Bildagentur Schapowalow, Hamburg: 26 (Sime) – Wilkin Spitta, Loham: 25, 45, 73, 139, 141, Umschlag-Rückseite links 2. v. u. – Steffens, Mainz: 11 unten (Christian Hasenleithner) – Peter Stumpf, Paris: 8 unten, 136 – Klaus Thiele, Warburg: 82/83 – Hanna Wagner, Wörth: 70 – Hermann Josef Wöstmann, Kerpen-Buir: 3 oben, 20, 23, 28, 39, 47, 49, 92, 96, 103, 107, 113, 115, 138, 149, 154 – ZEFA, Düsseldorf: 10 unten (Raga), 101 (Barone). Alle übrigen Abbildungen stammen aus dem Archiv des Verlages.

Impressum

Lektorat und Bildredaktion:
Elisabeth Schnurrer, Augsburg
Aktualisierung: Nadine Hildebrandt,
Julia Nippgen, Cornelia Schubert, München
Karten: Computerkartographie Carrle, München
Herstellung: Martina Baur
Druck, Bindung: Stürtz GmbH, Würzburg
Printed in Germany

Ansprechpartner für den Anzeigenverkauf:
Kommunalverlag GmbH & Co KG,
MediaCenterMünchen, Tel. 089/92 80 96 44

ISBN 978-3-89905-488-0
ISBN 978-3-89905-248-0 Reiseführer Plus

Gedruckt auf chlorfrei gebleichtem Papier

Autor der Rubriken Essen und Trinken und Unterkunft ist Hans Eckhardt Rübesamen

Neu bearbeitete Auflage 2009

1 Tag in Paris

Paris hat viele Seiten, weltstädtische, fast dörfliche, monumentale, grell zeitgenössische und altmodische. Es liegt ganz bei Ihnen, sie zu entdecken – ein Tag kann Ihnen hier natürlich nur Streiflichter bieten.

Beginnen Sie Ihren Spaziergang z. B. auf der Île de la Cité mit **Notre-Dame** [Nr. 1]. Gehen Sie unbedingt bis zur Ostspitze der Insel, um die Größe und Schönheit der Kathedrale zu erfassen. Von Notre-Dame geht's über die **Seine** zu den **Bouquinisten** am Kai und durch die engen Gassen des **Quartier Latin** [s. S. 106 ff.] hinüber nach **Saint-Germain-des-Prés** [s. S. 96 ff.]. Auf einer der Café-Terrassen lassen Sie den Zauber der **Rive Gauche** auf sich wirken. Flanieren Sie die Galerien der **Rue de Seine** entlang zum **Pont des Arts** und über die Seine zum **Louvre** [Nr. 9]. Vielleicht wollen Sie dem Museum einen Kurzbesuch abstatten, in nur einer Abteilung Ihrer Wahl? (Eingang vom **Carrousel du Louvre** aus benutzen, dann muss man nicht Schlange stehen.) Für einen Schaufensterbummel wäre die Gegend um die **Opéra National de Paris – Palais Garnier** [Nr. 86] das Richtige: Dort sind die großen Kaufhäuser (am Boulevard Haussmann), Parfümerien, Lederwarengeschäfte, Juweliere …

1 Wochenende in Paris

Freitag: Zum Einstimmen eine **Seine-Fahrt** mit dem **Batobus** [bis 19 Uhr; s. S. 180] oder den **Bateaux-Mouches** [auch abends; s. S. 174] und ein wenig an der **Rive Gauche** schlendern. Falls Sie sich den Paillettenglimmer einer **Revue** [s. S. 173 f.] nicht entgehen lassen wollen, kämen Sie nach dem Abendessen gerade recht zur Spätvorstellung.

Samstag: Am Vormittag ein Museumsbesuch z. B. im **Louvre** [Nr. 9], bei den Impressionisten im **Musée d'Orsay** [Nr. 57] oder im **Centre Pompidou** [Nr. 22]. Zu Mittag könnten Sie in der Gegend des **Palais Royal** [Nr. 12] essen, wo es nette kleine Restaurants gibt. Danach **Shopping** (die Geschäfte sind bis 18.30/19 Uhr geöffnet) entlang des Boulevard Haussmann beispielsweise – oder vielleicht eine Fahrt mit dem **Montmartrobus** [s. S. 180] einmal über den Hügel von Montmartre, mit beliebiger Unterbrechung, z. B. an der **Place du Tertre** [Nr. 96] oder an **Sacré-Cœur** [Nr. 94]. Und abends? Wie wäre es mit einem Bummel über die **Champs-Élysées** [Nr. 40]? Dort können Sie im berühmten **Fouquet's** [s. S. 172] essen. Auch ein Besuch auf der **Tour Eiffel** [Nr. 50] (besonders schön kurz vor Sonnenuntergang) könnte der krönende Abschluss dieses Tages werden, vielleicht sogar mit einem Dîner im Luxusrestaurant **Jules Verne** [s. S. 165], hoch über dem nächtlichen Paris (dafür müssten Sie jedoch vorher reservieren).

Sonntag: Beginnen Sie mit einem ausgedehnten Bummel über den **Marché aux Fleurs et aux Oiseaux** auf der Place Louis-Lépine [s. S. 163] unweit von **Notre-Dame** [Nr. 1]. Danach sollten Sie diese beeindruckende Kirche besuchen, vielleicht auch noch die **Conciergerie** [Nr. 4] und die **Sainte-Chapelle** [Nr. 5]. Am Nachmittag tun Sie es den Parisern gleich und erholen sich in einem der schönen Parks: **Jardin du Luxembourg** [Nr. 64], **Buttes-Chaumont** [Nr. 105] oder **Jardin des Plantes** [Nr. 80] (mit interessanten Museen). Am Sonntag nachmittag fährt übrigens im Sommer der **Balabus** von der Gare de Lyon nach **La Défense** [Nr. 121]. Da er an vielen Monumenten vorbeikommt, ist dies fast eine Stadtrundfahrt.